扫地僧解缠系列丛书

CHANLUN
JIEPAN

缠论解盘

详解之 II

扫地僧 著

案例分析重点 + 实战经验

由"股票小白"成长为"投资高手"

★全面的解读 ★大量的图片 ★独特的观点 ★10年的缠论研究和实战经历

经济管理出版社
ECONOMY & MANAGEMENT PUBLISHING HOUSE

图书在版编目（CIP）数据

缠论解盘详解之二（2007.11—2008.10）/扫地僧著. —北京：经济管理出版社，2019.4
（2022.1重印）
ISBN 978-7-5096-6487-2

Ⅰ. ①缠… Ⅱ. ①扫… Ⅲ. ①股票交易—基本知识 Ⅳ. ①F830.91

中国版本图书馆 CIP 数据核字（2019）第 058277 号

组稿编辑：杨国强
责任编辑：杨国强 张瑞军
责任印制：黄章平
责任校对：董杉珊

出版发行：经济管理出版社
　　　　　（北京市海淀区北蜂窝 8 号中雅大厦 A 座 11 层　100038）
网　　址：www. E-mp. com. cn
电　　话：（010）51915602
印　　刷：唐山昊达印刷有限公司
经　　销：新华书店
开　　本：720mm×1000mm/16
印　　张：23.25
字　　数：418 千字
版　　次：2019 年 7 月第 1 版　2022 年 1 月第 3 次印刷
书　　号：ISBN 978-7-5096-6487-2
定　　价：88.00 元

序

　　2019年的"女神节"，好友僧兄发来一份邀请，让我为其所写新书写篇序言。在财经互联网行业待了十多年，有幸认识了许多高手，僧兄是最特别的一位，由于在网络上面一直用"扫地僧"这个笔名，而且对缠论的研究已经到了很高的程度，所以熟悉他的朋友，都亲切地称之为"僧师"，借此机会我跟大家聊聊僧师，希望能给读者一些参考，也作为本书的序言吧。

　　我与僧师相识于网络，两年前偶然关注了僧师的微信公众号："扫地僧读缠札记"，一读之下，深为其内容所折服，里面文章对缠论研究之精深，对当下市场研判之透彻，让我叹为观止，心生仰慕，便主动攀结，并最终有幸得识。没有人能够随随便便成功，在我看来，僧师缠论研究的精深主要得益于长期坚持不懈的努力，即每天结合市场不断地研判与提炼。僧师每日看盘，盘中仔细推敲研究，每晚九点公众号准时更新，从不间断，周末两天也有《缠论解盘与回复札记》的更新，僧师对缠师的每一句话，每一条回复，都有仔细地推敲与研究，在这一方面整个市场上就没有几个人能做到。尤其看过僧师写的《续写缠论动力学》，更是从数学的角度论证了缠论的科学性，由于缠师在动力学部分没深入讲解，所以僧师写的动力学可以说是非常好的补充。如果说缠师是缠论的奠基者，那么僧师就是现在缠论的"完善者"与现在市场中的践行者，填补了缠师之前研究的空白。

　　之后僧师《缠论108课详解》出版，我更是仔细研读多遍，每拜读一次都会对缠论有新的理解，而接近2万本的销售数据，在这个比较小众的缠论领域，绝对是非常高的数据，用户的认可也从侧面反映了僧师缠论研究的高深。该书简单明了，通俗易懂，里面僧师也用了很多容易记忆理解的口诀，让读者能够简单直观地理解缠论。作为一个互联网行业的从业者，我对优质文化内容的传播这一块很有理解，僧师善知识的传播，对整个缠论界素质的提升都有很重要的意义，从对读者文化素质的提升的角度来讲，对社会也是很重要的贡献。互联网也是一种文化传播的方式，如果大家都像僧师这样，将自己多年研究的善知识，通过恰当

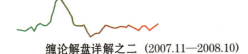

的方式在社会上传播，乃国人之幸，民族之幸。如果市场中多几个像僧师这样的人，我相信我们的市场会越来越理性，越来越健康。

《缠论108课详解》出版之后我跟僧师的关系已经非常好了，我是亲身体会到了读者对僧师的追捧，也看到出版社多次重印该书，并且力邀僧师编写下一书籍《缠论解盘详解》。僧师第一本书写完之后是不想写第二本的，至少不愿意在这么短的时间内写第二本的，因为一本高质量的书的编写是需要耗费大量的心血的，僧师本身是非常负责的，要么不写，要么必然用心雕琢出精品。但是看到读者的殷切希望，出版社也是多次催促，而《缠论解盘详解》又是《缠论108课详解》的加强，考虑到《缠论解盘详解》能够对现有读者水平的巩固与加深，僧师重又调整状态，整理了缠师所有对市场的解读，并配上当时市场的走势图，再次仔细推敲，用心编写，遂成此书。

我见证了僧师从下定决心到真正编写完本书的整个过程，也有幸成为本书的第一位读者，读完之后更是为僧师的水平所震撼。以僧师的水平，完全可以很轻松地完成本书的编写，但是僧师还是耗费了大量的精力重新地推演，仔细地雕琢，僧师专注的样子时常浮现在我的眼前。相信只要大家用心读这本书，会对缠论有更深层次的体会。

最后，祝大家学有所成，投资愉快！

上海神胄网络科技有限公司（有鱼18网）创始人

黄　斌

目　录

2007 年 11 月

2007 年 11 月 1 日

缠中说禅   2007-11-01   15：16：39

今天的走势极端教科书，早上背驰后形成 1 分钟中枢的第二段，然后回跌构成第三段，这样 1 分钟的中枢就构成了，紧接着就是围绕这个中枢的震荡，下面需要等待的只是第三类买卖点问题。

大盘在这个位置进入短暂的无方向，更主要的等待是为了中石油。另外，周末消息面也是对心理的一个压力。不过，美国减息，也让国内的利息变动有了更多的顾忌。总之，一步错，步步错，现在只是开头，怎么收场，太让人担忧了。

扫地僧：早盘的背驰是一个五段式的趋势背驰，从 187 点开始，这个离开 1 分钟中枢的走势以五段式的趋势背驰完成，回落的一段形成第二个中枢的第二个下。

图 1

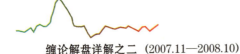

2007 年 11 月 02 日

调整形态保持，震荡级别加大 （2007-11-02　15：25：06）

今天的走势同样极为"教科书"，因此，复制了图，可以认真研究一下。针对 189~192 的 1 分钟中枢，195 点是第三类卖点，但对于 191 点开始的线段类下跌，194~195 是第二个类中枢，所以后面的跌破，力度不够，出现明显背驰，然后就必然要在这个位置出现一个新的 1 分钟中枢。

下面的走势很简单，这个新的 1 分钟中枢是否继续向下延伸出新的 1 分钟下跌走势，也就是这 1 分钟中枢是否有第三类卖点。而从大的方面看，这次反弹的调整，级别将至少向 5 分钟级别扩展。

当然，操作上第一个中枢的第三类卖点在该级别中是最后的走人机会，后面的都没有意义了。也就是说，对于这次调整的逃避，191 点是第一类卖点，因为前面线段类上涨走势出现类背驰，而 193 点是第二类卖点，因为站在线段的角度，就是第二类卖点，而站在 189~192 的 1 分钟中枢震荡的角度，任何的次级别离开，都将先构成卖点，然后再考虑是否回跌形成第三类买点的回补机会，这是中枢震荡的操作方法。

195 点以后，针对这个调整来说，任何的卖出，都是太晚了，这意味着随时面临下跌走势的结束。很多人喜欢在第二个中枢才考虑第三类卖点，那是晚之又晚。所以，经常卖了，就被反转夹空，那是一点儿都不奇怪的。当然，很有可能卖了以后继续延续下跌，但这已经是一个概率问题，而不是一个能被理论 100% 保证的技术问题了。

好了，技术的课程就不说了，今天的大盘，受外围影响，走得还算不太坏，最主要，关于周末加息的消息，也到处传，所以对心理是有压力的。但下周无论加息与否，真正的主角都是中石油。如果该股过分高开，形成比较恶劣的走势，将对大盘有较大影响。此外，今天不少资金出逃，就等着恶炒一把石油。下周，就看这场大戏，最终是喜剧、悲剧还是闹剧了。

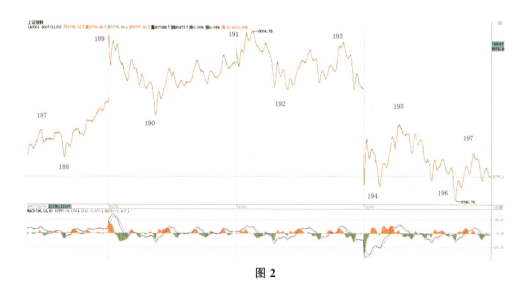

图 2

扫地僧：这篇解盘的技术点缠师说得比较清晰了，这里就补充一下：

首先，由于缠师中间有好多天没有连着画图，其线段的标号与本人的标号前后错开了一个，缠师图中的 191 点，在本人图中是 192 点。

回顾从 183 点开始的这个 1 分钟上涨，184~187 是中枢，187~192 是五段趋势，而且 187~192 的力度小于 183~184 的力度，所以 192 点是个盘整背驰的区间套卖点，192 点之后，当天又走了下跌的五段趋势。

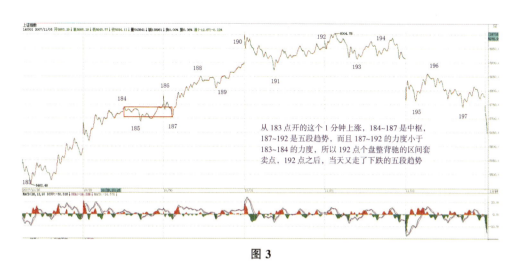

从 183 点开的这个 1 分钟上涨，184~187 是中枢，187~192 是五段趋势，而且 187~192 的力度小于 183~184 的力度，所以 192 点个盘整背驰的区间套卖点，192 点之后，当天又走了下跌的五段趋势

图 3

187~192 的力度背驰在 5 分钟图上看得比较清晰。

5 分钟上，这三块 MACD 面积之和也没有前面的多

图 4

2007 年 11 月 05 日

宠爱之便宜且昂贵的中石油 （2007-11-05 15：52：07）

今天大盘走成什么样子，其实都没意义。今天有什么消息，其实也没太大意义。因为有了中石油，一切都没意义了。为什么？你看看中石油的市值，等于中石头加工行、中行还要大，以后的指数，极大地相关于中石油的走势，站在指数的角度，拥有中石油，就拥有一切的控制力。

中石油，世界第一股了，和世界上相同类型的公司比，确实昂贵。但在中国这个封闭的市场中，特别后面还有众多指数期货等的预期下，这价格显然是便宜的。这就像 N 个月前，中国人寿上市，本 ID 说 40 多元一点儿不贵，最终 100 元肯定要见的，如果有 30 元给你见到，你当然可以天长地久了。这个位置，并不是说，石油就 100% 不会下来了，但下来，只是给一个更好的买入机会而已，如同中国人寿从 40 多元到 30 元的过程。

短线看，今天，从 40 多元到 41.7 元，一个标准的线段，然后是新的向上线段，这线段不管能否延伸上 45 元，都使得 41.7 元到 43.7 元与最终形成的 1 分钟中枢有了密切的关联。从短线的操作上，今天，当然是等下来的下降线段结束后介入，明天很关键，就是上冲回跌震荡后形成的 1 分钟中枢位置。因此，就不难操作的。

操作步骤上，比较激进的做法，当然是在看 41.7 元的线段结束后就介入，但这样不能保证明天一定没有下跌的线段打穿该位置，毕竟是 T+1 的操作，线段太短了。比较稳健的，就是今天在线段结束时介入一定仓位，在形成 1 分钟中枢后，根据相应的位置再介入其他仓位，这样就至少可以用 T+0 的对冲保证

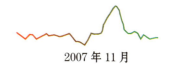

仓位安全的。

注意，以上只是顺便说说新股的操作，这种"高开低走"的股票，第一笔介入一定要等第一段线段结束，这是一个最基本的要求，今天的走势图，完美地演示了这一点。但这还不行，如果站在安全的角度，必须要分批，因为线段的级别太短，不能保证 T+1 的绝对安全。

扫地僧：当天是中石油上市第一天，由于 6124 点是否为长期大顶还并不确定，而且当时还有要上股指期货的预期，那么这些权重高的指标股自然是大资金要抢的筹码，但在 2008 年金融危机的影响下，缠师本以为的中期调整演变成为了长期调整，那么做多中石油的基础也就不在了。

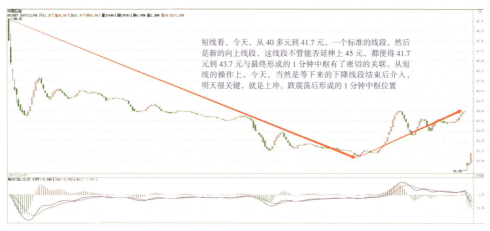

图 5

另外，今天那直通车的缓刑，至少让本 ID 前段对此的反对有了点儿回应，同时也表明，现在政策的推出，已经有了更复杂的机制，这对股指期货的阻击来说，也是一个很好的消息。

今天，题材股动起来，这很正常，如果期货缓刑。那么，这种动还会更明显，而且很多年末找底的股票，只是为了明年一飞冲天。现在的问题是，期货还没有最终的答案，所以 19 点、91 点的折腾就少不了了。两个翅膀，中字头、题材股，自从 3600 点接石头时明说后，到目前还是有效的。

扫地僧：当天还是震荡下跌，195~198 点形成 1 分钟中枢后，当天出现了该中枢的第三类卖点。

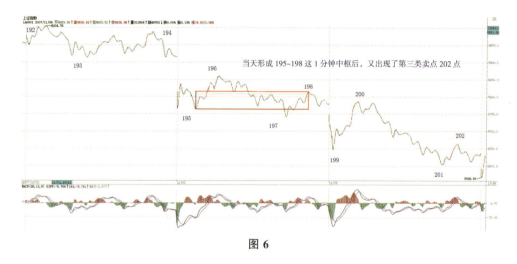

图 6

2007 年 11 月 06 日

说说大盘中期走势的演化 （2007-11-06 08：38：52）

本来想写课程的，现在也没时间了，就说说大盘的中期走势。其实本 ID 其实已经反复说了。只是总结着说一次，让各位更加明确点，免得被行情又给折腾糊涂了。

（1）6100 点，是大盘中期顶部的一个尖，现在是去形成第二个尖，当然，前两天 6004 点是不是就是，这需要跌破 5555 点的颈线才能去确认。

（2）在有效跌破 5555 点的颈线前，一切都以中枢震荡的观点来操作，向上走势背驰就出，就像前两天一样，下来不破 5555 点，就可以回补，来回折腾，直到大盘选择最终方向。

（3）大盘选择向上方向的可能性依然存在，就是期货这个变数，现在中石油回来后，指数上就更没多大意义了。其实，站在别的股票的角度，很多已经完成真正的中级调整的幅度，最近一下跌 30%~50%的并不少见，所以指数在期货出现的背景下，将大幅度失真。

（4）因为现在指数失真越来越大，所以关心个股更重要。年底，将是三类个股表演的时候：①还是中字头，或打或拉，反正精彩不断；②收集完成或接近完成的题材股，会在震荡中越走越强，率先展开明年的行情；③筹码不够，需要继续收集的，就会利用每次震荡不断打压，直到该得到的得到为止。

（5）根据不同的股票类型，选择好自己的操作思路。大盘走势需要关心，但更要关心自己面对的股票类型，以及其相对大盘的走势特点。

（6）12 月 30 日的时间之窗，如果前后是出现低点，那么明年的行情将就此展开。如果是高点，那么明年初压力就大了，这也是为什么本 ID 最近一直希望压制大盘的重要原因。就是希望以低点去触时间之窗，为明年行情做准备。

（7）先要有大的思路，再次提醒，由于指数失真开始严重，所以请更关心你自己股票的类型，是上述所说的哪种情况。如果是中字头的，可以更多参照指数的走势。如果是题材股的，就要参照其走势与指数之间的关系，看看里面的人是利用指数吓唬你还是忽悠你，看明白了，你的操作就明白了。

（8）操作是自己的，如人饮水，冷暖自知。修炼去吧，多好的市场，多好的修行。

扫地僧：日线上看，基本形成双头的形态，但如果在颈线位置获得支撑，还有新高的可能。

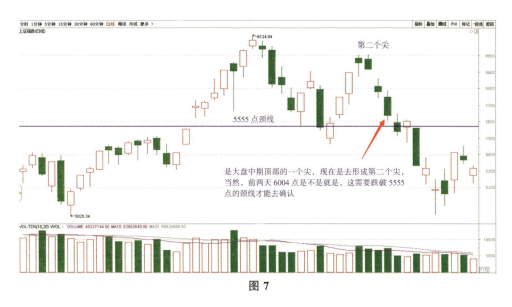

图 7

5555 点争夺战 （2007-11-06 15：37：47）

今天的走势，就是一个 5555 点争夺战，一般这样的战斗，胜负至少看 3 天，上下还有一个 3% 的缓冲区域，5555×97% 是多少，自己去算吧。

扫地僧：实战经验：突破某点位和跳空缺口的确认类似，一般也是三天，大约有 3% 的缓冲区。

当然，这次下跌，和上次不同，大多数人都没什么感觉，因为这次跌的都是中字头的，其他 90% 都没怎么跌。但并不意味着这次的可能风险就小，如果真跌破颈线，那么很多这次趁着中字头跌而反弹的股票，也会再次探底的。

扫地僧：又一个实战经验：如果大盘形态确认变坏，那么坚挺的股票一般会补跌。

所以，5555 点争夺战，对于多头来说，是输不起的。空头反而是无所谓，反正后面还是 6000 点、6100 点的防线，其实，站在本 ID 的空头立场，本 ID 不大愿意这样就破了颈线，因为这样力度有限，很可能就是一个假跌破。

对于空头来说，对颈线的突破，一定要是致命的，用本 ID 的理论术语，就是一定要第三类卖点后出现中枢的下移，而不能去构成大的中枢那种无聊玩意儿，那样杀伤力太小。如何达到那种力度，就是要在颈线上反复磨，如果再冲一次上不去，又一批人开始失望，然后再来一次，反复失望，这样才有杀伤力的。

扫地僧：反复失望，也是逐步消耗多头的能量，打击多头信心，使多头的力量越来越弱，然后再加速突破，用缠论的技术语言来说，就是在关键的位置附近磨出一个 1 分钟或者 5 分钟级别的中枢，然后跌破并出现第三类卖点。

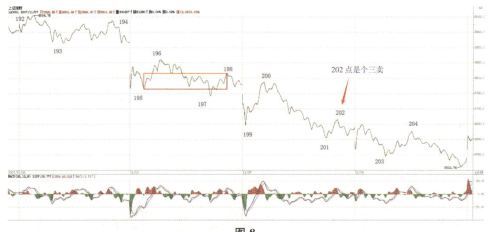

图 8

多头空头，绝大多数都是"猪头"，都是急功近利的，本 ID 只是分力，最终是否能如本 ID 所希望那样，搞得更有杀伤力，那不是本 ID 一个人能决定的。而且，很有可能，有些傻空头急功近利，企图快速破颈线，最后反而中了多头的埋伏。

本 ID 最近心大多在 PE 上了，没心情没时间去找人开小会协调协调，所以空头爱干什么就干什么吧，本 ID 有时间，还不如去再造 N 个西部矿业出来卖给多头，1 元的东西，到时候卖了几十上百元的，感觉不错。

中石油今天走出了线段下跌的走势，今天早上到 41.2 元的那次反弹，就是对 41.7 元上那类中枢的类第三类卖点，然后就继续下跌，现在就看这个线段下跌的类背驰了。一旦出现，就至少有一个级别更大的反弹，比昨天尾盘那个线段反弹要大，至少是可 T+1 操作的。昨天说了，有些线段反弹，不一定能 T+1 赚钱，今天就是一个例子。中石油，最终的走势很有可能和中国人寿类似，这在昨天也说了，当然，不可能完全照抄，但基本模式，估计差不多。

扫地僧：中石油当天的表现见图 9。

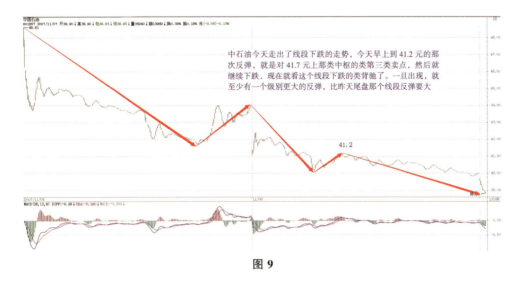

图 9

上面说了如何才能杀伤力大，大概又得罪了不少人，但市场就是这样的，讲感情就不要在市场混了。本 ID 说出来，只是把市场可能的残酷一面说出来，有时候，本 ID 没时间干了，并不意味着别人没时间干。

如果你对市场有了足够的洞察，那么，任何人的鬼把戏，都无效了，这才是最重要的。

市场里，需要的是智慧，而不是煽情。

认清自己，冷静再冷静吧。

2007 年 11 月 07 日

5555 点决战即将进入临界点　（2007-11-07　15：26：47）

这个题目有点名不符实，因为这决战对于空头来说只是小战役，结果并不重要；但对于多头来说，就是决定生死存亡的。从 6124 点开始的行情转折中阴阶段，对于多头是垂死挣扎一下，还是干脆"破罐子破摔""早死早投胎"，很快，准确地说，最迟下周一前后就有答案了。

站在空头立场，本 ID 希望多头能挣扎挣扎，这样，会增加很多残忍的快感；当然，站在纯技术探讨的角度，多头最好的招数就是以退为进，用一个空头陷

阱，把主动进攻的空头给废了。

由于目前的空头比较蠢，所以本 ID 不妨提醒，屠杀之前，一定要多点多头色彩，披着多头外衣的空头才是最有杀伤力的，在 5555 点上制造出一个大点级别中枢，然后再背后来一刀，把多头砍倒，踢下悬崖。

由于目前多头也比较蠢，所以本 ID 也不妨教教多头招数。从月线上，无非两种可能，就是本月确认顶分型，或者不确认。不确认，就是有包含关系或创新高。而目前 5462 点，就是这个顶分型是否成立的关键，而跌破成立后，最关键是 5 月均线，目前在 5300 点附近。也就是说，多头完全可以在 5 月均线附近埋伏大部队，让空头先进攻，把分型给搞出来，然后反手把主动进攻的空头给废掉。

请回想一下，本 ID 在 3600 点，是如何完美地利用顶分型与 5 月均线来把空头给灭了。现在多头最完美的策略，依然是照搬本 ID 的老剧本。

不过，这些蠢蠢的多头，估计抄也抄不成样子，最后，可能还是要和 5 月均线吻别于狂乱的夜。现在的多头，如果这 2 年多不被攻破的 5 月均线竟然给你们弄丢了，那你们也别丢人了。不丢人最好的方法就是：早死早投胎。

有人可能要问：你究竟是多头还是空头，怎么又教多头又教空头如何干？

本 ID 很明确地说：本 ID 是那准备杀死空头的空头，一个不准备杀死空头的空头，不是好空头。见顶以后，就是一个空头面向死亡的生存过程。这时候当多头，将被空头蹂躏，而空头的命运，最终都是死。所以，唯一正确的就是，当一个随时准备把空头搞死的空头，里面的道理深着了，明白了，你对市场就有更深一步的了解。

扫地僧：空头剧本见图 10。

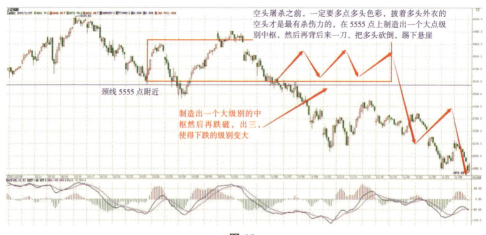

图 10

多头剧本见图 11、图 12。

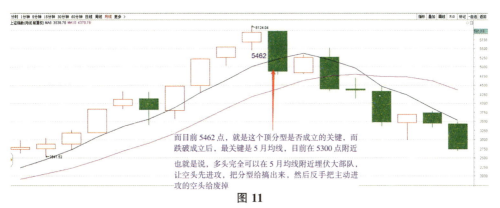

而目前 5462 点，就是这个顶分型是否成立的关键，而跌破成立后，最关键是 5 月均线，目前在 5300 点附近

也就是说，多头完全可以在 5 月均线附近埋伏大部队，让空头先进攻，把分型给搞出来，然后反手把主动进攻的空头给废掉

图 11

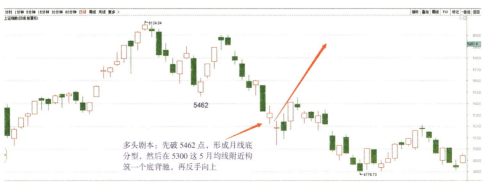

多头剧本：先破 5462 点，形成月线底分型，然后在 5300 这 5 月均线附近构筑一个底背驰，再反手向上

图 12

做空最好的方式是先做多，把多头纷纷引诱进来后，多头就都变成了空头，这就是逐渐消耗做多力量的最佳方法，一味地打压，只会引来多头更疯狂的反扑。

短线技术上，5555 点附近的新 1 分钟中枢形成。因此，这次 6004 点开始的走势，就明确形成 1 分钟的下跌形态。因此，短线该位置能否站住，就看这个中枢的表现了，看明白这个中枢后面的发展，也就看明白了这场多空拉锯的短线胜负了。

扫地僧：指数在 202 点这个三卖之后，又震荡出了第二个 1 分钟中枢。见图 13。

本 ID 的观点还是很明确，就是在这样一个中阴阶段，什么事情都可能发生，技术好的，可以充分利用这大型的中枢震荡玩抽血游戏。多空越分歧，意味着震荡的幅度机会越多，就越是本 ID 理论的天堂。至于没这本事的，就算了。

今天的中石油，如昨天所说，38 元上线段底背驰后形成较强反弹，然后形成一个 1 分钟的中枢在 40 元上下，这是该股形成的第一个 1 分钟中枢，因此给后面的操作具有最重要的指导意义。后面的走势无非两种：①以这 1 分钟中枢震荡

短线技术上，5555点附近的新1分钟中枢形成，因此，这次6004点开始的走势，就明确形成1分钟的下跌形态，因此，短线该位置能否站住，就看这个中枢的表现了，看明白这个中枢后面的发展，也就看明白了这场多空拉锯的短线胜负了

图 13

扩展出大的中枢。②这1分钟中枢不过是1分钟下跌走势的第一个中枢，最终将跌破该中枢形成1分钟中枢下移去完成1分钟级别的下跌。

具体操作，就按实际走势的选择来决定。例如，如果你在今天背驰时介入部分仓位的，就可以开始利用后面走势的波动，把成本逐步降低。

最近天天说石油，主要是以此为基础，从最开始把一个股票的走势的生长是如何演进的给教科书一番，各位顺便可以看到，个股的分析和大盘的分析没什么不同，都一样的。

扫地僧：对中石油的分析是一个走势从第一根K线开始生长的教科书案例。

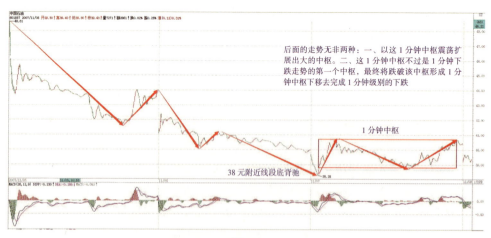

后面的走势无非两种：一、以这1分钟中枢震荡扩展出大的中枢。二、这1分钟中枢不过是1分钟下跌走势的第一个中枢，最终将跌破该中枢形成1分钟中枢下移去完成1分钟级别的下跌

1分钟中枢

38元附近线段底背驰

图 14

2007 年 11 月 08 日

如期决战，多头不堪一击 （2007-11-08 22：21：05）

昨天说，决战进入临界点，最迟周一有结果。结果是，多头如此不堪一击，太令人失望了。这证明了本 ID 的一个断言：空头是心急的。而昨天，本 ID 给多头编的 5 月均线大埋伏剧本，是否如本 ID 所担心的那样："这些蠢蠢的多头，估计抄也抄不成样子，最后，可能还是要和 5 月均线吻别于狂乱的夜"，很快也有答案了。

前几天，还有多头叫嚣，质问本 ID 不是说要至少跌 1000 点吗，为什么还不跌？现在，这个本 ID 布置的任务，确实有点没完成，本 ID 对演员们的表现也很不满意，那就继续努力吧。别心急，小板凳坐好，别到处跑动，现在，1000 点只完成了 800 点，空头多头演员们，努力！加油！

现在，5462 点到 5555 点颈线位置，将是中线反抽最关键的位置，不能重新上去，那么跌势将持续到这跌的力度耗尽的一天，本 ID 可从来没说过 1000 点外就没有空间，本 ID 只是说，没有 1000 点的回跌空间，这做空不过瘾，没空间，不好玩。所以，1000 点这小康水平达到后，我们还可以有更高的现代化目标，这难道有什么问题？

今天不爽的，基本上有两种人：①牛人，觉得自己很牛，可以短线，有天赋。本 ID 说认清自己，冷静加冷静。认清什么？就是你是不是牛人。牛人，不在乎什么线，但不是，就别累着自己。本 ID 不早给了所有非牛人一个最好的选择：小板凳？②大牛人。这种人，以被套为光荣，号称牛市就要中长线，就要持有。就算那股票从 300 元降到 3 元，也要持有，也要中长线，这种大牛人，本 ID 没什么可说的。有人喜欢电梯，上上下下享受，本 ID 一点意见都没有，慢慢享受去吧，有你爽的时候。

明天、下周一，5 月均线能否有埋伏，埋伏能否有效，很快就有答案了。如果是本 ID 搞的，本 ID 当然有信心，但现在，本 ID 又不当多头了，和 3600 点那时候不同了，本 ID 可不想为任何人担保什么。

现在，多头短线的问题，是这次跌破，是否能尽快拉回去，否则，一旦确认颈线跌破，那么，按照双顶的量度跌幅，你觉得该到哪里呢？

本 ID 很想仁慈地安慰一下今天受苦的人，但本 ID 最终决定还是不这样做，因为这样只能害人。市场从来不仁慈，本 ID 该说的也早说了，既然，今天痛苦的，都是大小牛人，那么就继续"梅花香自苦寒来"去吧，这大概是牛人爱干的事。

如果想真学点什么的，请复习一下本 ID 这帖子"2007 年末，资金与政策博

弈下的走势分析 2007-09-17 00：41：48”，如果能学点什么，本 ID 觉得，就没必要学梅花了。股市里，不需要学梅花，不需要苦寒来，股市只需要智慧。

技术高的，可以关注这 6004 点开始的 1 分钟下跌的背驰，然后将有一个大反弹；如果技术不高的，还是继续坐小板凳吧。

扫地僧：当天有了大幅下跌，直接跌到了 5300 多点，而且当天下跌的力度比较大，没有明显背驰。

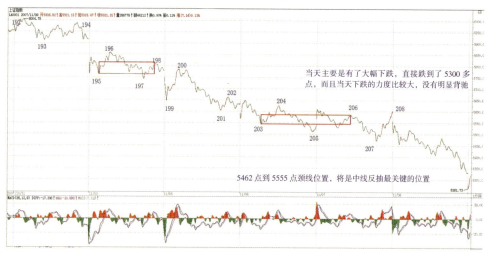

当天主要是有了大幅下跌，直接跌到了 5300 多点，而且当天下跌的力度比较大，没有明显背驰

5462 点到 5555 点颈线位置，将是中线反抽最关键的位置

图 15

2007 年 11 月 09 日

5 月均线大埋伏剧本如期上演 (2007-11-09 15：20：08)

今天行情没什么可说的，就本 ID 前两天已经公布的 5 月均线大埋伏剧本的现场版。不过，说老实话，同样的剧本，不同的导演，效果当然是不同。今天这种演出水平，显然不是太令人满意的，所以本 ID 一早就给了一个定性："这些蠢蠢的多头，估计抄也抄不成样子"，至于是否会"最后，可能还是要和 5 月均线吻别于狂乱的夜"，很快也会有答案了。

当然，在这个答案出来之前，无论答案如何，都会有一个对前面 5462~5555 点颈线位置的反抽确认过程，这是例行手续，能重新上去，就证明多头这次的 5 月均线大埋伏剧本没演砸，否则，这戏就要退票，重新开始空头的魔兽表演。

扫地僧：在 5 月均线附近开始反弹，但比较弱，只是构筑出来了这下跌 1 分钟趋势的第三个中枢而已。

图 16

　　空头这头魔兽，最终肯定要被本 ID 砍了、劈了，但如果多头不争气，剧本演砸了，首先被砍被劈的一定就是多头。

　　本 ID 这种要砍死空头的空头，目前最爱干的事情就是，多头伏击时，本 ID 也在后面伏击着，多头掩杀，本 ID 就跟着呐喊，等多头冲得没力，空头开始反击，本 ID 就在后面连续绞杀，把多头变成少头。

　　有人可能说，你这样也太无耻了。本 ID 只知道，在资本市场里，最无耻的行为就是亏钱、被套，只要你在市场上，远离这种行为，那你自然就是一个高尚的人、脱离了低级趣味的人，可以鄙视所有宣称你无耻的人的人。

　　这如同打仗，某光头就是最无耻的人，占尽优势最终还被赶到岛上洗海水浴去了，这世界上还有比这更无耻的吗？无论多少无耻的人给他找一万条无耻的理由，也改变不了他是最无耻的结论。打仗，最终只看结果，别说任何理由。输了，磨墙去，抱怨没用。

　　市场比打仗更无情，打仗输了，还会有无耻文人，忽悠点这英雄那豪杰的，蒙骗一下少年儿童。市场输了，连尸骨都不会有人替你收。有人喜欢温情，喜欢有人说软话温暖一下破碎的心，那是有病。这种人，在市场中永远只有一种命运：死。

　　中石油在 38 元附近又有一个新的 1 分钟中枢，不过这个中枢与上面一个太近了，极有可能就二合一地扩展成更大级别的中枢，当然，实际走势，由市场决定。

　　大盘没什么可说的，5 月均线埋伏后，就看反抽力度，十分简单，没必要多说了。

个股方面，由于人气涣散，最近能逆市的，更多是小市值的低价股，年末，重组闹剧又到上演的时候，这是可多多关注的。至于，中字头，一定还是市场的重心，不过一定要踏稳节奏才可以去短差，否则就会被人绞杀。

扫地僧：提到了一个经验，两个中枢如果距离太近，极大可能会扩展成更大级别中枢。下图中，对中石油1分钟图里的所有线段都做了标号，其中6~9是第一个中枢，12~13是第二个中枢。

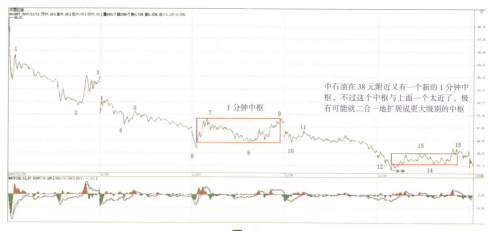

图 17

2007 年 11 月 12 日

1000 点小康跌幅胜利完成 （2007-11-12 15：28：57）

本 ID 宣布做空时说，没有 1000 点的下跌空间，不爽，所以要先拉出空间来。今天，1000 点的基本任务已经胜利完成，本 ID 在前面已经给了这个跌幅一个名字，叫小康水平的跌幅。请问，各位是希望下一步小康就算了，还是要继续富裕下去？

今天，5 月均线大埋伏剧本继续演绎，今天的利空，刚好为 6004 点下来的 1 分钟下跌构成底背驰做出最后的贡献。本 ID 已经早说了，6004 点下来的 1 分钟下跌一旦背驰，会出现较大级别反弹。现在，5 月均线大埋伏剧本与 1 分钟下跌背驰剧本最终两剧合一。

注意，这个 1 分钟下跌，搞出来了三个中枢，然后在今天一个完美的底背驰。最后的一个 1 分钟中枢的第三类卖点，就是早上的补缺失败走势，然后继续的下跌构成了线段的类背驰，这和 1 分钟大走势的背驰段构成完美的区间套，这样教科书似的走势，请好好去研究。

扫地僧：这个下跌的 1 分钟趋势有三个中枢，最后的背驰段是以 C1C2C3 的形式完成的，C2 的高点就是 214 点，也是最后一个中枢的三卖。

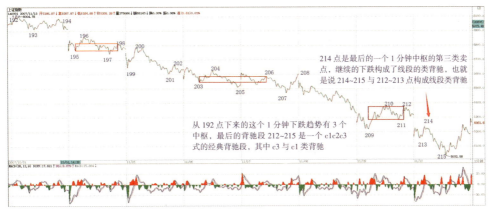

图 18

1 分钟底背驰后，最基本的涨幅，就是拉回原来 1 分钟下跌的最后一个 1 分钟中枢的波动区间，这个在今天就达到了，后面就是这个中枢如何扩展出 5 分钟中枢的问题。技术上，就要关注这个 5 分钟中枢的位置以及后面相应的中枢震荡结果。

通俗地说，如果大家都觉得短线小康就算了，不要富裕了，就让这 5 分钟中枢为第三买点；否则，大家都急切奔向富裕，那这 5 分钟中枢为第三卖点；事情就这么简单，各位民主一把，投票吧。

更通俗地说，就是以 5 月均线陷阱对 5462~5555 点颈线的例行反抽继续展开，注意，反抽可不一定要一定碰到 5462 点上，最弱的反抽，就是装模作样地在颈线下面折腾几天，然后就和 5 月均线吻别于狂乱的夜。

扫地僧：可以知道，最后市场最终选择了这最弱的方式，反弹没有碰到 5462 点之上。

图 19

当然，多头现在也不是完全没希望，多头要成功，首先是要让所有人只要小康、不要富裕；其次，好好利用 5 月均线大埋伏剧本，绝对不让那狂乱的夜发生，特别不能让狂乱的月圆之夜发生；最后，找准机会，重新回到 5462~5555 点颈线之上站稳。

以上，是多头唯一可以走得通的路，鲁男人说，人走多了，就成了路。多头就从这一刻起，如果要活命，就要不断地到处乱踩，把所有板块都踩一遍，看能不能走出路来。

这句话，通俗的意思就是，反弹如果真能延续，必定以板块轮动的方式，这种方式，说好听的，就是为了聚拢人气，说不好听的，就是忽悠蒙骗点新的站岗者。

特别强调，并不是任何反弹都是任何人有资格玩的。站在本 ID 理论的角度，这个反弹完全可以就已经结束了，为什么？因为最基本的回抽最后一个中枢的幅度已经达到，所以，现在关键是回来那一下能否构成第二类买点，如果不行，那狂乱的夜的吻别就马上上演，不过，更适当的名称应该叫"刎别"。

扫地僧：一个实战经验：反弹如果要延续，必定以板块轮动的方式。

今天的解盘，写得太长了，主要是有趣版本与通俗版本都写了，本 ID 经常用自己的语言写，其实只是为了有趣与简练，但这世上无趣的人太多，本 ID 就受累点，夹带上通俗版本。

下面给出了 6004 下来的分段，请仔细研究，里面用绿箭头把三个 1 分钟中枢的第三类卖点都给标记出来了。按照本 ID 的理论，最晚的逃命点 195 点处，从第 1 个绿箭头开始的所谓第三类卖点，其实都没什么意义，这里，只是显示，第三类卖点后，市场是可以多么狠。按本 ID 的理论，从 195 点逃命的，在 214 点才真正开始值得考虑是否回补。当然，前提是你的操作可以接受 1 分钟级别的，如果是 5 分钟以上级别的操作，那还是继续睡觉吧。

214，从 191 点开始的 1 分钟下跌走势的底背驰，对应着三重的区间套定位，最后一重是 213~214 点的线段内部笔之间的定位，其中的精确性，教科书一般，关键是你能真明白，并且能当下去把握。

好好研究吧，这可能比讨论小康好还是富裕好更有意义。

扫地僧：因为标号错开一个，缠师说的 195 点在下图中对应的是 196 点，错了一点，后面依次错开即可。

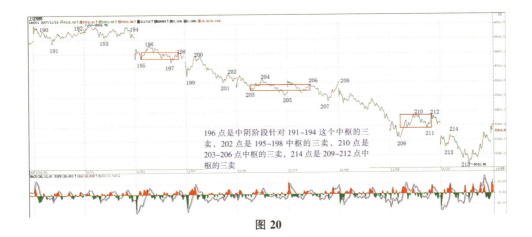

图 20

第一重背驰是 212~215 点这背驰段与 206~209 点的背驰，第二重背驰是这背驰段内，214~215 点与 212~213 点对比背驰，第三重背驰是 214~215 点的内部背驰。

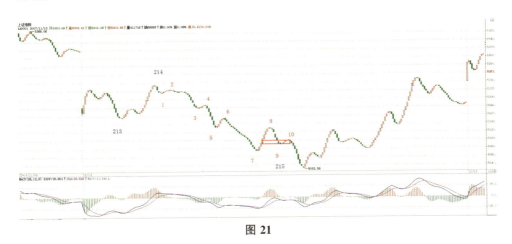

图 21

7~10 是个笔中枢，后面是个盘整背驰，所以，这是一个最终精确到笔的三重区间套背驰！

2007 年 11 月 13 日

5 日线受阻，多头仍需努力 （2007-11-13 15：06：24）

今天反弹受阻 5 日线，这是最简单的走势，按本 ID 的理论，分型成立后是否能延伸为笔，关键是看 5 日线，只要不能重上，那么这个底分型就有破坏的可

能。当然，一般这底分型即使真的被破坏，也会在不远处形成新的能最终形成笔的底分型，所以，多头还是有短线希望的，只是过程可能有点多灾多难，例如，今天中午传出的 CPI，就给早上的多头泼了凉水。

但更精确的分析，还是看昨天 1 分钟底背驰后的中阴走势，刚好课程说到这里，这是一个标准的现场版本，请好好研究，仔细分析。

昨天说了，多头会如鲁男人一样狂踩不同板块去找路，今天下午的回落，很多板块并没有破坏反弹的形态，所以多头还有继续努力的资本的。

短线继续关注 5 日线，以及 1 分钟图上的中阴走势演化。技术差的，就继续小板凳，等风和日丽再出来撒野吧。

扫地僧：实战经验：分型成立后能否延伸成笔，关键看 5 日均线能否有效站上/跌破。

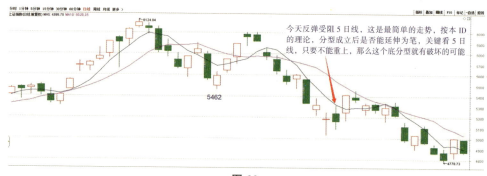

图 22

当天进入中阴阶段并出了 1 分钟二买。

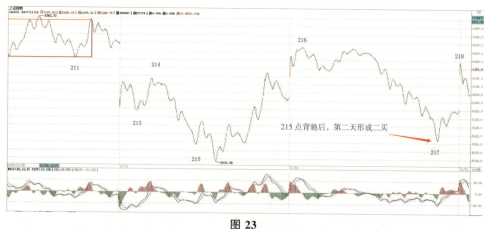

图 23

2007 年 11 月 14 日

节奏爽了才是真的爽 （2007-11-14 15：17：22）

昨天说得很明确，就是看 5 日线，因为昨天刚好构成底分型，所以今天下午一站上 5 日线，大盘就强烈启动起来，这都是极端教科书的走法，自己好好体会吧。

前两天的 1 分钟底背驰后，后面是一段中阴走势，各位可以看看本 ID 的课程里关于为什么很多人抄到了底却拿不住，就是因为不明白中阴走势的处理。更仔细的分析，只能等回北京后写课程时再说了，不过这两天的走势，也很规范，是其中最简单的走势的标准版本，请好好分析一下。

本 ID 的理论有没有用，从这次下跌到 1 分钟背驰的把握，到这个反弹的全面处理就是一个很好的例子。这不需要你任何的其他渠道的消息，图形告诉了一切。当然，前提是你看得明白，否则就是对牛弹琴了。

本 ID 很肯定地给了多头如何利用 5 月均线对空头进行大埋伏的剧本，看来，多头经过前几天的不熟悉，终于演得有点模样了，给朵大红花。

下面的问题是 5462 点重回后能不能站住，站住就有更大的反弹空间。另外，注意期货的消息，如果最近有关于这方面明确的消息，那么指数的走势就会有很大变数，也就是说，指数存在创新高的可能，不过这和绝大多数人无关。

对反弹的把握，如果想懒点的，就看这个日线上的笔最终延伸的结束，如果它有本事延伸到 10000 点，本 ID 也没有反对的理由。当它没本事的时候，本 ID 就把这几天买的拿出来开砸，如此而已。

只要重回 5462 点上，无论站住与否，都将形成一个大的中枢，所以，中枢震荡一把，折腾一把甚至回来 N 把，还是很爽的。

个股方面，已经明确说过了，都会被踩一次，但如果期货消息很快出来，那么还是中字头更牛一些。其实，各位看看中铝，就知道方向了，你看这只股票，从来都是最聪明的，无论涨跌，哪次不是领先于大盘的？

爽，要有爽的潜质。现在最危险的，反而是这种状况的，就是底部没敢动，反弹 N 天后忍不住的，站在反弹的角度，反弹往往意味着换岗。本 ID 现在没什么事，就等着多头没力的时候，把钢枪发给想换岗的了。

所以，节奏是第一位的，节奏爽了，才是真爽。关于利用 1 分钟走势底背驰进行抄底反弹的操作，已经提醒 N 天了，不管处理得怎么样，都请好好反省，这样才会有真的进步。

　　扫地僧：215点这个一买之后，走势进入中阴阶段，直到216~219点这个1分钟中枢形成，该中枢还是一个收敛三角形，下午突破高点216点，同时也是5日均线后开始加速。

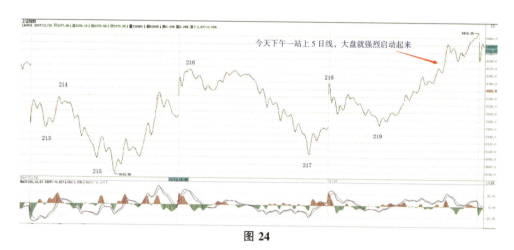

图 24

2007 年 11 月 15 日

缠中说禅　2007-11-15　21：47：45

　　今天5462点竟然没有被触及，简直有点过分。喝了点酒，本ID也真要狂言一句，没有本ID的多头，就是阳痿的货。连5462点都不碰，多头难道想找死吗？本ID现在酒后胡言，但不骂他们也不爽了。

　　今后几天，首先站上5462点，让本ID觉得多头还有点男人的器官，否则，本ID以后就宣告多头根本没头，都是中关村的货色，多头也没什么可抱怨的。

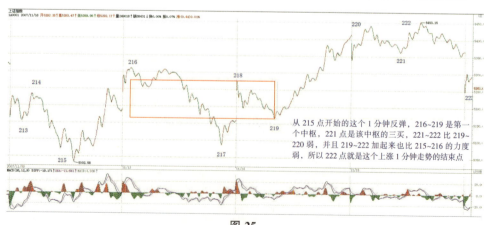

图 25

扫地僧：从 215 点开始的这个 1 分钟反弹，216~219 点是第一个中枢，221 点是该中枢的三买，221~222 点比 219~220 点弱，并且 219~222 点加起来也比 215~216 点的力度弱，所以 222 点就是这个上涨 1 分钟走势的结束点。见图 25。

2007 年 11 月 16 日

缠中说禅　2007-11-16　15：25：28

市场继续在这里折腾，这个 5 分钟的中枢震荡，将继续向更大级别延伸，因此，最终的突破方向，其级别意义就更大了，暂时，估计还需要一定的时间。

个股方面，依然是乱踩走势，暂时不会有太多板块具有持续的走强能力，总之，就是来回折腾。

扫地僧：站在非同级别分解的角度下来看，从 209 点开始已经形成了 5 分钟中枢，可以看作 209~212 点是一个上，212~215 点是一个下，215~222 点是一个上，222 点至尾盘是一个下，正在离开这 5 分钟中枢。

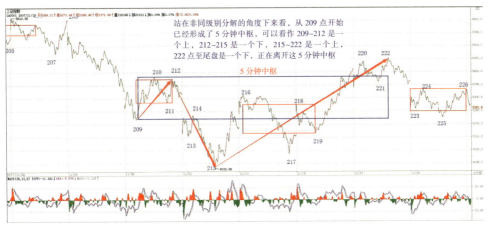

图 26

2007 年 11 月 19 日

缠中说禅　2007-11-19　15：13：40

技术上，大盘的 5 分钟震荡依然，所以，继续按中枢震荡的规矩操作就可以，当然，现在指数的意义不断下降，所以可以根据具体板块的图形决定操作。

扫地僧：当天也就是围绕 223~226 点这个 1 分钟中枢做震荡。

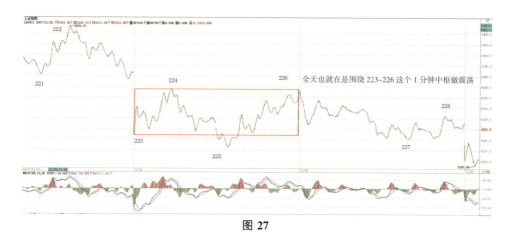

图 27

2007 年 11 月 20 日

快点解盘，否则要爽约　（2007-11-20　23：44：07）

今天的大盘，依然在中阴状态中无方向地震荡，这是一个中阴状态中的常态，目前，这个 5 分钟的中枢震荡继续维持，如果继续下去，就会延伸出 30 分钟。抬头刚好看到有点不太圆的月亮，月圆的时候，这中枢震荡是否能结束呢？

其实，现在某种程度上是一个新状态的熟悉过程。由于这中国神油的威力太大，所以如何与前期板块进行指数调控上的配合，总要有一个熟悉的过程。现在是小幅度的试验，然后，当然会有幅度大点的试验，试验力度逐步加大，也是正常的。

扫地僧：当天继续围绕 223~226 点这个 1 分钟中枢做震荡，同时也是围绕 5 分钟中枢做震荡。

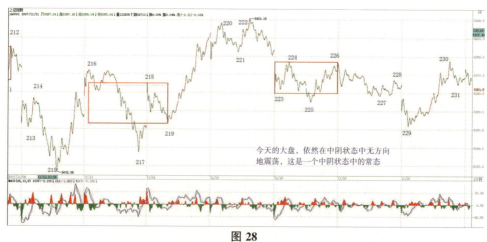

图 28

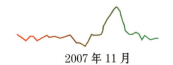

板块上，题材股继续表现，但中字股今天也开始有点热身，目前的震荡，有利于 MACD 的收口，一旦日 MACD 收口成功，那么大盘的反弹空间将打开。此外，一般图形走成这样，无论这里是否成为短线真正的底部，就算往下跌破，也是空头陷阱为多了，其中的操作，继续以中枢震荡的方法对待，这样就十分简单了。

其实，从中线的角度，反而是这次反弹上去后的走势更关键，如果不能有效地突击上去，那么下次调整的压力才是真正严重的，特别不能出现 MACD 日转头后不能上 0 轴的情况，一般出现这种情况，后面都意味着更严重的下跌。只要不出现这种情况，问题还不是太严重。

扫地僧：MACD 收口就是指 MACD 的黄白线之间的距离越来越小，直到交叉。一个实战经验就是：当 MACD 金叉后，大盘的反弹空间将被打开。

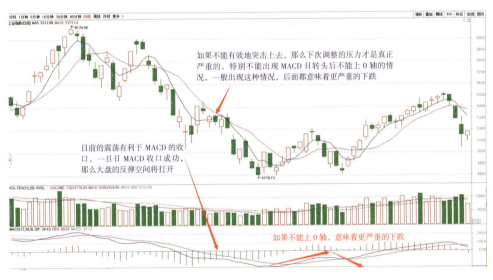

图 29

中线的角度，目前 5 月线依然能被守住，所以本月收盘很重要，只要能守住 5 月线，多头就算成功了，否则，后面多头被屠杀就不值得任何同情。

目前，中枢震荡中，就是涨不上去杀多头，跌不下来杀空头，两头杀，才是正路。当然，你需要有这工夫，否则连中枢都分不清楚，那还是拿小板凳吧。

至于个股，本 ID 说了，本 ID 说过的个股，站在中长线的角度，现在还没有一只会放弃的，因为中长线的能量都依然充足。只是利用这次调整，该杀点差价的搞点差价、赚点筹码，没筹码的也好好找机会储备点，不能把东西都今年吃

了，明年还要开大餐，总不能明年才准备吧。

至于像中国石油之类的东西，肯定也是要储备的，只是如果有更理想的价位就更好了，例如神华，那个煤液化的项目一旦投产，明年石油又被搞上 150 元，你说他有没有价值？不过现在 60 多元，确实有点不爽，不过要太砸下去也会有点困难，那就折腾着搞，震荡着把成本搞低，有机会再搞低点，没机会就算了。其他的铝呀、油呀的，都是这种心态：动态回补或动态建仓。当然，如果给一个狠砸的机会，本 ID 也不会反对的。不过，会有吗？即使有，也只有一次。这一次是否能真出现，那就把现实照进梦想吧：不强求，不放过，大概是目前最合理的原则了。

扫地僧：可惜的是，石油价格没有上 150，中国石油和中国神华最终也步入了漫漫熊途。

2007 年 11 月 21 日

缠中说禅　2007-11-21　15：36：59

现在的大盘，技术上是中阴阶段，政策上也同样如此。因此，后面中阴阶段的突破方向就很重要了，当然，向下突破，也不是世界末日，只是为明年的行情留出空间。

后面最大变数还是期货问题。

个股方面，今天是神油分裂，所以大盘是上下折腾幅度加大，这也是一个很好的控盘试验。大盘要想真站住，首先要神油合一都站稳。

月亮快圆了，大家都开始烦躁起来，是否又来一次天人合一的闹剧，很快就知道了。

至于其他个股，本 ID 现在都不想说太小盘的股票，像那个等比股票，这次调整，一下砍下来一半，这就是小盘股的风险。最近，其实本 ID 新搞了一个等差股票，盘子比等比大点，价格涨起来也就 7 元多，市值比等比更小，但也又是 ST 的，所以就一直没说。其他的股票，都等着折腾的机会，不过大盘方向未定，本 ID 还有把现实照进梦想的想法。

扫地僧：等比的是 600139 西部资源，等差的是 600234 ST 天龙（现在叫 ST 山水）。这里有一个实战经验：盘子太小的股票，波动幅度也会很大，市场不好的时候直接迅速跌一半，反弹时也会很迅猛，在 2015 年的股灾时，很多小盘股都是直接跌去一半以上，但随后的反弹翻倍的也不少。

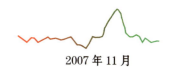
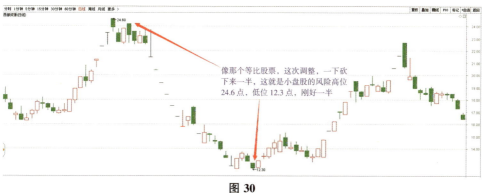

像那个等比股票，这次调整，一下砍
下来一半，这就是小盘股的风险高位
24.6 点，低位 12.3 点，刚好一半

图 30

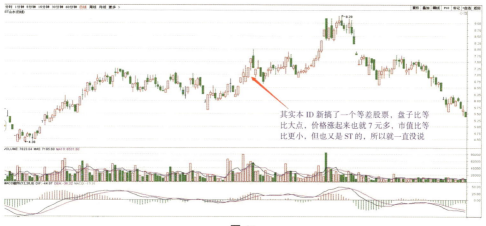

其实本 ID 新搞了一个等差股票，盘子比等
比大点，价格涨起来也就 7 元多，市值比等
比更小，但也又是 ST 的，所以就一直没说

图 31

大盘这个 5 分钟中枢可以从 215 点开始算起，由 3 个 1 分钟走势构成收敛三
角形的中枢。

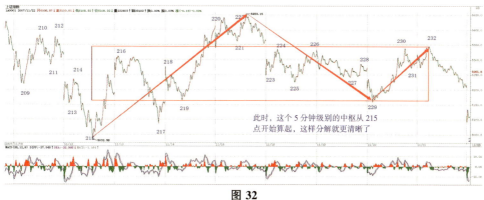

此时，这个 5 分钟级别的中枢从 215
点开始算起，这样分解就更清晰了

图 32

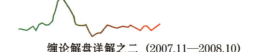

2007 年 11 月 22 日

缠中说禅　2007-11-22　15：32：48

当然，站在纯技术的角度，虽然小的 1 分钟级别的第三类卖点早上就有了，但目前的破位是否能形成大的 5 分钟第三类卖点，还是一个未知的事。所以，多头目前也不是完全没机会，面包还是有的，就看能不能把中枢扩展成 30 分钟的，这样，后面的下跌，不过是一个陷阱。

当然，是否陷阱，用是否出现大的第三类卖点以及出现后背驰出现的位置就很容易判断了。另外，中枢震荡操作的原则，从来都是冲不起来，在次级别上涨背驰的时候卖，跌下来，如果不形成中枢下移，而最多只是中枢扩展，那么就在次级别下跌的背驰时候买。这是最基本的方法，N 堂课前就反复说过，这里再提醒一下。

扫地僧：当天是破位下跌，1 分钟上有一个三卖。

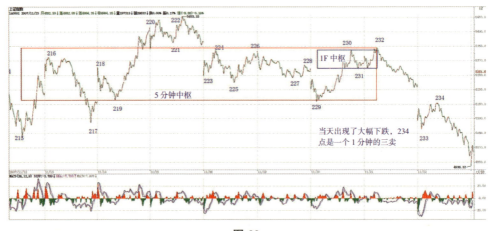

图 33

缠师提到要关注陷阱，是因为破位后，未必有三卖，即使有三卖，三卖之后如果有背驰，也会扩展出更大级别中枢，那么这个破位下跌也就是一个陷阱而已。另外，主要原因也是因为从 6004 点跌到 5000 点附近的这波下跌力度很大，想不背驰都难。

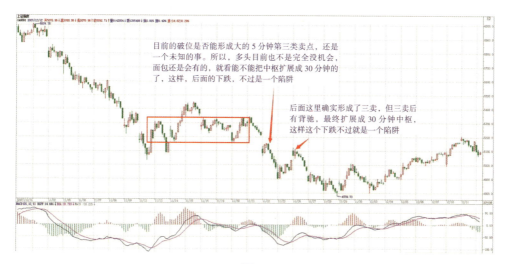

目前的破位是否能形成大的 5 分钟第三类卖点，还是一个未知的事。所以，多头目前也不是完全没机会，面包还是会有的，就看能不能把中枢扩展成 30 分钟的了，这样，后面的下跌，不过是一个陷阱

后面这里确实形成了三卖，但三卖后有背驰，最终扩展成 30 分钟中枢，这样这个下跌不过就是一个陷阱

图 34

上面说的，都是给有技术，或者对技术已经很清楚的人说的，没技术的，本 ID 一直给的建议还是小板凳。

中线上，如果这月收盘多头依然过于窝囊，连 5 月线都确认失手，那么，10 月线就是下一个比较靠谱的支持。但站在日线角度，120 日的半年线快到了，无论是否有效跌破该线，在该线上下至少有一个大反弹去确认 5000 点是否有效跌破。

个股方面，有技术的，可以对明年有前途的股票进行动态关注，长期关注一组股票，对熟悉股性是很重要的。你对股性熟悉了，操作起来就更有把握。

现在的操作，都要为明年去打算。对关注的股票，可以在反弹操作中动态介入，熟悉其股性，等中级调整完成后，多野的马也给你驯服了，那时候全面介入完全熟悉的股票，赚大钱还不是天经地义的事情？

其实，股票某种程度和做生意一样，不熟不做，做熟了才能赚大钱。没有点耐心，整天等着天上掉馅饼，那还不把天上做馅饼的都给累着了？

2007 年 11 月 23 日

缠中说禅　2007-11-23　22：00：34

前面说了，在 120 天线附近，最坏情况也肯定有至少一次对 5000 点的反抽，大盘周五走势其实就来自演绎这剧本。问题在于，给多头最后一次机会，多头能否给点勇气，依靠 120 天线站住 5000 点，下周就要分晓。

5163 点是一个关键的位置，能重新上去，就是继续中枢震荡，否则就要严重

考验 120 天支持。下周，是月线收盘，如果不能收在 5 月线附近，那么后面将要去考验 10 月线支持。

注意，从中长线角度，月线的顶分型成立后，唯一重要的事情就是是否延伸为笔，一旦延伸为笔，那么在月的底分型出来之前，大盘不会有任何中长线上实质性的上涨。

个股，题材股已经有些开始骚动了，除了那些特别兴奋的，一般大的骚动，还是在明年。中字头，中石油完成其本 ID 在上市当天就说的类中国人寿走势前，都会被反复折腾，毕竟，好多人都怀有残暴的倾向，企图对这些中字头进行打击。

不过，打击只是为了拿到足够多以及足够便宜的筹码，只是在这样一种酷刑下，死扛永远都是痛苦的。本 ID 对老虎凳之类的玩意没兴趣享用，本 ID 只知道，在大买点出现后买，不需要享用老虎凳。

扫地僧：当天低点刚好在半年线上方一点，确实在接下来的一周里见了一个中线底。

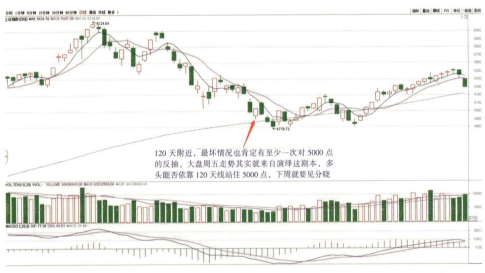

图 35

当天收了一个阳线，形成了离开 5 分钟中枢的 1 分钟下跌的第一个中枢提到的 5163 点，就是 5 分钟中枢下沿。

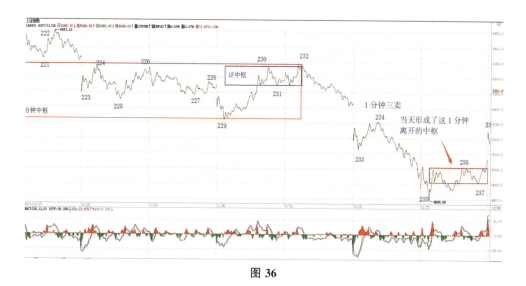

图 36

2007 年 11 月 26 日

缠中说禅　2007-11-26　23：59：35

不过，120 天线应该有足够的弹性。也就是说，在这附近，还会来回折腾。现在的走势，本质上的多空齐杀才能活得很好。也就是说，本质上，任何的急跌都将构成大震荡视角上的空头陷阱，由于下月 10 月线将快速上移，因此，10 月线与 120 天区间将为震荡留下足够的陷阱制造空间。

对于长线来说，250 天是关键的，也就是所谓的牛熊分界，在没有有效跌破该线之前，谈论牛市的结束都是无聊的。

中短线操作，可以多关注 120 天、10 月线等制造的空头陷阱，但必须暂时以反弹的眼光来进行具体的操作。

如果关注周线图的，可以看看 6124 点那周前后构成的顶分型的威力。那么要化解这个顶分型，必须首先要构造一个底分型，以此完成一笔的运行。因此，后面的走势，就在一个底分型的探求与构造之中。站在这个视角，就会对后面 N 周的走势，有一个更大视角的把握。

扫地僧：当时缠师依然认为中石油会和中国人寿一样，经过一波中线探底后将会走出一波行情，但所处的时期不同，中国人寿是在牛市中，而中石油是在大盘下跌期间。缠师之所以有这样的判断和预期，是因为当时缠师认为大牛市还没结束，认为一个中期调整后，还会震荡上行，或者维持一个大震荡区间，但 2008 年次贷危机使得全球经济都受到严重影响，影响了这牛市根基，所以才步入一整年的熊途。

图 37

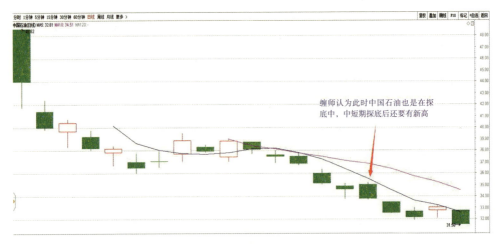

图 38

　　大盘当天高开低走，开盘最高，收盘最低，是个大阴线，又回到了那 1 分钟中枢下沿。同时，238 点还是 5 分钟中枢的三卖，232~235 点是次级别离开，235~238 点是次级别返回。此外，缠师提到的半年线、年线、10 月均线等，都是一些参考的点位，关键不是这些点位，而是在这些点位附近能否有相应地背驰出现。

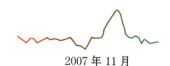

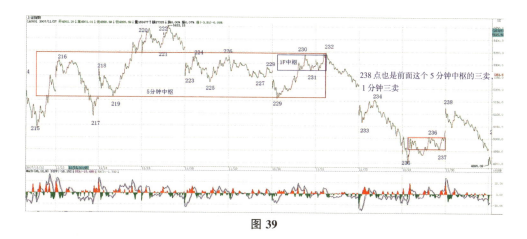

图 39

2007 年 11 月 27 日

缠中说禅   2007-11-27   23：54：13

今天的大盘，走得没什么可说的，5160 点上不去后的延续性走势而已。站在周 K 线角度，因为本周肯定新低了，所以这周 K 线肯定完成不了底分型的构造。站在周线角度，只要 5 周线不能重新站住，基本可以不看这个盘了，爱跌到多少都行。

跌 1000 点是小康水平，1500 点是全面小康，2000 点是初步富裕，2500 点中等发达，3000 点是实现现代化，3500 点叫什么好呢？请建议一下。

扫地僧：一个经验，只有割肉盘出现，才会有底部。

当天的走势中，240 点可以看作 235~238 点这 1 分钟中枢的三卖，同时 239~242 点又可看做 238 点这 5 分钟三卖之后的 1 分钟下跌走势的第一个中枢。

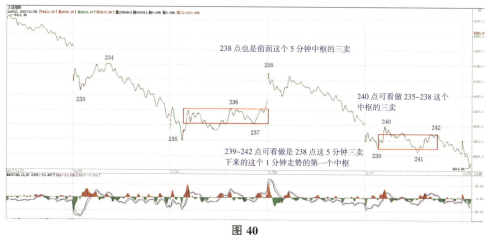

图 40

2007 年 11 月 28 日

缠中说禅　2007-11-28　23：16：09

　　大盘今天继续无精打采的，不过大盘确实已经进入一个基本的支持区域。首先，按双顶的量幅，也基本到位了；其次，周线上一个从 2005 年开始从来没有跌破的支持线也在不远处，下月开始，10 月线也会上移到附近区间，诸如此类的支持因数都在加强。

　　而本月，一下跌了一个比小康还多的跌幅，因此，无论如何，下月肯定有反抽走势。当然，这月线收的位置也很重要，如果收在目前区间甚至更低，那么反抽后的压力还是很大的。

　　短线的选择无非是：先反抽还是先全面小康。先全面小康，反抽的油水大点；先反抽，那油水就少点，仅此而已。

　　中线上，下月的走势很关键。如果是先下影后上去，那么走势会好点；否则，如果反抽只构成月线的上影，那么后面的压力就大了，全面小康的目标就太保守了，回补 4000 点上那缺口，来一个初步富裕，也不是太不正常的事情。

　　不过，短线可以开始关注这大反抽出现的时点，在这之前，不排除先有一个大的陷阱再上来，如果真如此，那么这反抽的意义就更大了。

　　请注意，无论多头空头的，没有陷阱的玩意杀伤力都有限。6100 点之所以有点杀伤力，就是因为前面有几天精心安排的多头陷阱。这里学问多着了，如果能参透这多头空头陷阱，你的本事也就见长了。

　　扫地僧：周线上，从 2005 年以来，30 周线一直没跌破，此时 30 周线的位置是 4721 点。

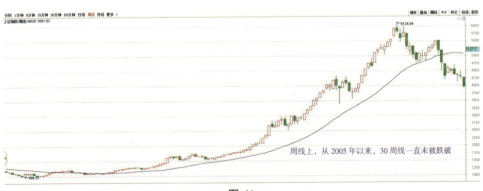

图 41

下个月，也就是 2007 年 12 月，10 月线将上升 4628 点附近。

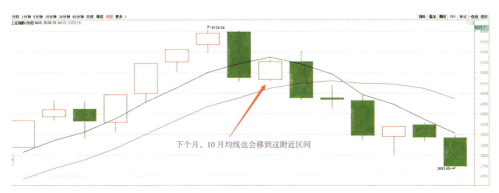

下个月，10 月均线也会移到这附近区间

图 42

27 日提到过，跌 1500 点是全面小康，也就是跌到 4600 点附近，根据测算，第一波下跌是从 6004 点开始直接跌到 5032 点，跌幅近 1000 点，中枢后面的下跌从 5344 点开始，即使跌至 4600 点，也只有 700 点的幅度，背驰还在。

第一波从 6004 点下跌到 5032 点，跌幅近 1000 点

中枢后面的下跌是从 5344 点开始，如果跌到 4 600 点附近，跌幅也只有 700 点左右，这个背驰依然存在

图 43

缠师就希望是再跌狠一点，最好是跌破那些技术支撑位再反弹，这样的反弹会走得更好一点。从上图可以看到，这个下跌的走势是 5 分钟级别，三卖后背驰，将扩展出更大级别中枢的形态。

当天其实走出了这个 5 分钟下跌走势的低点，最后这个三卖后的 1 分钟下跌也是个盘整走势，并且当天出现了盘整背驰。

图 44

2007 年 11 月 29 日

120 天支持终显威力 (2007-11-29 23：53：11)

大盘的走势，不太错乱。本 ID 在前面说了，跌破 5000 点，只是一个空头陷阱，而 120 天线有基本支持，即使继续下跌，也不过是继续构造空头陷阱。今天大盘拉回 5000 点之上，使得一个更大级别的中枢在扩展开来。也就是说，5000 点上下，将扩展出 30 分钟的中枢，后面的走势，就可以用这 30 分钟震荡的观点来观察，当然，如果这 30 分钟竟然震荡出第三类卖点，那么全面小康、初步富裕都不是什么奇怪的事情。这里无须预测什么，只要看好这震荡就可以把握了。

不过，如昨天所说，大盘没有选择在 120 天线下制造更大的空头陷阱，因此反抽的意义将有所减弱，首先看 5 周均线，如果能站上去，那么力度将大点，否则后面再次探底的压力依然不可小视。

目前的操作很简单，就是继续以中枢震荡的观点处理，只是这次的震荡级别更大而已。操作上，依然是游击战，至于阵地战之类的玩意，就留给多头和空头。本 ID 的操作思路很简单，就是放冷枪，放暗箭，专挑多头空头没力的时间落井下石。

多空齐杀，找准机会落井下石、突施冷箭，这从来都是震荡行情中的不二法门。震荡中的利润，从来都是在多头空头的尸骸中炼出来的，虽然残忍，但却是震荡行情的生存之道。

市场中，最大的残忍就是把自己送上断头台；市场中，最崇高的道德就是踩着节奏错乱者的尸骸前行。市场就是市场，装道德孙子的，不是早死的就是即将死的，有必要听他们的道德说教吗？

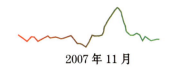

当然，请一定注意。当你还没有成为钢铁战士之前，还有一个最好的全身之道：就是在大级别的调整中紧抱小板凳，不参与一切的反弹。

宁愿错过，绝不过错，伟大光荣正确的小板凳。

扫地僧：当天收盘几乎收在了最高点，摸上了 5000 点，而上个 5 分钟中枢的波动低点是 5032 点，相差很近，所以缠师说这里将扩展成 30 分钟的中枢。

今天大盘拉回 5000 点之上，使得一个更大级别的中枢在扩展开来。也就是说，5000点上下，将扩展出 30 分钟的中枢

图 45

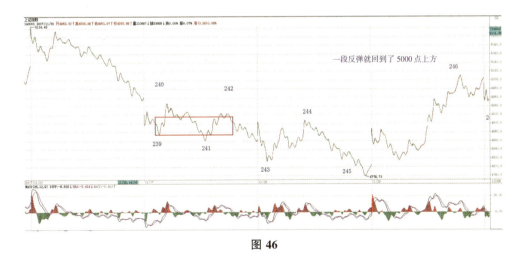

一段反弹就回到了 5000 点上方

图 46

这里还提到了一个前几天一直反复强调的经验：重要位置的假突破之后，反向走势的力度往往会大一点，否则，重要位置没触碰就反弹或调整，其力度一般不会太大。

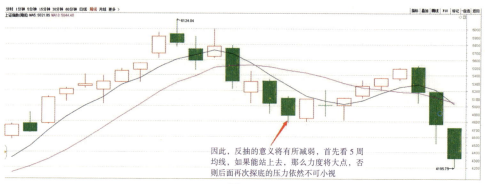

因此，反抽的意义将有所减弱，首先看 5 周均线，如果能站上去，那么力度将大点，否则后面再次探底的压力依然不可小视

图 47

2007 年 11 月 30 日

周末继续效应　（2007-11-30　15：20：29）

今天的大盘同样正常，也就是继续周末效应。大的走势上，继续是 5000 上下的震荡。下周，反复强调的 10 月线上移，而 5 周线下移，因此，这构成大盘震荡的两个夹板。所谓夹板，就是上破是多头陷阱，下破是空头陷阱。总之，到处是陷阱，多头空头都没好日子过。

昨天，再次强调小板凳的伟大正确光荣，这是所有技术有问题的人的护身符。这护身符，从 6100 点就强调到今天。不过，就算小板凳是红宝书，也不能整天拿着跳忠字舞。如果想进步，最终还是要学会抛弃小板凳，学会在震荡中赚钱。

扫地僧：一个实战经验，当走势处于上下都有重要点位的夹板之间时，如果此时也需要进入中枢震荡，那么一般上破就是多头陷阱，下破是空头陷阱，中枢震荡操作就是如何利用好这上下陷阱。

当然，如果真学不会，就不必要学了。并不一定每个人都需要变得英明神武的，如果每个人都这样英明神武，那么小板凳不是就要滞销？

至于震荡的操作技术，是必须磨炼出来的，所以如果没有这种磨炼的决心，还是买把小板凳，这样更有意义。

什么时候不再用小板凳？等大盘整个风给转过来了，底部经过确认后，才无须小板凳。现在，还在第一次的探底之中，也就是大盘的第一只脚还没有落地。而大的底部构造，往往需要两只甚至两只以上脚落地去确认，站在这个角度，小板凳还要旺销紧俏一段时间。

扫地僧：实战经验，大的底部构造，往往需要两只甚至两只以上脚落地去确认，也就是有两次或多次确认。

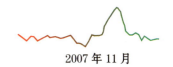

不过，由于本月大长阴线，因此下月一定有较大反抽去攻击本月阴线的实体部分，所以对于钢铁战士，以及准备成为钢铁战士的，可以密切关注一个大的反抽的准备与介入时机。

扫地僧：实战经验：本月大长阴线，下月一定有较大反抽去攻击本月阴线的实体部分，但要注意的是，这仅仅适用于上涨趋势的情况，如果是下跌趋势则不适用。

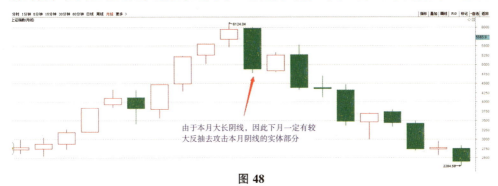

由于本月大长阴线，因此下月一定有较大反抽去攻击本月阴线的实体部分

图 48

个股方面，很多题材股已经压制不住了，指数其实已经反映不了很多股票的走势，所以，如果你是钢铁战士以及准备成为钢铁战士的，更多应该关心个股的走势，指数走势只能成为参考。

技术上，周线、月线上底分型已经构造完成的股票，显然是最值得关注的。当然，如果你的手脚特别麻利，日线上底分型构造完成的也可以注意的。如果再进一步考察个股，就要看他在大的级别中是什么类型的中枢位置，这可以进一步确认较大力度爆发的可能性。

扫地僧：当天是震荡下跌，几乎将昨日的涨幅又跌回去了。

当天几乎将昨日的涨幅又跌回去了

图 49

2007 年 12 月

2007 年 12 月 03 日

短线面临变盘 （2007-12-03 15：26：04）

上周向 5000 点的反抽，刚好碰到 6004 点下来的下降通道上轨回头，现在，那上轨已经到 4950 点附近了，各位打开 15 分钟图，会看得很清楚，而且 10 日线也会下移到该位置附近。也就是说，这变盘的时刻马上要到来。

纯技术地说，或者就是突破上轨引发一次对 6004 点下来的总反抽，或者就是在总反抽之前再来一次空头陷阱，总之，这个反抽的到来已经是眼前的事了，唯一的区别，只是是否再来一次空头陷阱恐吓一下最后熬不住的人。

扫地僧：如果向下变盘，无非是形成第二个中枢后再背驰。

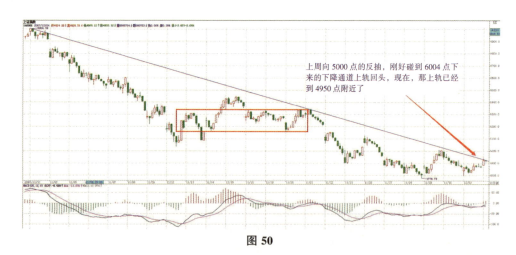

上周向 5000 点的反抽，刚好碰到 6004 点下来的下降通道上轨回头，现在，那上轨已经到 4950 点附近了

图 50

其实，站在个股方面，很多个股已经反抽不少了，指数走成这样，都是神油在作怪。不过那油也快破 30 元了，第一基本目标也基本达到，唯一有变数的只是是否要破一下 30 元恐吓一下最后的不坚定分子，这就对应了大盘是否要再走

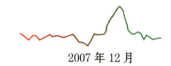

一空头陷阱的选择。

扫地僧：中石油在不久后确实跌破了 30 元。

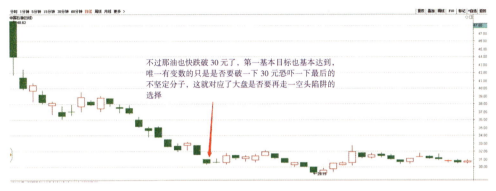

不过那油也快跌破 30 元了，第一基本目标也基本达到，唯一有变数的只是是否要破一下 30 元恐吓一下最后的不坚定分子，这就对应了大盘是否要再走一空头陷阱的选择

图 51

本 ID 曾经说过的个股，已经反复说过，一个都不会少地继续折腾下去的，其实有不少已经比大盘要提前走好了。其他个股，一旦大盘走好，都会有所反应的。

不过，这次反抽后，至少还有一次探底确认的过程。10 月线，站在中短线角度，应该是比较重要的，至于下面，就是 250 天线的位置的，在跌破 250 天线之前，根本没有探讨牛市是否结束的必要。

中长线角度，目前，比较不明朗的是经济会议是否有比较猛烈的措施，但无论会议有什么措施，应该不会造成致命的影响，只是会被利用去清洗不坚定分子。

扫地僧：这个探底确认的过程也就是形成二买构筑中枢的过程。

不过，这次反抽后，至少还有一次探底确认的过程

图 52

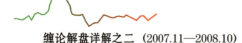

2007 年 12 月 04 日

突破回抽，明后是关键 （2007-12-04　15：29：26）

今天大盘略微发了点力，突破 6004 点下来的下降通道上轨，但受阻于 10 日线，不过其后的回落并没有跌回上轨之下，因此，暂时还是一个可接受的局面。一般来说，突破后需要 3 天确认，因此明后天就是关键了。

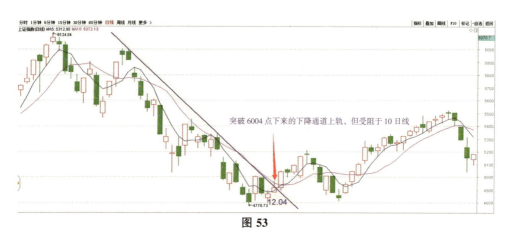

图 53

扫地僧：这个突破不是很坚决，如果能一举站上 10 日均线就要好得多。

其实，今天大盘之所以比较犹豫，就是因为昨天开始的那经济会议还没有明确的结论性东西，现在贸然发力，万一有什么不招人待见的东西出现，那不是自讨没趣吗？所以在这里突破反抽地耗点时间，并不是太坏的事情。

这会议的精神，很快就会明确，这决定了短线大盘的走势。但无论结论是怎么样，最终都会制造出一波针对 6124 点下来第一波调整的大反抽，这个结论是必然的。唯一的区别就是昨天所说的是否先有一个空头陷阱的问题。

由于目前成交太小，市场本身的合力太弱，而消息的力量在这时候特别容易放大，所以走势上如果要特别细致地判断，不能忽视这会议消息的力量。但如果只需要知道大方向性的东西，那对这会议也无须太过看重，就算有什么特别的东西，也就多制造一个空头陷阱的问题。

扫地僧：实战经验，当成交量很小的时候，市场本身的合力就会很弱，那么消息的力量在这时候就特别容易放大，这也解释了为什么有的热门股，有时利空出现时反而还继续涨，这就是因为热门股的成交量很大，消息的力量在市场合力中只占很小一部分，并不影响当前的趋势。

　　大盘大反抽的最终确立，以 10 日线的站稳为标志。

　　个股方面，很多中低价格股票都开始启动了，所以指数的意义不太大，不过一旦指数启动，要小心又是 9119 点地折腾。

　　对这个反抽的定性一直都很明确，就是反抽，其后还需要第二次探底去确认底部。当然，如果这次是先一个空头陷阱再起来，这样下次的确认就不一定要再破底，因为可以走成所谓的双底，否则，破底并不是太奇怪的事情。

　　扫地僧：实战经验，二次探底时，如果第一次探底是空头陷阱构成的，那么第二次探底就未必要再破底，可以走成双底的形态，而如果第一次底不是空头陷阱构成的，那么第二次探底就极大可能是陷阱构成。

　　提破底的可能性也是因为此时下图中，245~256 点刚好形成一个收敛三角形形态的中枢，后面完全可能再次破底形成背驰。

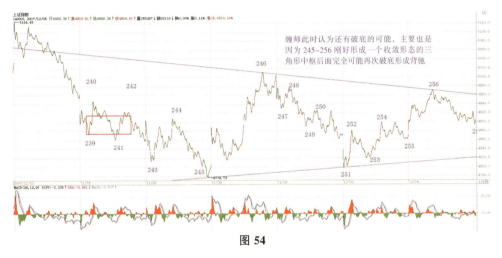

缠师此时认为还有破底的可能，主要也是因为 245~256 刚好形成一个收敛形态的三角形中枢后面完全可能再次破底形成背驰

图 54

2007 年 12 月 05 日

长阳突破 10 日线，大反抽确立　（2007-12-05　15：20：16）

　　本来今天该用红字的，但为了让各位冷静点，还是用绿字比较好。毕竟，这本 ID 反复强调马上要来的大反抽后还至少有一个探底确认的过程，所以冷静是必须的。

　　不过，现在这反抽刚确认，我们还是先探讨这反抽本身的问题。昨天明确说了，大盘大反抽的最终确立，以 10 日线的站稳为标志。今天早上前 30 分钟，这 10 日线就被攻克了，然后后面的上涨，就是顺理成章的事情了。

　　扫地僧：当天早盘的 257 点是一个 1 分钟三买，259 点是突破下图中三角形的回抽确认，同时也是对 10 日均线的突破确认。

缠论解盘详解之二 （2007.11—2008.10）

（扫码获取更多学习资料）

图 55

从这次对下降通道上轨的突破，然后再回抽确认，然后再突破 10 日线最后确认，这一切都是极端教科书般的，这种情况，在以后都会反复遇到。光这次对了没用，还要知道为什么，以后碰到类似情况就会处理了，不需要本 ID 再废话了。

明天，关键是 5010 点，是这次小双底的颈线位置，只要这位置站住，那么就有攻击双底基本升幅的潜力。

扫地僧：一个实战经验：双底的基本升幅就是颈线到底部空间的两倍，比如，这次底部是 4778 点，颈线位置是 5010 点，相差 232 点，那么双底的基本升幅就是 464 点，大约在 5242 点，最终这个小双底的反弹位置是 12 月 11 日的 5209 点。

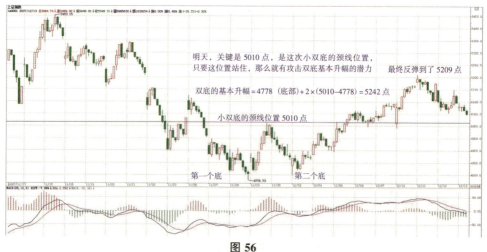

图 56

　　站在中枢震荡的角度，前面本 ID 说 5000 点下的空头陷阱，最终要形成一个更大级别的中枢震荡，其实在重新站上 5032 点前，都不能说是事实。而今天，这玩意终于成为事实了。后面就看这个大级别的中枢如何震荡了。

　　站在缺口的角度，日线上 11 月 21 日、22 日这个向下缺口的回补是必须首先要去完成的事情，如果连这都完成不了，那这反抽的力量就太弱了。

　　扫地僧：第一波反抽完成了缺口的回补。

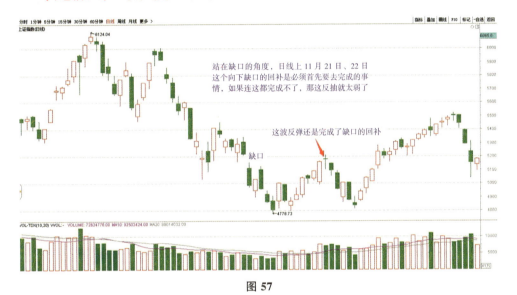

图 57

　　如果站在最好的角度，那么这个反抽如果能先到 5462 点，然后再回调确认，这样就构成一个小的头肩底形态，这是最有力量的走法了，当然，能否走成这样，需要多方面的配合。

　　扫地僧：这种最有力量的走法最终没有实现。见图 58。

　　总之，反抽确立后，就看着走势来，没必要事先把自己框在某种走势中。最好的操作，还是先以中枢震荡的观点，只是这次级别比较大，是 30 分钟的，因此只要次级别 5 分钟向上背驰了，就可以先出来看看，回来如果还能保持中枢震荡，那就重新进去（当然，如果你手脚特麻利，也可以看 1 分钟的）。

　　当然，看不明白的，就看 5 日线，只要 5 日线不破，那么大盘就继续保持反抽的潜力。

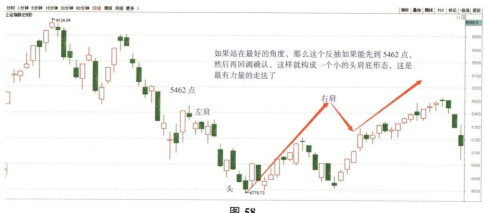

图 58

图中文字：如果站在最好的角度，那么这个反抽如果能先到 5462 点，然后再回调确认，这样就构成一个小的头肩底形态，这是最有力量的走法了

5462 点
左肩
右肩
头

2007 年 12 月 06 日

5010 点的回抽确认　（2007-12-06　15：17：59）

今天按昨天所说的，全天就是对 5010 点的回抽确认。其实，如果心思缜密的，就知道，今天下午突然下破 5010 点的走势，就是一个典型的小空头陷阱。

这里顺便上上课，前面说过，明白了陷阱，你的技术水平就会高多了。什么是陷阱？陷阱必须由中枢而来，所谓陷阱，归根结底都是中枢震荡的结果。如果不是中枢震荡，而是中枢移动，那就不可能是陷阱，而是真陷进去了。

今天早上高开线段回落，然后再线段向上，根据走势必完美的原则，肯定就在该位置有一个 1 分钟中枢了。有了这个中枢的大概位置，就有了制造陷阱的可能。一般这种小陷阱，都是制造盘中高低点的，一般就是故意打破某个位置。例如，今天就是第一下跌段的低点，但这个下破制造的笔和前面的笔一比较力度就知道肯定是陷阱了。

陷阱与非陷阱最关键的区别，除了是否中枢震荡外，就是力度上的前后比较问题了，这需要好好去研究，真研究明白，变成自己的直观，那才真有用的。

扫地僧：陷阱都是中枢震荡的结果，那么找陷阱就要先找中枢，早上高开回落的一段是 260~261 点，再线段向上是 261~262 点，这样 259~262 点形成中枢，262~263 点就是离开该中枢的次级别走势，并且 262~263 点内部是一个明显的"下跌+盘整+下跌"的背驰构成，这样这个空头陷阱就完成了。见图 59。

技术不说了，由于明天是周末，因此，那一直的周末心理效应就看有多大了，只要明天以及周一开始都能站住 5010 点上，走势就没什么问题。

在这个位置停留的最大心理意义在于，让犹疑的人有一个心理转变的时间，

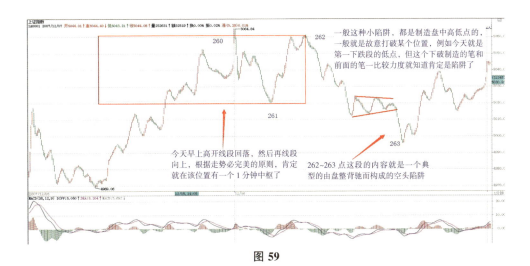

图 59

争取更多的人。反弹行情，就是一个逐步忽悠的过程，不可能是主力一直拉到底的过程。通俗来讲，做反弹，就是要逐步掂上去，在一个新的水平，等足够多的人认同了，再掂高一点，等哪天认同减少或风声不对，就突然过河拆桥，这样，主力才有可能全身而退。否则都是主力自己拉，那不是送死吗？

技术不行的就继续看 5 日线。

扫地僧：主力操盘经验：反弹行情就是一个逐步忽悠的过程，做反弹就是逐步抬高，等足够多的人认同，哪天认同减少或者风声不对，就突然过河拆桥，这样才能全身而退。

2007 年 12 月 07 日

5010 点站稳，行情继续展开　（2007-12-07　15：17：09）

今天真没什么可说的，早上再次回试 5010 点，结果在 5021 点就被拉起，而且还是在周五，说明市场心态还是比较反弹行情的继续展开的，其后的走势，就是理所当然的事情了。

扫地僧：从反弹以来，走势已经升级成 5 分钟级别，当天是围绕这 5 分钟级别中枢的震荡。见图 60。

其实现在的走势，根本无须过于细致地看每天的盘，因为日线上一早就确定一定至少走一笔出来了，因此，在一个日线的顶分型确立之前，行情就会一直延续。而且，日线上一笔过后，还可以看是否延伸出段的上涨来，所以，只要行情不走出相应的形态，都可以持股待涨。

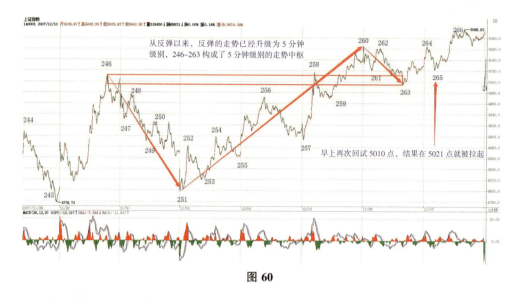

图 60

扫地僧：也是因为这上涨笔内部并没有出现小级别的背驰。

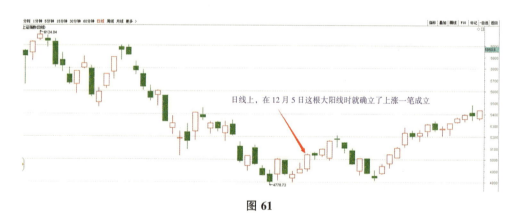

图 61

学本 ID 的理论，一定要学会不同级别的通盘考虑。

下周的关键，就是 5 周线已经能否制造周线的底分型。由于本周没到上周的高位上，只搞了一个包含关系，所以要底分型，还要看下周。

扫地僧：提完日线分型又讲周线分型，这是在为下一节课——《教你炒股票91：走势结构的两重表里关系 1》做铺垫。见图 62。

个股方面，没什么可说的，现在基本是普涨状态，因为很多前面做空的，都陆续有点回补，所以就比较平均。关键是突上去以后，就需要领涨板块了。所以普涨后是否形成领涨板块的市场共识，决定了行情最终的高度。

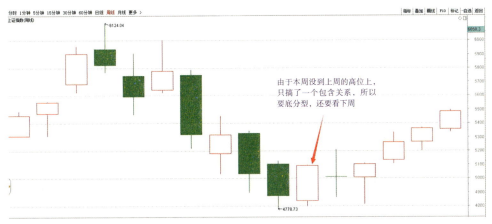

由于本周没到上周的高位上，只搞了一个包含关系，所以要底分型，还要看下周

图 62

2007 年 12 月 10 日

今天不是 530　（2007-12-10　15：29：40）

今天不是 530，为什么？你见过 530 北京下雪吗？既然北京都下第一场雪了，大盘当然也要放放血，见见红了。

不过，本 ID 这里还是要继续绿的，这是继续让各位冷静，别一见红的就太兴奋，那就要变成西班牙那被杀的牛了。

走势，没什么可说的，周五已经说了，如果连日线的第一个顶分型都没出现，那就别整天一惊一乍的，所以本 ID 这样要继续绿色，就是让各位节省点能量，环保点。最节省能量的办法是什么？就是买点介入后，一直持有等待卖点。而日线笔的成立意味着，如果盘中那些一惊一乍的活动不足以制造顶分型，那就继续睡觉，等出现日顶分型再起来看看是否能有效跌破 5 日线确立。

扫地僧：一个利用分型的省事儿的操作方法就是买入后，一旦向上的日线笔成立，那就耐心等待顶分型出现后，再看看能否有效跌破 5 日线，从而确立向上笔结束。见图 63。

当然，如果你手脚特麻利，就利用 1 分钟的走势去换股或打差价操作，不过反弹的第一轮是普涨为主，因此换股操作难度要大点。

扫地僧：实战经验：反弹的第一轮是普涨，不宜频繁换股。

后面的任务就是前面已经说过的第一目标，把缺口给补了，今天补了一小部分。完成第一任务，再站稳，然后看第二任务，饭要一口口吃，人要一拨拨骗，这就是反弹的要点。

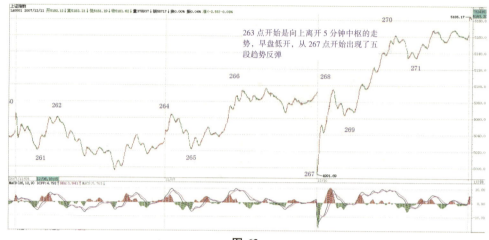

图 63

本 ID 这一年以来说了不少股票，但唯一两只是声明给各位赚学费的。第一只是 6 元时候的 000999，那是去年 12 月的事情。第二只就是今年下半年的 600737，当时价格是 8 元。现在，000999 且不说了，600737 现在有谁还能从 8 元一直拿到现在？

提一个思考题，2008 年，本 ID 继续看好的是有色、钢铁、奥运、环保、农业、中字头、整体上市、军工等股票，你说 600737 属于哪一类呢？

让梦想继续照进现实，面包会有的。

2007 年 12 月 11 日

缠中说禅　2007–12–11　15：33：37

前面 4800 点说要反弹时，给了一个剧本，第一目标就是回补 5200 点这个缺口，今天总算胜利完成了。下一个目标是什么，前面可也说了，如果不知道，那是看帖子不认真，本 ID 可没有义务重复说。

今天完成补缺任务后展开震荡，一个完美的 1 分钟中枢也就此构成，尾盘在 1 分钟中枢的第三分线段结束后重新拉回 5151 点之上，就确认了这个震荡中枢的有效性。后面，5151 点是一个关键位置，只要能围绕着震荡，就不会有大问题。

现在的操作，十分简单，大的可以继续看日线上的笔是否结束来决定卖出。手脚麻利的，可以利用这个震荡进行换股或打短差。没感觉的，就继续看 5 日线。

从稳健的角度，在这个位置震荡长点时间，骗多点人进来，有利于以后走得更高。如果太急，那可能就很快夭折了。

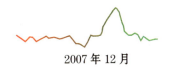

扫地僧：

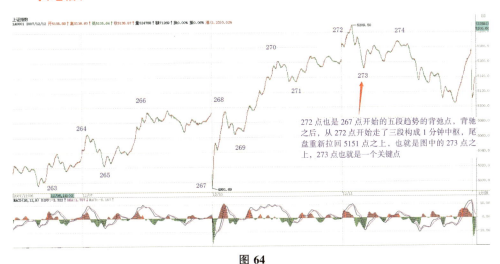

272 点也是 267 点开始的五段趋势的背驰点，背驰之后，从 272 点开始走了三段构成 1 分钟中枢，尾盘重新拉回 5151 点之上，也就是图中的 273 点之上，273 点也就是一个关键点

图 64

从反弹以来的 5 分钟走势上，可以看到当前是有盘整背驰的迹象，下图中，246~263 点是 5 分钟中枢，从 263 点开始的 1 分钟离开，264~267 点是第一个中枢，267~272 点是五段类趋势，263~272 点整体比 245~246 点的力度弱，这在 15 分钟图上看得更清晰。

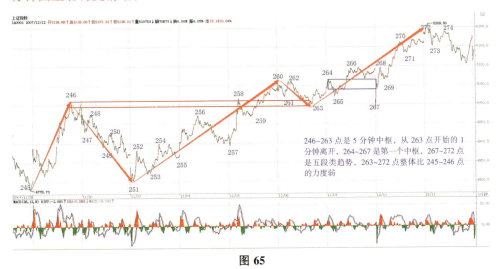

246~263 点是 5 分钟中枢，从 263 点开始的 1 分钟离开，264~267 点是第一个中枢，267~272 点是五段类趋势，263~272 点整体比 245~246 点的力度弱

图 65

关注微信公众号"扫地僧读缠札记"，回复"历史数据"可以获得大盘 1 分钟和 5 分钟的历史 K 线数据。

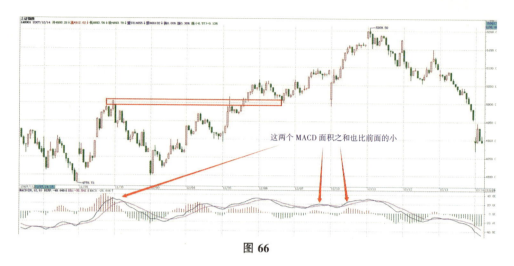

这两个 MACD 面积之和也比前面的小

图 66

2007 年 12 月 12 日

缠中说禅　2007-12-12　15：33：01

昨天达到反弹的第一目标后，今天出现例行的休整，本就是天经地义的事情，和外围以及基本面因素都关系不大。

昨天给了一个判别休整强弱的重要点位，就是 5151 点，显然，今天开盘就跌破且反抽不上，就明白无误地告诉各位休整的弱势性质。5151 点依然是后续关键的位置，在站稳该位置之前，大盘不可能重新走强。

扫地僧：昨天解盘中提到的 5151 点，也就是下图中的 273 点是个关键位置，今天的反弹高点刚好没有触碰到就下去了，这说明了市场要走弱。

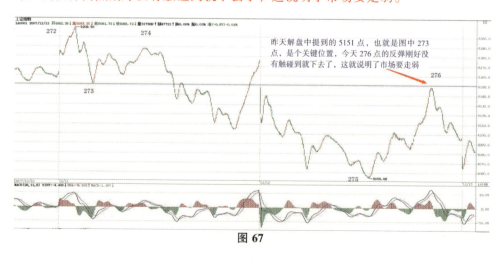

昨天解盘中提到的 5151 点，也就是图中 273 点，是个关键位置，今天 276 点的反弹刚好没有触碰到就下去了，这就说明了市场要走弱

图 67

由于大盘采取了弱势休整，用本 ID 的理论语言，就是休整将和前面 5010 点那次 1 分钟级别的中枢震荡一起扩展成了 5 分钟级别的，因此，震荡的区间就自然从这个大的震荡着眼。

扫地僧：缠师认为接下来的下跌将跌破 246 点，从而扩展出 5 分钟级别的中枢，这是将 246~251 点看作一个 1 分钟下跌，将 251~272 点看作一个 1 分钟上涨，这是从同级别分解的角度，而从非同级别分解来看，由于 246 点以来早超过 9 个线段，所以这 5 分钟中枢也早已形成，本人的划分则是将 246~263 点看作 5 分钟中枢，272 点开始的下跌也不过是围绕该中枢的震荡。

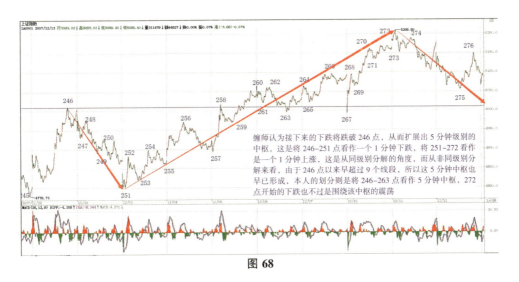

缠师认为接下来的下跌将跌破 246 点，从而扩展出 5 分钟级别的中枢，这是将 246~251 点看作一个 1 分钟下跌，将 251~272 看作是一个 1 分钟上涨，这是从同级别分解的角度，而从非同级别分解来看，由于 246 点以来早超过 9 个线段，所以这 5 分钟中枢也早已形成，本人的划分则是将 246~263 点看作 5 分钟中枢，272 点开始的下跌也不过是围绕中枢的震荡

图 68

日线上，因为今天顶分型形成，但 5 日线并没有确认有效跌破，因此，并不能马上断言这个休整必然在日线上留下向下的笔，所以明后两天的 5 日线是关键，一旦有效跌破，那么休整将至少形成向下的笔，也就是至少要等到底分型出现才会结束。

扫地僧：分型的操作重要的就是顶底分型+5 日均线的配合。见图 69。

不过大盘的走势其实已经很不重要，很多个股已经完全和大盘没关系。而且大盘只要能保持这 5 分钟的震荡，即使再扩展为 30 分钟的，只要不出现向下的第三类卖点，最终大盘依然要向上继续反弹的。

如果你的股票已经出现周底分型的确认，那么就以 5 周均线为参照持有就可以，不必太注意大盘的震荡。当然，如果你手脚特麻利，那就可以来回短跑，一般人就算了。

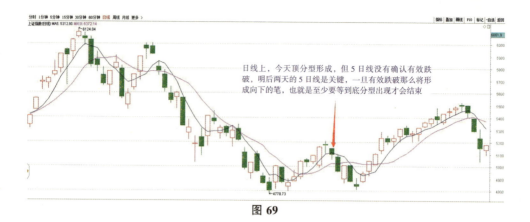

日线上，今天顶分型形成，但 5 日线没有确认有效跌破，明后两天的 5 日线是关键，一旦有效跌破那么将形成向下的笔，也就是至少要等到底分型出现才会结束

图 69

2007 年 12 月 13 日

缠中说禅　2007-12-13　00：49：00

昨天早上反抽不上 5 日线，顶分型确立。当然，顶分型确立，并不一定要拉出长阴线，但更不一定不拉出长阴线，10 条短阴线与一条长阴线，只要不出现底分型，最终都只是指向一个向下笔的过程。而站在本 ID 理论的角度，只关心买卖点的结果，并不关心过程。

扫地僧： 一个经验，当盘中两次去考验某重要位置都上不去时，基本就说明了这位置的有效突破。

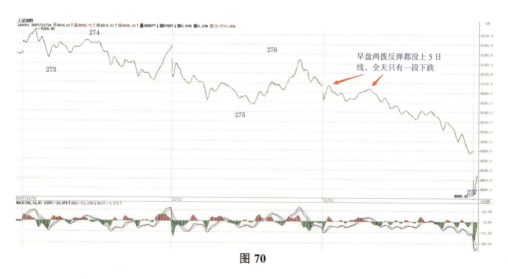

早盘两拨反弹都没上 5 日线，全天只有一段下跌

图 70

一个顶分型跌破 5 日线，就是未病—欲病—已病模式中的最后一个已病了，

既然已病了，就只能等大盘病好，病好的日线标志就是底分型。站在中枢震荡的角度，昨天说了，5010 点那次的中枢震荡扩展成一个大的 5 分钟中枢震荡，今天的下跌，暂时没有把这个中枢震荡的第三类卖点给震出来，所以，只要不出现这个卖点，那么一切依然保持在基本的中枢震荡中，当然，如果出现了，那么大盘跌破上次低点的概率就极大了。

站在中枢震荡的角度，第三类卖点是典型的已病了。第一等的高手，是未病就下手了；第二等的高手是欲病就下手，等到已病，那确实有点不太高明了。

当然，对于这样的反弹，如果操作不过来的、心态跟不上的、手不够狠的，最安全的无疑还是正确光荣伟大的小板凳，有时候，休息几个月并不是什么坏事，这点是反复强调的了。

不过，站在周线的角度，暂时还没有破坏可能形成的周的底分型，而下周 5 周均线将继续下移，一旦站住，大盘仍将继续反弹。所以，今天的走势很关键，今天只要不跌破 4778 点，周线上至少还不太坏。上周五已经说了，本周的任务是构造周线的底分型，能否成立，就看今天了。

2007 年 12 月 14 日

缠中说禅 2007-12-14 15：48：40

上周给了本周一个任务，就是去构成周底分型，今天早上也特别强调这一点，现在任务算是完成了。下周的任务也先给出，就是去确认周底分型的确立，技术上十分简单，就是 5 周均线站住。

前面已经明确说过了，现在是 5010 点扩展出来的 5 分钟震荡，今天早上，一个完美的 5149 点下来的下跌段的背驰，然后就开始对 5010 点这中枢的震荡回抽，这都十分技术化。当然，这些走势的操作，需要比较高的技术把握，如果没这技术的，就算了。

扫地僧：缠师的分解是 276~279 点只有一段，其中 1~2 点、3~4 点、277~278 点分别是这个线段内的三个中枢。见图 71。

但如果严格按照线段划分，277~278 点是符合一段的条件，如下图里，3~6 也就是277~278 点这段，是特征序列的第二种情况，因为 3~4 点与 1~2 点之间有缺口，那么此时重要的就要看 3~6 这段能否构成特征序列顶分型，由于 7 点高于 5 点，因此是可以构成特征序列顶分型：4~5 点、6~7 点和 8~9 点，所以 3~6 这个线段成立。见图 72。

缠师虽然未将它分为一段，但并不影响 279 点这个从 272 点下来的由 7 条线段构成的趋势背驰买点。见图 73。

缠论解盘详解之二（2007.11—2008.10）

（扫码获取更多学习资料）

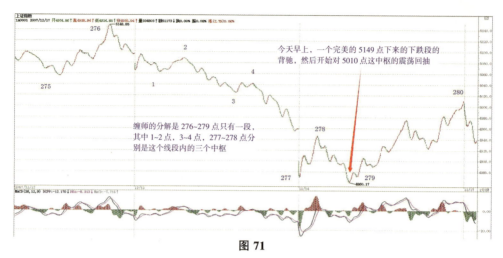

今天早上，一个完美的5149点下来的下跌段的背驰，然后开始对5010点这中枢的震荡回抽

缠师的分解是276~279点只有一段，其中1~2点、3~4点、277~278点分别是这个线段内的三个中枢

图 71

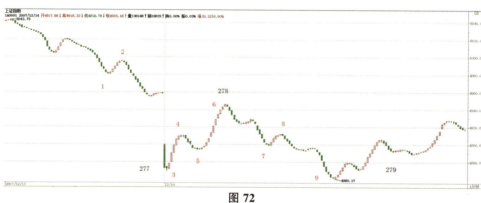

图 72

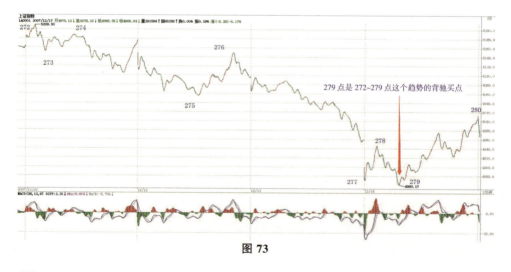

279点是272~279点这个趋势的背驰买点

图 73

注意，只要这震荡不出现第三类买卖点，那么震荡继续。有技术的按照震荡的程式进行就可以，那程式是什么？课程里反复说过了。

周一，从日线上看是能否形成底分型，如果成立，周二以后是对这底分型的确立，也就是能否站住 5 日线的问题。一旦确立，这向下笔就完成了。然后就看后面的向上笔能否带领出周线的向上笔了。当然，所有的前提都是周一能够构成日的底分型。

2007 年 12 月 17 日

抛弃指数，冰火两重天　（2007-12-17　15：30：15）

今天，并没有构成日的底分型，只是制造了一个典型的包含关系。由于离周五低位很近，所以只要明天比周五低，那么就意味着 5209 点开始的下跌笔依然要延续。

其实，根本无须等到收盘才知道底分型不能构成，因为要构成底分型。首要，是要比周五的最高位置还要高，而大盘开盘就低开，因此，只要大盘不红盘，怎么折腾都可以去睡觉，而底分型都不能构成，当然也是一个睡觉的局面。

扫地僧：根据分型操作时，能否形成分型主要以昨日的高低点为参考，不能突破或跌破就不可能形成分型。

不过，这只是从大盘来说，个股方面，冰火两重天，本 ID 前面已经说过，有些真有题材的股票，不会搭理大盘的走势的，大盘越没方向，反而给部分股票以表现的机会。操纵股票的，也需要有点营销手段的，现在快 2000 只股票，要大家有印象，当然是需要点手段的。逆势而走，往往就是最省事的办法。现在资金这么多，犯贱追高的人也少不了，现在敢于表现，是不会没有回报的。

由于目前在周线上，周的底分型没有被确认，而日的底分型又没有被构成，所以后面就是首先等日底分型的构成，这是必须首要完成的。当然，周线的底分型如果最终不能确认，那么大盘无疑就必须面对再次的破位，一个必然的事情就是，大盘要走出中级的底部，一个必要的前提就是周底分型的确认，如果这位置确认不了，也会下一台阶去构成并确认，这是技术上的必然要求。

站在 5010 点上下的中枢震荡来说，现在要面临着出现第三卖点的巨大威胁，一旦第三卖点确认，大盘新低是不可避免的。因此，对于多头来说，后面几天是唯一可以去努力的时间了，否则，将必然面对被再下一城的现实。

扫地僧：周线的底分型因为没有站上 5 周线，所以还不能被确认。

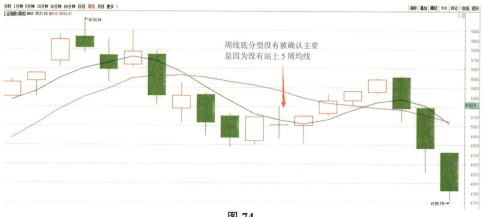

图 74

由于当天的下跌，使得走势突破了 5 分钟中枢的下沿，所以使得三卖成为接下来要重点关切的事情。

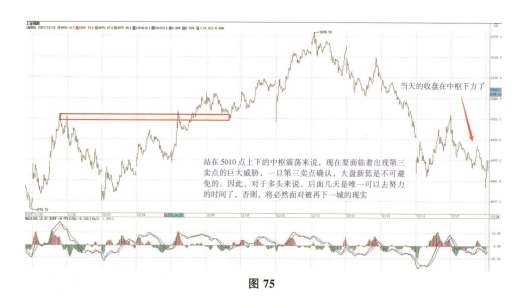

图 75

当天的下跌将昨天那背驰后的反弹幅度全部吃掉。见图 76。

当然，对于如本 ID 一样的，就根本不关心什么破烂指数，抛弃指数，大玩冰火两重天，这并不是太坏的事情。当然，如果大盘跌得太狠，偶尔也需要避避风头，但有一点是肯定的，就是明年的生意都要做的，要做生意，年底开始就要准备了，否则明年的营业额怎么保证？

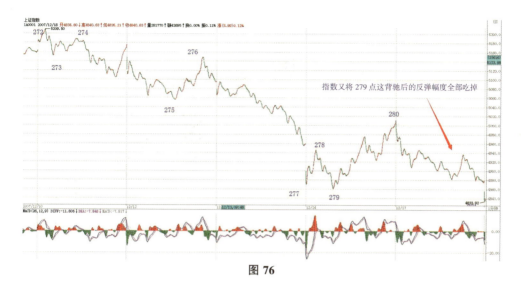

指数又将 279 点这背驰后的反弹幅度全部吃掉

图 76

2007 年 12 月 18 日

多头，早死早投胎还是背水一战 （2007-12-18　15：31：11）

现在对于多头来说，形势十分明确，就是两个选择：早死早投胎还是背水一战。技术上，本 ID 已经分析得很清楚，周线上是（-1，0），日线上两种选择，在 4778 点上制造（-1，0），这样多头还有背水一战的机会，否则就早死早投胎。

扫地僧：（-1，0）代表的是底分型，也就是说，当前是周线底分型，如果能在 4778 上构筑日线底分型，则多头还有背水一战的机会，否则，周线底分型也会被破坏，使得周线下跌笔延续。分型的两重表里关系可参考缠师在昨天刚发布的《教你炒股票 91：走势结构的两重表里关系 1》。

中线上，本 ID 已经反复强调，反抽以后必然还要探底，而在 11 月底谈论 12 月月 K 线形态时，就明确说过，至少有上影对 11 月长影实体进行反抽，这点已经做到了。后面的问题其实很简单，就是这月 K 线是包含关系，还是继续月上的向下笔延伸，也就是 4778 点是否要在 12 月被破。一旦被破，也就是月线上要走出向下笔，在月出现新的底分型之前，一切中级的向上都免谈，这在技术上是不需要分析的，是必然的。

扫地僧：由此可见，4778 这个位置非常重要，因为如果跌破，则破坏周线底分型，并且将使得月线向下笔成立。见图 77。

如果用更精细一点的分析，就是 5209 点下来的这个 1 分钟下跌走势究竟在什么位置结束，如果在 4778 点上结束，那么最坏的情况还不至于马上发生，也

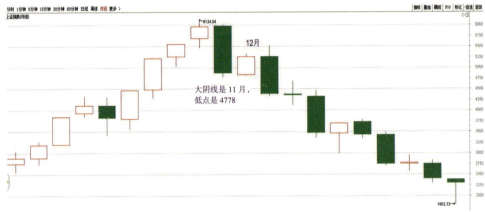

图 77

就是说，大盘的反抽最坏也能走成类似三角形之类的收敛形式，否则，这 1 分钟下跌，将是一轮大级别下跌的第一段，后面至少要等这个级别的下跌结束，才有中线站稳的可能。

目前，5209 点下来的 1 分钟下跌已经构成两个中枢，其中的走势极端标准，例如今早的反抽就是第二个中枢的第三类卖点，然后继续下跌，都很规范。下面的问题，就是要关注后面是否能制造出背驰，其实更重要的是，背驰以后的反抽是否就在这第二个中枢区间受阻，一旦如此，后面的走势一定大大不利于多头。

扫地僧：缠师的线段划分并非严格按照线段的标准而来，下图是本人按照严格的线段划分标准而划分的线段：

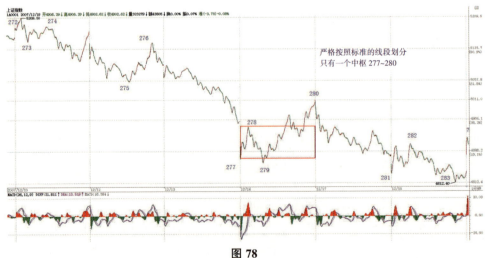

图 78

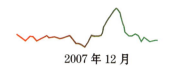

缠师的划分见图 79：

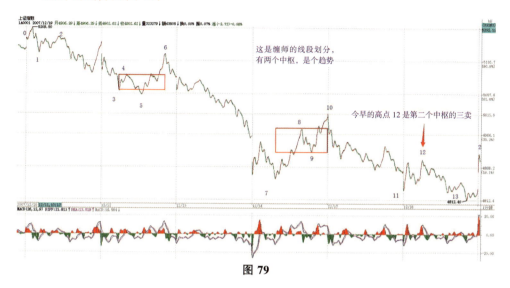

图 79

其中的区别主要有三处，先看第一处，就是缠师的划分里 3~4 那段。

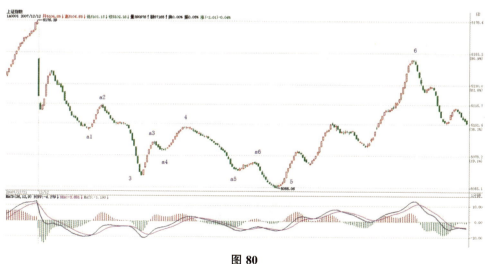

图 80

可以看到 a1~a2 点、3~a3 点、a4~4 点构成了特征序列的第二种情况，也就是有缺口的情况，但由于 a5 点直接低于 a4 点，使得 3~4 点以来无法构成特征序列顶分型，所以如果按照严格划分，3~4 点并不成段。

第二处是 277~278 点那里，在 12 月 14 日的解盘里已经有详细说明，这里不再重复。

第三处是缠师的划分里 8~9 点的那一段：

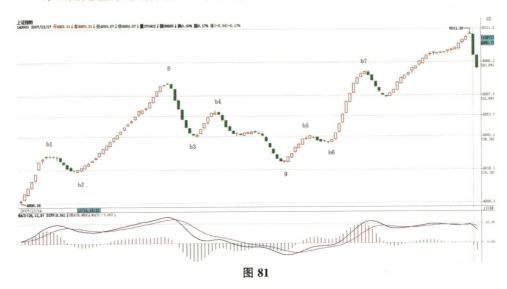

图 81

可以看到，由于 b3 点高于 b1 点，所以这也是特征序列的第二种情况，那么关键之处就在于 b5~b6 点是否成笔，如果是一笔，那么 b5 点低于 b3 点，使得 8 点下来的特征序列 b3~b4 点、9~b5 点、b6~b7 点构成底分型，故 8~9 点成立，而如果 b5~b6 点不成笔，由于 b7 点直接高于了 b4 点，所以 8~9 点将不成段。那么关键就要看 b5~b6 点是否成笔，其内部见图 82。

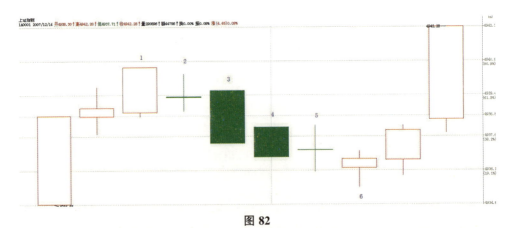

图 82

可以看到，1 包含 2，5 包含 4，如果按照老笔的定义，2 和 4 被包含处理后，1~6 就只有 4 根包含处理后的 K 线，故不能成一笔。如果按照新笔的定义，顶底分型里的包含需要处理，则 1 和 2 包含后成为顶，3 是顶分型的右侧 K 线，6 是底，5 是底分型左侧 K 线，顶底分型之间有一根 K 线 4，虽然 4 被 5 包含，但在新笔里是允许的，所以，按新笔的定义，这里成为一笔。缠师从 2007 年 9 月起，重新定义了笔，也就是新笔，并从此沿用新笔的定义来划分，所以，这里成为一笔，8~9 点也成为一段。

那么问题是，为什么缠师并没有严格按照线段划分的原则来划分走势呢？这是因为笔和线段只是为了能够唯一表达走势而设计的一种分解走势的方式，但并不代表着按照这种方式分解的走势一定是最贴近真实的走势。在大部分的时候，严格划分的线段是基本能够表达走势含义，但在个别时刻，严格划分的线段未必就能表达出走势含义。什么时候严格划分线段，什么时候不严格划分线段，这考验的是个人对走势的理解功力，并没有一个标准，是一种超逻辑的能力。缠师为什么要设计笔和线段？就是对于大多数初学者，总要有个客观标准作为参考，在没有超逻辑能力之前，老老实实按照标准来做，也能应付大多数的情况，总不会相差太远。但一定不能陷入这个误区：严格划分笔和线段的走势就是最正确的走势！

还有，在 5 分钟图上，这个趋势下跌看起来更清晰。

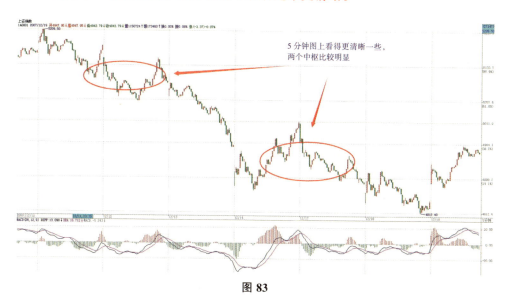

图 83

显然，缠师的这个划分是最贴近市场本意的，图中的标号也将以缠师的划分为准。

说实在的，现在的情况对多头确实是华山一条路，除非走出直接突破 5200

点颈线的走势，否则早死晚死都是死，还不如"早死早投胎"。

扫地僧：直接突破 5200 点这颈线位置，则当下的下跌走势还能看成是上涨中的调整。

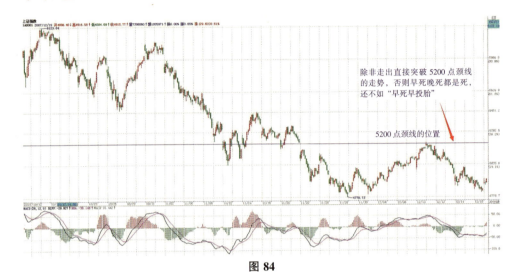

图 84

其实，跌破 4778 点并不是世界末日，反而必然会构造出走势上的背驰，也就是说，跌破也是空头陷阱，并没有什么大不了的。而在这里死顶，反而会让这陷阱杀人更多，所以，如果多头没有直接突破 5200 点的能力，还不如"早死早投胎"，例如这一生没活明白，6100 点当多头，投胎回来活明白点，也不是什么坏事。

这里说的是大盘，个股并不一定太关联于大盘。即使大盘破位，那些明年肯定会被大搞的股票，一定会利用陷阱把不坚定分子清洗干净。至于中石油之类的，那天吃饭，有人问本 ID，本 ID 说既然开 48 元，那就到 24 元很好。48 元，死都要发的都死了；24 元，想死反而得活。结果给酒桌上的人声讨，说本 ID 太残忍，让 48 元的人怎么活。但市场从来都不为任何人的生死而不市场，当然，24 元的中石油只是一句酒话，说老实话，站在长线利益上，本 ID 还愿意见到 14 元的中石油，但估计没人会给。而实际上，中石油在 30 分钟上也跌出了一个线段的类下跌走势，后面就要开始关心底背驰制造的问题了。

超短线上，明后两天，是给多头最后的机会，如果还发不出力来，就"早死早投胎"吧。本 ID 给出的操作原则已经反复说了，没技术的，最好还是继续光荣伟大正确的小板凳，有技术的，就继续折腾那些强势的股票，当然，如果某些股票有大的底背驰，也是可以关心的，不过即使多头能发力，但如果再次反抽不

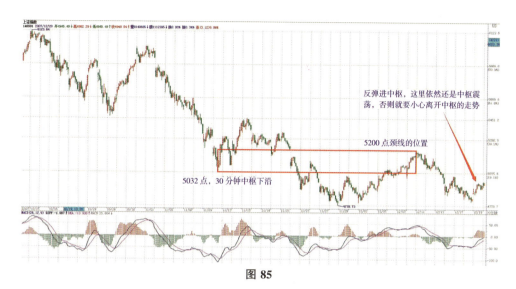

能重上 5032 点，那么就必须小心被刀子刮伤。

扫地僧：为什么是 5032 点？因为这是 30 分钟中枢的低点，反弹进中枢，这里依然还是中枢震荡，否则就要小心离开中枢的走势。

图 85

2007 年 12 月 19 日

多头绝地反击，仍需努力 （2007-12-19 15：15：39）

昨天说了，多头面临两个选择，如果连背水一战、绝地反击的勇气都没有，干脆"早死早投胎"。今天，在资金大回笼，利好不少的情况下，多头最终有了点动作，但这远远不够。这就像煮青蛙，多折腾两次，并不意味这青蛙就要成神仙了。

青蛙要变成神仙，多头要真正逃出绝地，最基本的位置昨天也说了，就是 5032 点，这样，基本还是继续保持 5000 点附近的大级别震荡。当然，光震荡还是没用的，5209 点的颈线还是必须攻克，否则最终青蛙还是要变成清炖青蛙。

技术上，今天把日的底分型给折腾出来了，早上第一波冲高就基本确认，因此后面的第一次回调，就构成超短线的一个第二类买点。这次的反抽，就是昨天所说的 5209 点下来的 1 分钟下跌背驰后的结果，因此在这里，至少要制造一个 5 分钟的中枢，该中枢的第三买卖点出现情况决定短线大盘的生死。

扫地僧：因为 18 日出现了第一类买点，那么 19 日出现底分型是再正常不过。

根据《教你炒股票 29——转折的力度与级别》里的结论，趋势背驰后，最强的是走反趋势，其次是更大级别盘整，最差的是最后一个中枢扩展。所以，缠师这

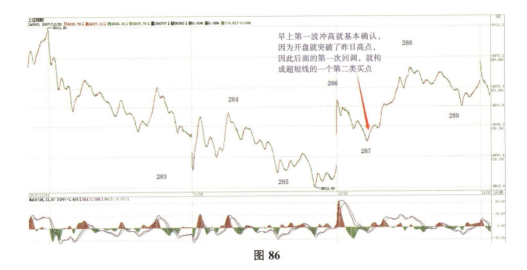

图 86

里说 1 分钟趋势背驰后，至少制造出 5 分钟级别中枢，然后看第三类买卖点，这是最差的情况，并不是一定，事后可以看到，这次 1 分钟背驰后，就走出了反向的趋势，这是最强的情况。

注意，形成底分型并不是万事大吉，关键是要后面连续站住 5 日线，否则只是一个中继，这配合相应底部的 5 分钟震荡情况，将一目了然，完全可以全面把握。中枢震荡的操作法则，课程里反复说到，必须多练习才能真正把握。

扫地僧：实战经验：底分型+站稳 5 日均线，是是否延伸成笔的关键，而能否站稳 5 日均线，需要配合底部的中枢震荡情况。

本 ID 在这里，只是一个陪练，最终希望各位自己学会去分析。如果你只希望来这里获得一些现成的结论，那就最好别来了，因为这里没有。

希望来这里的人，都是不需要拐杖，自己能走的人。本 ID 只是陪练，教练都算不上，这个道理必须清楚。

2007 年 12 月 20 日

攻克 5032，完成初步任务 （2007-12-20 15：15：02）

因为晚上要出差，所以等一下就把晚上关于明年大盘走势的展望写了，4 点左右贴出来。明天收盘尽量解盘，如果没时间，就在周六或周日补上。

今天大盘攻克 5032 点，初步任务完成，大盘围绕 5000 点上下震荡的大格局依然保持。下一步，就是要站稳 5032 点，为攻击 5209 点颈线的进一步任务打好基础。因此，5032 点能否站住，就是判断大盘超短线强弱的关键点位。

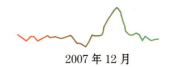

今天盘中走势，5032 点位置的重要性表现无遗，整个下午基本就是围绕该位置蓄势、突破、回抽的过程。很多人到现在还不大会看盘，例如今天的走势，其实一点可担心的地方都没有，因为整天连一个线段都没有完成，你有什么可担心的？

4812 点上来，在 4920 点附近有一个 1 分钟的中枢，因此，下面就等待第二个 1 分钟中枢的出现，看这 1 分钟的上涨是否确立，最后再看其顶背驰的出现。这和 5209 点下来的 1 分钟下跌是一样的，只是反过来而已。

扫地僧：这就是 1 分钟下跌趋势背驰之后，开始走 1 分钟的上涨趋势。

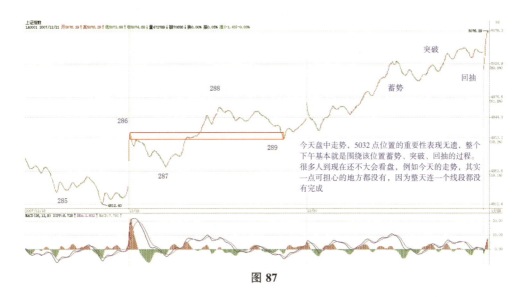

图 87

中石油今天终于把底分型给构造出来，后面就是确认的问题。在 30 分钟上，这个线段的类背驰显然是制造这次回升的关键，这也说明了，中石油在 30 元附近至少可以构造一个大点级别的中枢，以后是再次破位还是继续上涨，就看这中枢的第三买卖点问题了。

扫地僧：中石油这个五段类背驰是非常明显的。见图 88。

大盘比中石油强点，向笔的延伸已经展开，所以和上次 5209 点一样，等到顶分型出现再说。当然，会看 1 分钟上涨的背驰，可以直接看那背驰操作，那更精确。

今天大盘股票的启动，与所谓期货的传闻有关，因为某部门递交了所谓要求期货开的玩意，但这玩意是需要批的，现在谁有时间批？谁负责批？这事情至少在程序上不是一个人的签名就可以批的，只要有签名权的人有一个人有保留意见，估计这东西就需要折腾。

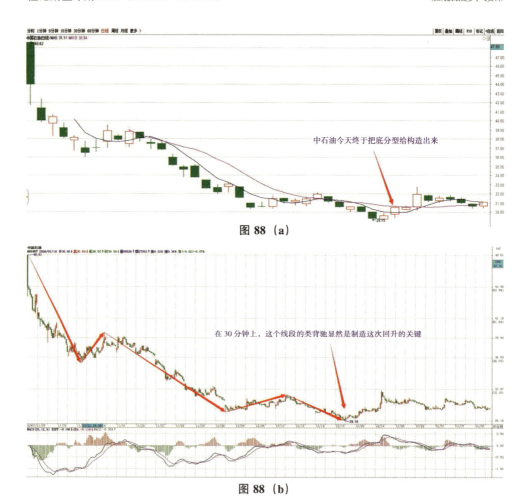

图 88 （a）

图 88 （b）

其实，本 ID 是欢迎这种折腾的。现在的中国资本市场，连小学都没毕业、现货都没有搞好，就想搞期货、上大学？谁的脑袋大、脖子粗，就顶吧。如果真出来，本 ID 是乐于看笑话的。

请先把创业板搞好，先完善多层次的资本市场间架。而最无耻的就是那些利益集团，为了自己的利益，企图在年底抢闸。

中国资本市场目前最大的问题是多层次资本市场的间架、印花税等交易成本的合理化，而不是好高骛远（这个成语写成这样可是公开发行的软件制造的，连成语都写错却能发行，请问是谁负责的？我们的期货千万可别是这种水平）的所谓指数期货。

先下，4 点再上帖 2008 年走势展望。

2008 年行情展望　（2007-12-20　15：59：05）

年末，不可免俗地要对明年的行情展望一番。今年，无论是 5 月的 180 个月时间周期、6100 点的顶部以及调整的第一落脚点 120 天线，都被预先剧本了。不过，现在完全精确剧本明年走势，几乎是不可能的，因为明年市场上的可变分力太多，下面只从纯技术的角度进行一些界定性的分析。

从今年年 K 线上看，由于还有几个交易日，所以不能完全确认年 K 线的收盘位置，但年 K 线将留下较长上影，这点大概不会有太大改变。同样，年 K 线的实体部分也将相当长。因此，明年的走势，今年的 K 线上影尖端 6124 点以及 K 线实体的一半位置（目前大约在 3800 点附近）将分别构成明年关键大箱体的上下边沿。目前大盘的位置，大致在这箱体的一半位置。将这箱体进行 4 等分，那么次级的支持与阻力大概分别在 4355 点与 5555 点。

扫地僧：年线的开盘是 2728 点，当天收盘 5043 点，最高 6124 点，最低 2541 点，因此，实体部分的一半位置就是（收盘+开盘）÷2=（5043+2541）÷2=3792 点，约是 3800 点，那么将 6124 点与 3792 点之间分为四等分，就有五条线，分别是 3792 点、4375 点、4958 点、5541 点、6124 点，由于当时收盘在 5043 点，与 4958 点比较接近，所以如果看支撑和压力的话，就看 4958 点的左右，于是分别就是 4375 点与 5541 点，大概就是 4355 点与 5555 点。

可以断言，即使突破 6124 点后，明年能突破 6124 点+该箱体宽度，也就是大概 8400 点的可能也会极小，就算最终发生了，也肯定是一个将导致巨大灾难的多头大陷阱。同理，将原箱体宽度按 4 等分划分，那么，可以计算出突破 6124 点后依次的阻力位置。由于最后的年收盘没有出来，所以精确的计算可以留待今年收盘时，但方法是一样的。

扫地僧：箱体宽度如上面的计算方法，应该是 6124-3792=2332 点，那么 6124+2332=8456 点，重要的是这告诉了我们一种预判大级别阻力/支撑位的方法，但要注意的是，这个方法适用于年线的实体部分比较大，也就是说适用于出现单边行情之后。此外，也有方向的问题，当单边行情是向上的，确定区间范围是上影线+实体的一半位置，当单边行情是向下的，那么范围就应该是下影线+实体的一半位置，比如 2018 年是个单边下跌，实体部分比较大，就可以用这个方法来预判 2019 年主要的阻力位：2018 年线开盘 3314 点，最低点 2449，那么这个区间的上沿就是（3314+2449）÷2=2881.5 点，约等于 2882 点，将 2882 点与 2449 点之间四等分，阻力分别就是 2557 点、2665 点、2773 点和 2882 点，由于四等分的空间只有 100 多点，所以可以二等分，就取 2665 点与 2882 点即可，也就是说，

2019 年反弹时，重要的压力位置是 2665 点与 2882 点，2019 年就可以来验证。

从日线的均线系统上看，250 天线将是明年最关键的位置。前面的文章已经说过，本次调整的第一只脚将落在 120 天线，那么第二只脚就极有可能是在 250 天线。明年，至少有两次考验 250 天线的机会，极有可能是，第一次是喜剧，第二次是悲剧。

扫地僧：又从均线系统的角度来看明年的重要支撑位。

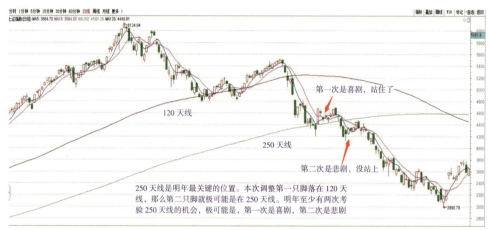

图 89

明年年 K 线最终是长阳的概率不大，十字星或类十字星的小阴小阳出现的概率极大。无论哪种情况，明年最需要关注年 K 线上影所制造的多头陷阱。当然，相应也要关注年 K 线下影所制造的空头陷阱。如果配合上股指期货，明年的陷阱多多，多头空头都不会好过，一旦落到井里，其后果一定比这次 6124 点这个小井要严重得多。

月 K 线太多就不分析了，这里只分析一下明年的季 K 线。由于本季度的 K 线基本定型，那么明年 1 季度的 K 线将最为重要。如果该 K 线低点比本季度 K 线低点低，而又不能马上创出 6124 点新高，那么季度线上的顶分型就构成。然后，后面三个季度，5 季度的平均线将成为最重要的线，一旦有效跌破，后果相当严重，其后的调整压力比这次 6124 点下来的要大得多。因此，5 季度均线是明年多头的生命线，就如同这两年 5 月均线对多头的意义一样。

扫地僧：2008 年第一个季度就构成了季线顶分型，还跌破了 5 季线。见图 90。

明年，最理想的走势是先抑后扬再抑，当然，细分起来，也可以是先小扬再抑接着大扬后大抑的走势，很难再出现这两年的单边走势。明年上半年最重要的事情，就是 6124 点下来的调整究竟最终走成什么形式，按照综合的判断，大平

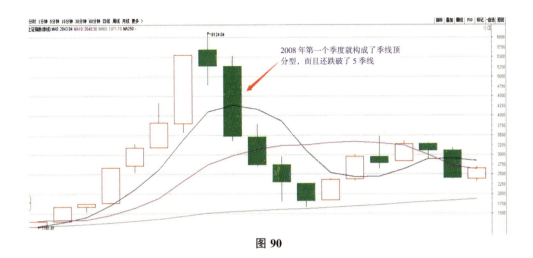

图 90

台型与大三角型的可能性最大，但无论哪种情况，其中第一子段走出锯齿形的可
能性依然存在。

明年，至少有两个顶部是必须注意的，第一个就是 6124 点大调整的第二段
上升所构造的顶部，这是一个小顶，第二个就是如果突破 6124 点以后制造的那
个大顶。底部注意三个，就是 6124 点下来的第一子段和第三子段的底部以及大
顶以后第一段杀跌结束后所构成的底部。当然，如果先是大三角形调整，将还有
一个小顶与小底需要注意。另外，在多头运气最好的情况下，6124 点的第一子段
的底部也有可能在今年年底就完成，但这并不影响总体图形的走势分析。

扫地僧：用两张图来说明这段文字。

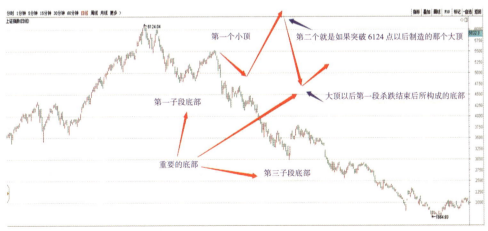

图 91

图 92

个股方面，明年是题材股大热，各类的题材会层出不穷，指数可能没多大油水（期货另算），但如果能踏准题材轮动的节奏，明年的收益一点都不会比今年少，但相应的操作难度将急促加大。可以断言，明年超过 2/3 以上的股票走年 K 阴线或超长上影 K 线的概率将极大，而明年能从年头一直牛到年底的股票将极为罕见，更多的股票将为投资者准备的是各种深浅不一的井。明年股票里最流行的行为，就是掉到井里，唯一有点悬念的是，究竟最夸张的投资者，一人能依次掉到多少个井里？

扫地僧： 当一波大牛市刚过去后，题材股会大热，震荡加剧，能连续走牛的股票不会多。

当然，井有多头的，也有空头的，但明年多头的井将更有人气。如果说今年的最流行汉字是"涨"，那么明年最流行的就是"井"。明年投资市场里将出现四类人：①挖井的；②落井的；③挖井不慎落井的；④利用不同的井大力抽水的。请问，您将要成为哪一种？

明年除了现有的品种所产生的机会，最大的可能将是创业板和指数期货。可以肯定，如果是充分理智的决定，那么创业板必然在指数期货之前。由于本 ID 一直反对指数期货过快推出，而明年又有如此瞩目的会议。因此，指数期货绝对不适宜明年推出，否则，一旦引发大的指数动荡，其影响将难以承受。站在稳健的角度，明年很可能只有创业板，指数期货将继续是期货而不是现货。

扫地僧： 最终如缠师所愿，创业板是 2009 年推出，股指期货是 2010 年推出，比创业板晚了一年。

因此，明年的指数完全存在这样一种可能的变数，就是一旦指数期货不能推出，而政策的严厉程度继续加大或外围市场再出现超大震荡，那么甚至明年不能突破 6124 点或者稍微突破一点就多头陷阱下来的可能性一点儿都不能排除。当然，如此悲观的局面暂时只能作为一个可能的选项，但却是不能不防的。总之，6124 点上，陷阱将逐步多于机会，越往上去，掉到井里的机会急速放大。

站在对资本市场长期发展的角度，明年本 ID 最期待的政策就是印花税重新回到原有的水平，印花税的问题，是市场最基础的交易成本问题，明年是否有一个走势与政策合适的平衡点去解决这个问题，是站在资本市场长期发展角度上一个最值得关注的问题。

综上所述，明年的市场，将和这两年的有着巨大区别，一些这两年的成功经验与习惯很可能就是明年里的毒药。能否及时调整心态，采取更加实际、灵活的操作策略，将决定明年最终操作的成败。

2007 年 12 月 21 日

缠中说禅　2007-12-21　15：17：26

加息的宏观面意义的无聊程度，暂且可以继续讨论。而加息对于市场的作用，就如同鸡血，先别管有效无效，打了再说，而市场也一如既往地鸡飞狗跳起来。

技术上，今天没什么可说的，顶分型在日线上不出现，1 分钟的上涨不出现背驰，就可以继续睡觉等卖点。

周末，如果没有什么特别事，加上一阵媒体攻势，周一怎么都能忽悠点人上来，5209 点，颈线，多头能否一鼓作气，就看多头周末的嘴上功夫了。

本 ID 的策略依然是，不顶风、不出头，专门放冷枪，多头还行，我们就呐

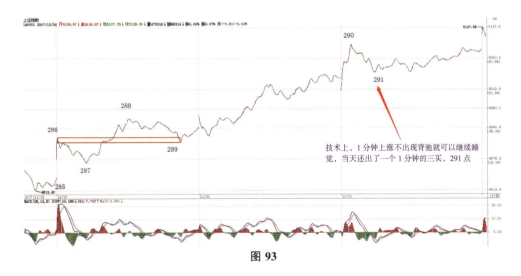

技术上，1 分钟上涨不出现背驰就可以继续睡觉，当天还出了一个 1 分钟的三买，291 点

图 93

喊助威，一旦不行，就开枪送行，如此而已。

扫地僧：当天开始震荡，但震出了一个 1 分钟的三买。见图 93。

2007 年 12 月 24 日

做账行情，突破颈线待确认 （2007-12-24 15：24：04）

自从有了开放式基金，年末这轮做账行情就变得常规性了。多头因此也华山一条路，就走出前面给出的唯一活命选择，直接突破 5209 点的颈线。现在，唯一需要等待的，就是突破有效的确认。确认以后，下一目标就是这双底的基本涨幅，大概就在 5600 点上下。确认不了，那就回去再震荡震荡等机会。

扫地僧：当天直接冲上了 5209 点，之后略有回落。

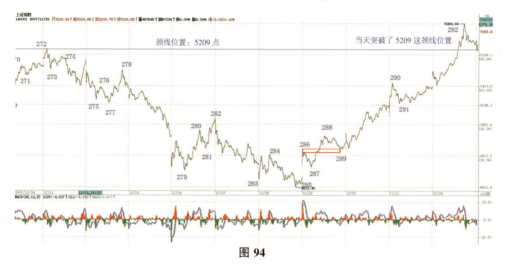

图 94

正如周末所说，多头的大喇叭在周末风起云涌，从今天骤然增加的成交量就知道，被忽悠的不在少数。当然，进进出出，都很正常，关键是能把 5209 点站住，这样，出去的还会进来，因此，今天进来的，也不一定有什么大问题，不过，超短线在 5209 点站住前被折磨一下，那是很正常的。

技术上，日线的顶分型没有出现，1 分钟走势中的第二个中枢也没出现，因此还是一个睡觉局面。当然，由于这次拉升不少，因此这个第二个中枢有比较大的震荡幅度也是很正常的，因此要有点心理准备。

技术上，对多头最理想的走法就是，先在 5209 点上下震荡出 1 分钟的第二个中枢，然后再上，接着一个大的跳水，确认 5209 点真的站住，顺便把那第二个中枢扩展成 5 分钟级别的第一个中枢，这样，后面的走势，就有可能向 5 分钟的上涨发展。这当然是牛且稳健的走法所需要的，能不能走出来，就看多头的能力了。

个股，去年，工行这时候暴拉，今天，那神油们大有再拉工行一把的势头，不过这两种情况是有区别的，去年是上涨途中，今天是反弹途中，就算行为、目的类似（毕竟大家伙拉市值快），但力度肯定要差点的。至于其他股票，就看里面人的心情，需要做账好看点的，就用力点，否则，反而会利用这机会洗洗盘，年底了，从来就是这点破事，没什么可说的。

扫地僧：技术上对多头最理想的走法在后面的走势中逐一兑现，如图 95 中的说明。

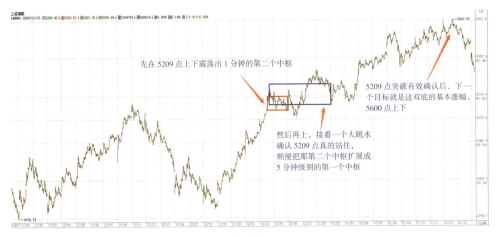

先在 5209 点上下震荡出 1 分钟的第二个中枢

5209 点突破有效确认后，下一个目标就是这双底的基本涨幅，5600 点上下

然后再上，接着一个大跳水确认 5209 点真的站住，顺便把那第二个中枢扩展成 5 分钟级别的第一个中枢

图 95

2007 年 12 月 25 日

5209 点，教科书式震荡 （2007-12-25 15：16：24）

今天没什么可说的，该说的昨天都说了。今天就是教科书式地在 5209 点上下折腾出一个 1 分钟中枢，就这么简单。而这中枢的中间位置在 5210 点，比 5209 点差了一点，这是唯一不完美的地方。

一般来说，这种调整，关键看 5 日线，只要这线不破，调整的级别就不会高（思考题：为什么是 5 日线而不是其他线，用本 ID 的理论可以很合理地解释，请给出。）

扫地僧：因为往往只有在单边市里，一天才只走出一个 1 分钟的线段，震荡市里，无论先上后下还是先下后上，一般一天至少走两段，那么 5 天的话就大概有 10 段，9 段就可以升级为 5 分钟级别的中枢。因此，5 日线在中枢震荡时，则基本代表了 5 分钟中枢的位置，如果有效跌破这个位置，就意味着出现了 5 分钟

级别的第三类卖点，那么调整的级别自然就变大了。

当天形成的 1 分钟中枢，上沿是 5239 点，下沿是 5181 点，中间位置刚好是 5210 点。

图 96

操作上，有本事的，手脚麻利的，就利用这个震荡上下折腾、换股、打差价都可以。没本事的，就张大嘴，给出一副很入迷的样子，看着这上下折腾如何上下地给折腾了。

后面的发展无非三种：最坏的，这里震荡出第三类卖点，然后就形成日向下笔的较大调整；一般的，就是震荡出一个更大级别的中枢，把 1 分钟级别的走势给扩展成 5 分钟级别的；最好的，就是走出第三类买点，不过由于已经有了两个中枢，所以后面即使不背驰，也进入该小心的时候，而更可能的情况就是出现背驰，然后回跌构成更大的中枢。

从上面的分析知道，除了第三种情况中最强势的不形成背驰继续 1 分钟中枢上移的情况，其他情况都是至少最终要搞出一个更大级别中枢的，所以，中枢震荡的操作，就是更为重要了。

中枢震荡，除了打差价外，对于散户，最好就是不断换股。当然，这需要你对板块的轮动特别有节奏感，因为在上升中途的震荡中，往往个股行情少不了，特别是题材或中小盘的。震荡高点砸出短线前途不大的，震荡低点买入短线前途更大的，这样你的效率是最高的。

如何判断一个股票有没有短线钱途？这种问题就没必要问了，你说一个刚顶背驰的股票有钱途还是刚开始第一次中枢上移的股票有短线钱途？你说一个刚进入大阻力区的股票有短线钱途还是刚确认脱离阻力区的股票有短线钱途？其他的情况，可以自己去摸索，归根结底，图形告诉你一切。

扫地僧：提到了两个重要的实战经验：

（1）当出现趋势的第二个中枢后，大概率是要出现中枢级别升级，那么此时要注意中枢震荡的操作。

（2）短线选股优先选择刚确认脱离阻力区的，刚开始第一次中枢上移的股票。

2007 年 12 月 26 日

面临短线突破选择　（2007-12-26　15：12：23）

本 ID 也要先来一个超级简单的问题刁难一下各位，请问：今天的高低点和昨天说的中枢中间位置 5210 点有什么关系？

注意，这种关系并不一定这么精确的，只是，这次的震荡确实太标准了，连一点误差都没有，不好玩。显然，利用这种数值关系，知道高点就能预先算出低点大致的位置，反之亦然。不过，这都是参考性的，关键还是看图形本身。

扫地僧：当天高点是 5262 点，低点是 5158 点，中间位置又是 5210 点。这里又蕴含了一个辅助判断中枢震荡高低点的实战技巧：当一个中枢形成后，先看中枢的中间价位，当震荡出一个高点后，计算该高点与这个中枢中间价位之间的差，然后用中间价位减去这个差值，基本就是预判的中枢震荡低点，反之亦然。

图 97

由于今天没什么可说的，所以顺便上一下课。昨天的思考题太简单，绝大多数人都知道和分型的关系，所以就不用多说了。

由于 30 分钟的布林通道收口，因此短线将面临突破的选择问题。注意，本 ID 这里说的是昨天那三种选择的选择，不是说一定要突破出一个方向。例如，突破为更大级别的震荡也是一种选择，这是时间换空间的选择。

扫地僧：这是一个实战经验：当布林线收口时，预示着邻近变盘，这个变盘用缠论的语言说就是：要么出第三类买卖点，要么扩展成更大级别中枢。

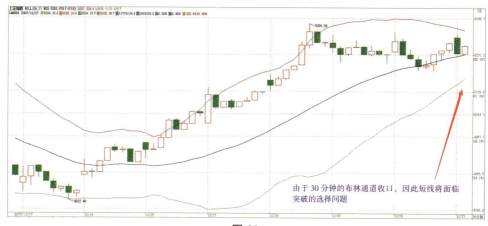

由于 30 分钟的布林通道收口，因此短线将面临突破的选择问题

图 98

最后两天，做账的如何选择，就决定了突破的方向与类型。但如何走其实根本没什么特别的意义，关键是把年 K 线给决定出来，然后明年的走势，就有了一个基本的参照标准，这才是最关键的。

当然，按照基金的品性，以及他们的奖金分配原则，如果没有大的事，你说这群人会自己毁自己吗？

2007 年 12 月 27 日

教科书式突破如期而至 （2007-12-27 15：15：37）

昨天说了，由于 30 分钟的布林通道收口，所以短线面临突破选择。今天的突破，在时间上是十分教科书般的。一般这种中枢突破，用布林通道来预估比较有效，这点在课程里已经说过。

当然，当下的中枢选择哪个级别的布林通道，这必须根据中枢的对应图形来选择，不是见任何级别的布林通道收口都是有效的。这就如同 MACD 在背驰判断的作用。有些人永远整不明白，是走势类型的分解是本，而不是 MACD，否则，研究走势类型干什么？还不如直接看 MACD 就可以。可惜，光看 MACD，根本无效。

扫地僧：实战经验：布林通道必须根据中枢的对应图形来选择，如果是该中枢形成后刚好使得某级别图上的布林带收口，那么就选择这个级别的图，MACD也同样如此。比如这次的 1 分钟中枢，刚好使得 30 分钟图上的布林带收口，那么就要选择 30 分钟图。

今天大盘的走势，一开始走一个向下段后，就一直运行在一个向上段中，直到 14：17。站在 1 分钟走势类型的角度，这里不存在背驰的问题，顶背驰必须发生在中枢第三类买点之后，连第三类买点都没出现，哪里会有背驰？

后面的走势，很简单，只要向下笔的回跌不回到 5240 点下，那么就是第三类买点成立，后面只有两种情况：①顶背驰回跌构成 5 分钟中枢；②没顶背驰，继续中枢上移构成第三个 1 分钟中枢。

注意，纯理论上说，一般第二个中枢以后的第三类买点都没有介入价值，你只要持有等到整个走势类型完成就可以，因为根据正确的操作，你必须在第一个中枢的第三类买点就完成最后的介入，以后的都是没多大意义的。

扫地僧：实战经验：
（1）背驰段必须包含三买。
（2）第二个中枢及以后的三买都没有介入价值。

图 99

由于如果这次又回跌到 5240 下，那么其实已经有 9 段线段的震荡了，所以也将扩展成 5 分钟中枢，所以后面的走势，无论是否形成第三类买点，都只有两种选择：①继续 5 分钟震荡；②继续 1 分钟中枢上移。

你根本无须预测，让市场自动当下告诉你。当然，如果你看不懂市场的语言，那是你自己的问题，而不是市场的问题。

站在中线角度，其实哪种走势都没大问题。为什么？即使是在这里震荡出 5 分钟甚至 30 分钟中枢，最终只要出现第三类买点，就可以延伸出 5 分钟或 30 分钟的上涨类型，这在中线上更牛。至于，继续 1 分钟中枢上移，只不过把最终必然要形成的 5 分钟中枢位置也同时上移，站在中枢角度，第一个 5 分钟中枢太高，反而不一定是好事，因为，一旦不能构成第二个，就只能是盘整走势，这样，反而后面回杀的力量更大。

扫地僧：实战经验：高级别走势的第一段次级别走势如果太强，使得第一个高级别中枢位置太高，这不是好事，因为后面离开中枢的次级别走势和这第一段次级别要对比力度，那么出现盘背的可能性就非常大了。

市场，总是在这种各级别的相生相克中前行，一条筋思维注定没戏。

当然，站在日线角度，用分型去判别，现在根本没有任何值得危险的地方，所以，可以继续睡觉。至于，是明天大涨，还是元旦后大涨，这根本没有任何区别。只要图形没有信号，一切继续冬眠中。

2007 年 12 月 28 日

2007 年低调收盘预示明年行情性格　（2007-12-28　15：27：45）

其实，这句话是有问题，今天指数虽然低调，但个股并不是都低调，例如本 ID 说那些股票，大多数就都继续在上攻。这也预示了明年的一个基本特征，指数油水不太大（除非期货很快出来），而个股油水不少。关于明年的分析，一早已经给出，请看"2008 年行情展望　2007-12-20　15：59：05"。

今天的大盘，技术上十分标准，就是第三买点后出现标准顶背驰，然后就使得走势从 1 分钟级别向 5 分钟扩展。现在，一个新的 5 分钟中枢已经形成，后面就看这 5 分钟中枢的震荡过程。

扫地僧：图中 301 点是 292~295 点这 1 分钟中枢的三买，302 点是标准的趋势背驰，302 点下来低点跌破了 292 点，所以这里已经形成了 5 分钟中枢。见图 100。

估计这次 4800 点上来的 1 分钟走势，虽然很标准，但也不一定都能分解对，下面有图，其中 286 点、296 点是第一、第二个中枢的第三类买卖点。297 顶背驰后，最少跌回 287 下，这点已经完成，所以这 5 分钟中枢的扩展是逃不掉了。

扫地僧：原文的图不清晰，这里就不贴上了，和上图的分段相同，只是标号不同，缠师说的 286 点、296 点、297 点和 287 点分别对应的是图中的 291 点、301 点、

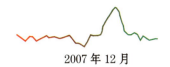

2007 年 12 月

302 点和 292 点。

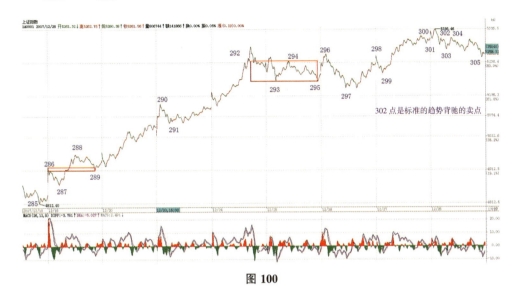

图 100

下面的问题，很简单，就是这 5 分钟的走势类型究竟是一个上涨还是盘整，如果是上涨，这是第一个中枢。明年的第一个问题，就是这 5 分钟中枢的第三类买卖点问题。

明年，小心"井"，这就是本 ID 年末最好的忠告。

081

2008 年 1 月

2008 年 1 月 2 日

指数疲软下的个股高潮不断　（2008-01-02　15：12：24）

如同这题目，第一天的行情继续预示着本年行情的特点，指数油水不大，个股油水不少，这已经在去年末反复说到了。用句概括性、动感更大的口号，就是：疲软指数，高潮个股。

当然，指数也不会无限制地疲软，指数往往会表现出痉挛式走势，突然抽起来，然后就再抖个不停。抽两下，抖十下，大概就是今年指数上经常会碰到的。哪天指数不痉挛，而是一往无前起来了，那反而要小心。

技术上，指数就是继续去年末那 5 分钟中枢的震荡，在第三类买卖点出现之前，继续抖个不停。

扫地僧：实战经验：熊市里，或者是市场处于下跌趋势里，指数往往会突然急拉，然后再缓慢震荡回落，如果一直急拉，反而要小心后面出现大跌。这个经验在 2018 年下半年里非常常见，见图 101。

图 101

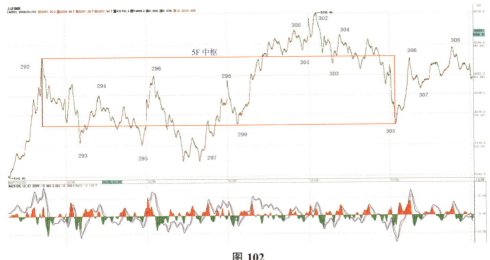

这一点和牛市里刚好相反，牛市里是下跌迅速，上涨慢。

当天是一个围绕 5 分钟中枢的震荡反弹，刚好构成一个中枢震荡的卖点。如下图，292~305 点构成 5 分钟中枢，305~308 点是一个次级别离开，但力度明显弱，并且 307~308 点的力度比 305~306 点弱，是个区间套卖点。

图 102

个股上，没什么可说的，本 ID 说的那些股票，今天又有好几只创出 6124 点的新高，对于个股来说，6124 点的高位就是一个强弱分界，突破站稳这位置，行情就会更猛烈。例如，600737 就是一个好例子，14 元多是 6124 点下来的高位，突破站稳后，现在已经到 20 元上了。

当然，对于具体个股，突破那位置后肯定都有反复，对待这种反复，最好的就是顺着做短差，把差价搞出来又不丢失筹码，不过这对操作水平要求高。还有一种就是，定好 5 周线之类的中线位置，只要调整不破就拿着。例如，你看看 600737，晃来晃去，把无数人恐吓下去了，你看他突破调整后什么时候有效破过 5 周均线？见图 103。

面包会有的，今年是越早越安全，现在，个股机会远大于风险，就算个股年线要收阴，怎么也要先搞一个上影，而到年中以后，就难说了。

今年是先把粮食打足了，如果能有第二次机会最好，没有，也不会饿着了，一年的面包也会有着落了。

千万别追高买任何股票，如果错过了前面的，就在低价与二线中找那些反应迟钝但有资金驻守的。都是人，都要吃饭，只要有资金驻守，总要开张的，否则

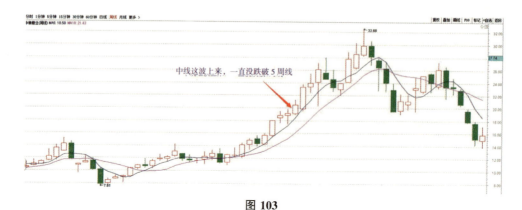

图 103

一年的花费谁给呀？

　　至于大家伙，技术好的，就等抽筋那几下抽点血，抖的时候就不一定陪着玩了。

　　扫地僧：又一个实战经验：行情向下时，只能选择在低价与二线股票里选那些没出现过暴涨的，但明显有资金在的个股，对于指标股只能在指数突然急拉的时候做短线抽一下血，急拉之后就不陪着玩了。

2008 年 1 月 3 日

向 5600 点高地攻击前进　（2008-01-03　15：18：39）

　　站住 5209 点颈线，下一位置就是 5500~5600 点一线，这是十分简单的技术问题了。由于这个 5 分钟的中枢震荡还没有震荡出第三类买点，所以说这颈线突破 100% 有效是不严谨的。但生活有时候并不太严谨，否则就太无趣了，所以，没有 100% 的把握已经确认的事情，我们依然可以喊：向 5600 点高地攻击前进做股票，说白了就是忽悠着冲锋陷阱，只是你去忽悠别人，别让别人忽悠你。既然 2008 年属于早收割早有面包的年份，我们当然要在年初就大力忽悠。说实在，"向 5600 点高地攻击前进"这点小目标，说出来都不好意思，也太低了，不过先忽悠低的，现在的人胆子小，毒药要慢慢喂，不像以前，说年内冲 10000 点，都有人和你急，他愣要说 10000 点太低，还是 12500 点比较好，50 个 250 呀。

　　如果要冲指数，当然就轮到大家伙抽风的时间，但一定要认清楚现在他们抽两下抖十下的本性，现在是刚一阳复始，不适宜大家伙们太剧烈的运动的。

　　其他个股，去年下半年基金牛了一把，私募都憋坏了，今年肯定要报仇的。所以，收集好的，肯定是按节奏继续搞，没收集好的，就加快摩擦速度，不过那些现在都没收集好的，都是有点毛病的，算了，反正每次都要有人最后垫背的，

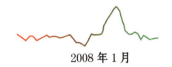

没什么可说的。

个股的大节奏昨天说的，分水岭就是 6100 点相应的位置，对于中低价的，可能 530 点那次是另一个更高的位置，如果在春节前后都不能有效突破这些位置，那这股票今年的前途就有问题了。当然，不排除有些最后当炮灰的庄家就是这么慢，但这里说的是正常的节奏，不说炮灰。

在那些分水位置上，肯定都要洗洗，如何洗，那是手法问题，看明白了，这股票就是给你送钱的，来这里，希望是真学会点什么。否则，白送股票给你也没用。例如，600737，8 元，这么明确告诉是送学费的，但估计也没几个能真把钱给挣到，这难道也是本 ID 的错？

再说一遍，本 ID 在这里只是陪练，能学到多少，还只能靠自己了。

扫地僧：当天下午指数反转向上离开了 5 分钟中枢，但还没有出三买。

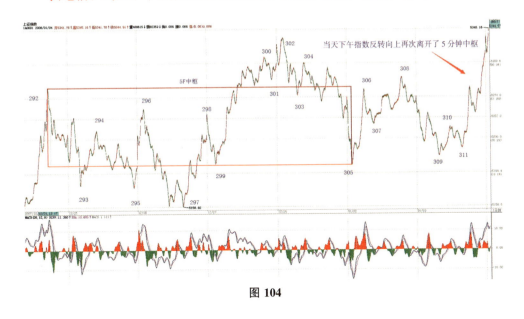

图 104

2008 年 1 月 4 日

多头，有了冲动就要喊　（2008-01-04　15：12：12）

今天走势最大的意义是什么？站在本 ID 理论的角度，就是突破 5336 点使得周线上（1，1）的状态延续，在周线的（1，0）出来之前，也就是周线顶分型出现之前，尽管持股睡大觉。炒股票，对于中短线来说，有什么比周线都出现向上笔的延续更理想的状况？在这种状况下，你的利润就有了一个超稳定的保障系统

给予最强有力的保障并使得该利润尽可能地延伸。那些每天如惊弓之鸟一般的，请好好复习一下历史图形，如果那让你每天如惊弓之鸟一样的震荡连周的顶分型都震荡不出来，那又有什么可惊弓之鸟的？

请复习一下历史走势，看看 3563~6124 点的走势，按照本 ID 理论里最低级的周顶分型就足以让所有的利润得到最大的延伸。

扫地僧：周线向上笔代表了中线趋势，能延伸下去，那么中线的问题就不大。

图 105

当然，如果技术高的，在周的 （1，1） 延伸里，也可以利用更低级别的走势搞出不少差价来，或者通过不同级别的震荡换股达到利润最大化。

但这是对技术高的说的，如果没那技术，就天天睡觉，顺便可流点口水，每天收盘很无耻地看看周顶分有没有出现，然后继续更无耻地睡大觉，这样就足以让你超无耻地比很多人厉害了。

周末，又是多头发挥嘴皮子功夫的时候。多头，有了冲动就要喊。上升行情，本质上是喊出来的。就是上升多头爽了，然后就喊，见人就喊，喊得满大街的人都很冲动，结果就又上又升了。周末，多头就多喊喊吧，爽了不喊会憋坏的。

至于超短线的技术分析，由于第三类买点还没有整出来，因此今天的突破并没有 100% 的保证，这突破是否有效，就看多头周末的嘴皮子功夫与喊功的诱惑力了，把大家都喊爽了、都冲动了，大盘自然就有效突破了。

扫地僧：309~314 点是五段趋势，314 点背驰后形成 1 分钟级别中枢。

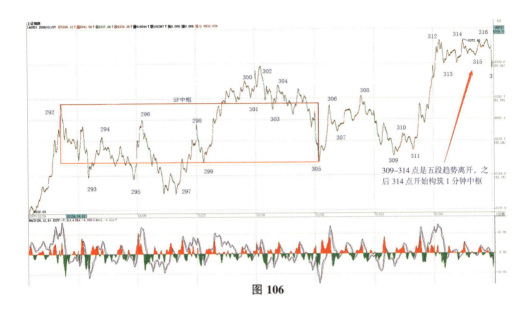

图 106

2008 年 1 月 7 日

勇戴金箍大翻筋斗云 （2008-01-07 15：12：36）

这题目不是紫霞仙子给那只没良心的死猴子写的情书，而是关于现实股市的现实记录。

就算那死猴子，压在五指山下也要吃点铁丸、喝点铜汁，而现在公历新年刚过，农历新年还没到，就算玉帝老儿也没资格让各路资金从此就饿着；就算有那资格，思凡下界妖魔鬼怪一番的，谁也挡不住。

因此，今天因为飞天烤鸭念出的 2008 年第一次紧箍咒，也只能象征性地走了次过场。确实，当鸭子，也应该本分点，人家八戒还没上演飞天大乳猪，你急匆匆地扒光了毛来个鸭子大裸飞，还烤鸭版本的，这就有点过了。

过了就过了，修正了再来。这世界上，最折磨人的就是饿啊，一饿人就变态，资金饿了股票就变态，这点，大概连紧箍咒也只能不断升级才能走过场。

因此，今年的紧箍咒版本，肯定是不断升级的，各路资金，就根据自己的承受能力以及市场的总体状况，选择自己筋斗云的时机与方式。

大概现在没有人会反对本 ID 一直强调的两点：①疲软指数，高潮个股，指数让他抽两抽抖十抖；②先下手才会早点有面包，晚了，等紧箍咒变成大铁笼，我们就啃着面包看笼里的八戒变飞天大乳猪吧。

今天的走势，没什么可说的，周线依然（1，1），看看你自己的股票，它的

周线是什么？然后继续睡觉。当然，如果你心特别急，那就看日线的，如果日线都是（1，1），那你还急什么？

不过，本周出现一次有点力度的震荡是很正常的，毕竟 6124 点下来的所谓双顶颈线 5462 点已经在面前，震荡一下，身心舒畅。

扫地僧：当天已经快到了上面的颈线位置 5462 点。

图 107

当天 1 分钟中枢形成后，立刻进入了离开段。

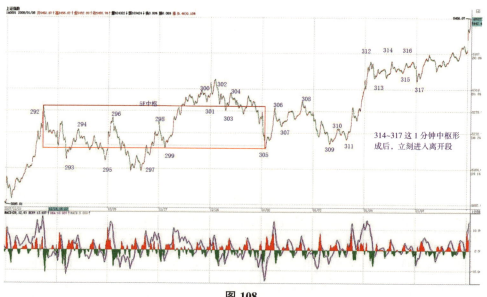

图 108

2008 年 1 月 8 日

5462 点如期较大震荡 （2008-01-08 15∶21∶47）

昨天已说"本周出现一次有点力度的震荡是很正常的，毕竟 6124 点下来的所谓双顶颈线 5462 点已经在面前"，今天早上的跳空以及下午的线段类顶背驰，理所当然地形成对 5462 点第一次冲击后的必然震荡。

扫地僧：下午这个线段类顶背驰指的是 317 点开始这个线段内部的顶背驰。

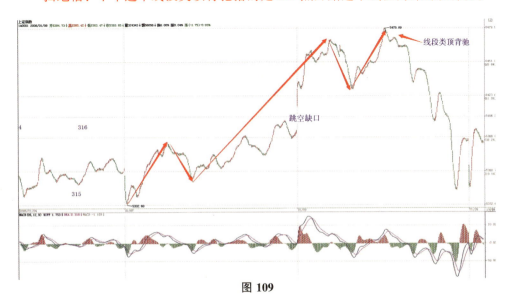

图 109

本 ID 昨天后面还说了："震荡一下，身心舒畅。"今天收盘后，被震荡一番的诸位大概每个毛孔洋溢的快感都如江水滔滔不绝于掩耳盗铃儿响叮当，我们年轻时五月风光正迷人，如蚁月如刀削面子曰俺这旮旯贼好。

其实，这些走势都是超技术化的，而 5462 点，也是一个超技术化的点位，这点位上下震荡一下，不仅必然而且必要。后面的问题只有两个：震荡的形式以及可能的结果。

开始上课（本课堂可以自由出入，绝对不点名，特别是关门点名，对公然离开课堂者也绝对不拳脚相加，各位可以大肆交头接耳、手舞足蹈、谈情说爱、吃葡萄不吐葡萄皮不吃葡萄反吐葡萄皮）。

无论任何情况，首先都可以很教科书化地给出震荡的形式，按强弱分的一个完全分类，对应着相应的结果：

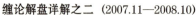

（1）如果在今天跳空附近站住，这样，5200 点那 5 分钟上来的 1 分钟上涨就形成，该 1 分钟上涨结束后，就是对应那 5 分钟的第三类买点，然后，就有绝大的可能形成 4800 点上来的 5 分钟上涨，最坏，也就是一大的 30 分钟中枢。

（2）如果在 5360 点那 1 分钟中枢处站住，这样，对原来 5 分钟中枢的 1 分钟向上只是一个盘整类型，后面站住形成一个第三类买点，后面形成一个大的 5 分钟中枢的机会更大，当然也有突破爆发形成继续中枢上移在更高位置形成 5 分钟中枢的可能，但一般来说，一个盘整类型的次级别偏移后的第三类买点，总是不那么激动人心。

（3）如果跌回 5200 点上那 5 分钟中枢才站住，那就没什么可说的，一个大的 30 分钟中枢就此形成。

扫地僧：根据下图，来解释下这三种分类。

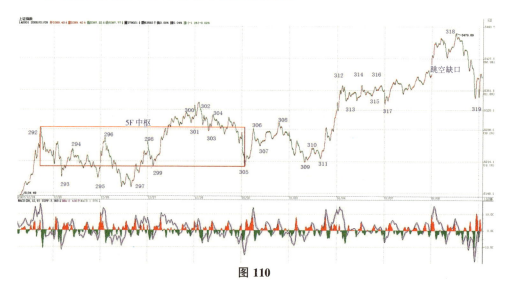

图 110

分类一：在图中跳空缺口处站住，则形成 314~317 点这 1 分钟中枢的三买，使得 309 点开始的 1 分钟离开走势成为趋势，趋势结束后的回踩则构成下方 5 分钟中枢的三买，这样，5 分钟上涨走势就极可能成为趋势了。

分类二：在 314~317 点这个 1 分钟中枢处站住，这样 309 点以来的 1 分钟离开依然还是盘整走势，后面如果出三买，则三买后演变为第二个 5 分钟中枢的可能性更大。这里就提到了一个实战经验：离开某级别中枢的次级别走势如果是个盘整走势，后面即使出现次级别回抽不破中枢形成三买，那么这三买后，也大概率形成第二个该级别中枢。

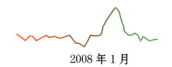

2008 年 1 月

分类三：跌回 292 点开始的 5 分钟中枢内，那么将扩展出 30 分钟中枢。

关注微信公众号"扫地僧读缠札记"，回复"历史数据"可以获得大盘 1 分钟和 5 分钟的历史 K 线数据。

所以，纯分类化分析，不管是哪种情况，除了最强那种继续 1 分钟中枢上移，其余的都将面对一个至少 5 分钟中枢的形成，最坏还要形成一个 30 分钟中枢，唯一需要确认的，只是这个中枢震荡的位置是高点还是低点，这对操作，本质上没有任何影响。

而实际上，大盘今天马上就把第一种情况给否了，所以，只要把第二、第三种情况与实际对应好就可以。

以上，只是顺便把思维的方法演示给各位看，而在实际中，这些分类、判断 1 秒钟就应该反应出来，而有了这完全分类的预先操作方案，你还怕什么？

震荡是好事，特别对手脚麻利、技术高强的，最好就荡个千把回，3000% 的利润都出来了。当然，对于技术不好的，震荡就是坐电梯，上上下下享受；对于心态更不好的，那震荡就是噩梦，左右被巴掌。

究竟自己属于哪种，请对号入座。

注意，本 ID 这里，是高低皆应。有些话是对高点的人说的，例如如何买卖点、背驰、震荡操作、换股、板块轮动之类的；有些是对没时间、短线反应慢的说的，诸如周的顶分型、5 周线、持有睡觉之类的；所以，也请对号入座，并不是每一种操作都适合任何人的。

甬说本 ID 最近少写课程，每天解盘的课程的陪练意义可不要小视了。至于课程，写是要有兴致的，本 ID 最近兴致在和各位陪读历史，股票就先且陪练吧。

股票，陪什么都可以，就是不能陪套。

2008 年 1 月 9 日

上涨动力，来自清洗 （2008-01-09 15：12：50）

其实，不仅是股票，这世界游戏的一个基本玩法，就是"上涨动力，来自清洗"。没有清洗，所有人都成功，所有人都吃香喝辣的，那就不是全球化资本的美丽新世界了。到达顶端的，永远只能是少数人。

当然，股票上涨的动力，更离不开清洗。没有中途下车的，哪里有最后被落井下石的？没有踏空的、被洗的，哪里有最后被套的、接棒的？

藐视技术的，最终只会被技术所藐视。对付震荡、清洗，本 ID 理论里早给出了最好的办法：分型。请问：如果震荡连（1，1）在日线上都没打破，有什么

可说的呢？对于技术高的，震荡后就要回补，如果没这个反应能力，就不做震荡，这个道理说了 N 的 N 次方遍了。

震荡，对于有准备的个股与资金，就是给了一个更好的上涨理由，越震越强。抛下一批人，轻装好前进。所以，很多股票，在震荡一下后就开始很无耻地创出新高。

无耻，一定是市场上最荣耀的事情。

本 ID 反复说了，年初越无耻越有面包，1 月 10 日都没过，就想着逃命，那干脆今年什么都别干了，回家学君子剑吧。

技术上的情况昨天早说了，就是第二、第三种情况的选择，5 分钟还是 30 分钟中枢的选择。不管是什么，最终都以是否有效站住 5462 点为标志，站住，就再狂飙突进一次；站不住，就歇歇等能量聚集够了再来。

而个股并不大关心这些，因为资金很饿，管你站不站住什么傻点位。市场这么多资金，就算指数大跌，个股行情也依然不会含糊。所以，本 ID 早给了各位一个明示：疲软指数，高潮个股。

今年谁能越早把面包赚到手，就是牛人。年初不大胆，难道等着年底倾家荡产？

慢慢地，锅热了，大家伙也会变只蝴蝶满天飞。

在站住 5462 点前，震荡依然继续，震荡中会有三种人：随便抽血的、看着周顶分睡觉的、被左右巴掌的。你希望成为哪一种？

扫地僧：当天震荡出了 1 分钟三买，也就是昨天分类中的第二种情况。

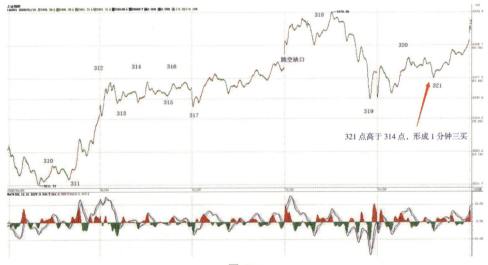

图 111

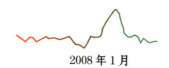
2008 年 1 月 10 日

把下面的指数剧本告诉你 （2008-01-10　15：19：00）

剧本早写好了，本来瓜田李下，不想八卦。但本 ID 只是想证明一件事情，就是在资本市场里，就算把剧本告诉你了，绝大多数人最后还是要在井里的，好一点的，就是上上下下去为电梯卖广告，不信？走着瞧。

告诉各位一个总原则，牛市里，深圳成分股是一个先头部队，十几年了，从来没改变过。为什么？说白了太简单，因为深圳一大早就爱看成分股，操控几十只股票总比搞一千几百只股票容易吧。自从 1996 年那次把琼民源之类深圳成分股搞得漫天鸡毛以后，这特色就算留下了。这里还有资金方面的一些历史性与结构性原因，具体就不想八卦了，总之，这是一个总原则。

所以，所有关于上涨的有野心的剧本，第一原则，就是先把深圳成分股给挑出一片蓝天，如果深成指都没有蓝天，其他指数就更要一边晾着了。

扫地僧：琼民源（000508）已经退市，但找到它的历史走势，可以看到从 1996 年 1 月的 2.01 元开始一路上涨，一直到 1997 年 1 月达到了 26 元多，不到一年时间涨了 13 倍。

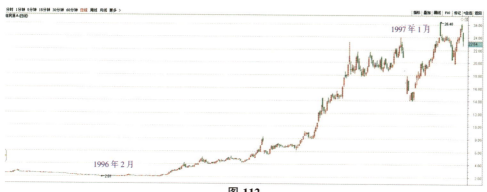

图 112

1996 年疯涨的还有当时的深发展 A（000001），2006 年的牛市时，中兴通讯（000063）、万科 A（000002）等都是提前大盘先涨起来，所以缠师提到这个总原则，也是一个实战经验：牛市里，深圳成分股是一支先头部队。

挑出一片蓝天，关键是测试风向。

至于上海指数，一般都十分技术化。所有人都知道 3600 点的 1/8 是多少吧？这次从 6124 点下来，就是 3/8 的 3600 点，1350 点，精确位置是 4774 点，结果

搞了一个 4778 点，差了 4 点，真够差劲的。

6124 点下来的 2/8 的位置是 5224 点，结果第一拨反弹的位置在 5209 点，差得有点多，都快 15 点了，太过分啊。

1/8 的位置是 5674 点，这是下一个位置。但由于整个跌幅的一半在 5451 点，而那 M 头的颈线位置在 5462 点，所以这个点位是任何剧本里都需要折腾的位置。另外，注意，下跌的 2/3 位置在 5675 点，是不是和 5674 点有点类似？

剧本里对 5860~5912 点这个缺口很不满意，已经准备了不少胶水，不过还有点缺货，什么时候把剩余的胶水准备齐了，关键看在 5462~5675 点时间段内政策面的风向，风向不对，那就先把买胶水的钱换成买棒棒糖的，一人一个棒棒糖，看你要棒还是糖。

风向不变，那就开始倒卖假冒的胶水，一人分一杯，粘只鸟儿就往天上飞。飞着飞着，突然散了架，剧本的一节到此结束。

至于下一节，有心情的时候，再告诉你。

今天大盘，继续折腾这 5462 点，看着越来越多人接受本 ID 早折腾早有面包的理念，本 ID 相当欣慰。

扫地僧：缠师原本的预期是能回补 5860~5912 点这个缺口，甚至是突破 6124 高点，但这上去后必然是陷阱，现在也是根据走势走一步看一步，并没有因为预期回补缺口就预测做多，这是预测思维，不可取。

当天在上方又构筑了一个 1 分钟中枢，但这个中枢与第一个中枢的波动有重合，所以这里已经扩展出 5 分钟级别的中枢了。

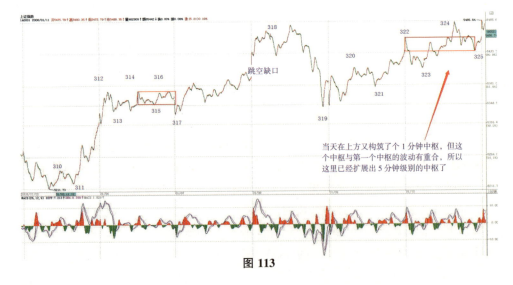

图 113

2008 年 1 月 11 日

因为饿，所以疯狂　（2008-01-11　15：10：16）

世界上最疯狂的是什么？是饿。这对于资金，也是一样的。

今天的大盘，没什么可说。周末效应了一把，但依然继续对 5462 点的震荡确认，今天当然只会是试探性质的，完全没必要在指数上干些只争朝夕的事。

但个股上当然不同了，资金饿啊，春节要买年货啊，年货都在贵 ing，除了那些脑子有水的，饿绿了眼的资金，哪里管得了什么周末效应。

站在周线角度，下面两三周是极为关键的，为什么？因为 MACD 的绿柱子在收敛，而所有的骗线，最爱的就是这种收敛放红途中的突然转折。

扫地僧：实战经验：骗线和陷阱，或者说是背驰，经常发生在 MACD 柱子缩短甚至变颜色的途中，而且是突然转折。但核心原因，还在于有背驰出现的风险。

周线的绿柱子在逐步缩短

图 114

当然，这只是技术的可能陷阱，政策面上，按道理，春节前是不应该有人太干活的。但今天的天气是否如常，没人说得清楚。预测天气这种事情，完全没必要。

唯一必要的，就是大干快上，把自己安放在一个绝对安全的位置。管它刮风下雨，有了足够的利润，什么变化都可以从容面对。

到了 5600 点上下，政策的因数就会变得极为重要了，新人新思路，市场各方无一不在相互摸索探究中，放个气球，测测风向，大概还不是问题的根本所在。

这些无聊问题，其实都可以安放到周的顶分型（1，1）里，对于懒人来说，没时间探究这些分力之间的游戏，一切都在走势之中。

看看，周（1、1）依然，日（1，1）依然，你就继续睡觉。

扫地僧：大盘当天走了反向的三段回调 326~329 点，这样 5 分钟的分解就可以是将318~329 点看作第二个 5 分钟中枢，309~318点是连接两个 5 分钟中枢的 1 分钟走势。

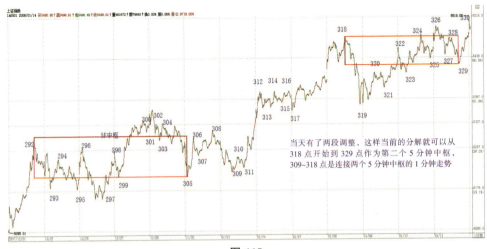

图 115

2008 年 1 月 14 日

指数犹疑，个股补涨 （2008-01-14 15：10：28）

到了目前这个位置和时间段，大盘进入敏感阶段。首先，对于多头来说，好不容易到了 5600 点上下这个最重要的阻力前，绝对不想一个哆嗦就给震回去。但这个关口确实比较压力大，主要不是技术上的，而是心理与政策面上的。

从政策面的角度，很快就进入春运阶段，因此，对于政策的活动空间，这几天是最敏感的。如果要有什么花样，这几天的可能性最大。到了月底，快春节了，大家都有忙的事，而且没人想给中国足球队当挡箭牌，那群家伙除夕准备给大家添堵，难道还有谁想分担一下被骂的风险？这种人大概是没有的。

所以，指数在这个时间段犹疑一下，并不是太严重的事情，目前技术上，继续是原来说的第二种情况，在 5462 点附近震荡出一个 5 分钟中枢，不行向一个30 分钟的延伸去，所以指数依然继续抽两下、哆嗦十下的节奏。

个股上，一些前期幅度较小的板块开始补涨，由于大家伙这时候不适宜集体暴动，因此这些补涨后板块的动向就很关键了。现在市场越来越大，参与的资金成分越来越复杂，只要指数形态不破坏，板块机会还是很多的。

到 5600 点上下后，震荡的幅度会有所加大，现在最好的策略，就是往上拱，拱一下，震几下，这样心态、技术等压力就会慢慢破解，千万不能急，急了，根基就不稳。

技术不行的，中线上，继续看周的（1，1）保持情况与 5 周均线，短线看日线的相应指标；技术好的，可以利用 5 分钟震荡的节奏进行板块操作。

扫地僧：当天其实出现了一个中枢震荡的卖点，329~332 点比 309~318 点弱，内部 331~332 点的力度也比 329~330 点弱，注意，这并不是标准的趋势背驰卖点，因为背驰段不标准，只是中枢震荡的卖点，所以缠师并没有指出这个卖点，只是说压力比较大。

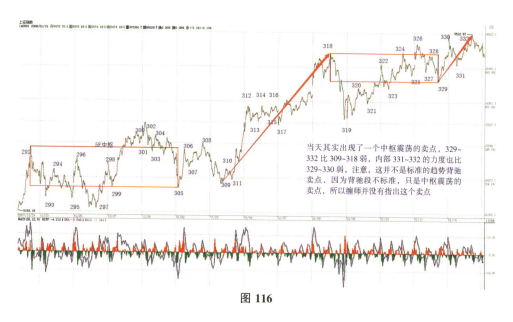

图 116

2008 年 1 月 15 日

大盘压力期下的多头策略　（2008-01-15　15：09：40）

已经反复说过，目前大盘进入压力期，首先，是政策的敏感期；其次，技术上也有相应的重压力区在面前。更重要的是，除了大家伙，板块在基本轮动一次后，很多股票都进入相对的调整期，这时对多头来说，确实有点压力。

一般来说，碰到这种情况，有两种处理的方法：①跳一次大水，把压力变动

力，把不坚定的赶跑，用空间换时间，加快调整的结束；②在这里上下震荡继续磨，让成交量慢慢萎缩下来，以时间换空间，最后取得新的上升能量。

不管哪种情况，用本 ID 理论的角度看，都是扩展出 30 分钟的中枢，然后寻求突破。5462 点这个位置，反复强调，一直不能有效站住，需要多头努力的事情还很多。

扫地僧：实战经验：

（1）板块在基本轮动完之后，会有很大压力。

（2）化解压力的方式要么是空间换时间，要么是时间换空间。空间换时间要快速跳水，时间换空间要让成交量缩下来。

说简单，现在最好有一个不大不小的利空，这是对多头最好的礼物，否则，现在消息面太平静，反而对心理上不是一个好的暗示。大盘究竟采取哪种调整方式，其实从 30 分钟的震荡走势中不难发现，一般来说，成交量能萎缩下来，就第二种方式；否则，并不排除有一到两天让大家再次想起亮晶晶的机会。

个股的节奏以前已经说过了，一般突破 6124 点或 530 点高位的股票，都会相应有所调整，如果能站住，就会有第二波，现在很多股票都处在这种状态，等待大盘最终调整的结束。只要有一点机会，多头都会往上面去挑逗那 5600 点的重压力，但折腾少不了，必须耐心才有好果子。

扫地僧：当天出现了调整，但由于是中枢震荡卖点所引发的调整，回到第二个 5 分钟中枢内也属于正常，不过后面如果继续下跌，就要注意第三类卖点了。

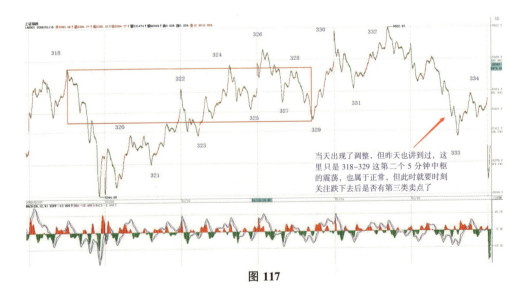

图 117

由于当天成交量没有萎缩下来，后面几天也没有萎缩，反而放大了，所以就出现了第一种方式，也就是空间换时间的跳水方式。

这里的成交量并没有萎缩，后面几天也没萎缩，所以就是出现了快速下跌。

图 118

2008 年 1 月 16 日

大盘又见亮晶晶　　（2008-01-16　15：17：40）

昨天说"并不排除有一到两天让大家再次想起亮晶晶的机会"，结果，今天那花旗参大做广告，使得大盘又见亮晶晶，严重怀疑亮晶晶暗中代理了花旗参的销售。

中投公司，前段时间不是牛哄哄地趁底买这股权那股权，现在花旗参来了，中投公司是不是又想把一千、几百亿往里面填数堵窟窿呢？

中国人该干什么，本 ID 在 N 年前的人民币与货币战争里就说清楚了。中国人根本没必要去美国人的地盘玩，中国人要烂也只能烂在自己的锅里，自己创造一个全世界的市场，别人爱来不来，我们就自己玩了，憋死你们。13 亿中国人难道还要请 3 亿的美国人来才可能开桌打麻将？甚至还要漂洋过海去纽约开麻将桌？可笑！

扫地僧：当天花旗银行有一个大利空消息，亏损 98 亿美元，而中投公司在 2007 年 9 月成立后，曾买了花旗银行的股票。

纽约时报 花旗集团亏损98亿 裁员势在必行-新闻频道-和讯网

2008年1月16日-面临运营开支上升而亏损加大的困境,花旗银行将启动压缩开支的大型方案,其中至少4000人将因此失业。在未来几个月里,还会有更多人遭到解雇。上述帐面资...

news.hexun.com/2008-01... ▼ - 百度快照

图 119

当然，如果你今天把本 ID 说的股票当成自选股，没看指数，那么，今天好多无耻地放红，不少更无耻地创出新高，完全没美国人什么事。

不过，这种情况，如果过分延续，是不好的，太脱离指数也不好，所以下面还是探讨一下指数的问题。

扫地僧：个股如果太脱离指数，过分延续，也会有问题，迟早要还。

显然，今天的走势对多头来说，并没有什么大不了的，甚至是多头所乐于看到的。这原因，昨天已经说了。技术上，今天的缺口有着极强的技术意义，如果三天之内不回补，那么大盘后面的压力就进一步加大。下面关键是 5209 点的颈线位置，这位置只要不有效跌破，大盘就依然在多头的控制之中。

短线上，5522 点下来的这个线段的类下跌过程十分技术化，两个类中枢也十分明显，下面就是这类下跌的类背驰问题了。一旦出现，就是一次有力度的反弹，关键是这反弹能否突破第二个类中枢的牵制。如果不行，那么缺口的回补就有困难，所以这才是技术上的关键。

日线上，昨天的顶分型后，现在延伸成笔的可能太大了，只要明天有新底就基本确定。所以，稳健的角度，可以等底分型才会有真正的站稳可能，因此这个类背驰能否最终制造出底分型，就是进一步考察的关键。

扫地僧：实战经验：趋势背驰后，能否摆脱最后一个中枢的牵制是反向走势能否延续的关键。

从高点 332 下来，有两个线段反弹，构成两个类中枢。

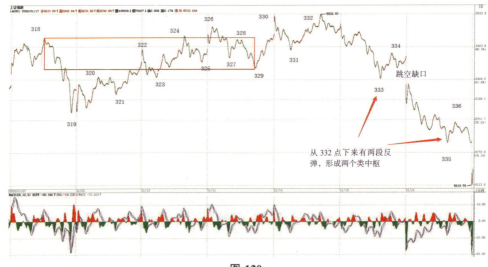

图 120

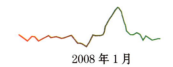

收盘时，距离下方 5209 点颈线的位置已经不太远了，这个颈线位置同时也是这波 5 分钟级别反弹的第一个中枢的位置。

图 121

2008 年 1 月 17 日

不会享受大震荡的人股票就没入门　（2008-01-17　15：14：57）

当然，享受有不同级别，一种是被动型，一种是主动型。被动的就不说了，都是电梯广告的最好代言。而主动型的，就要靠技术了。

别小看了最基础的分段技术，5522 点下来，近 500 点，就是一个线段的类下跌，你明白了，就主动了，就享受了。为什么？最猛烈的中枢移动中，往往就是一个线段的类趋势，所谓的单边跌势或涨势，就是这玩意儿，明白了，你说你能不爽吗？

今天一大早的急拉，只构成了笔，没有破坏下跌段，如果明白这点，操作就太简单了，因为你绝对不会错过下午那明显的类背驰。

但注意，由于这个类背驰的不是在两个类中枢间的，而是单纯一线段中出现的，所以，这个回拉如果不能重新站住 5209 点，那么后面还要二次探底。

扫地僧：当天又走了一段下跌，并且力度加大了。这段的内部，有个段内的类趋势背驰，构成了当天的低点，从低点之后开始一段反弹。最后缠师说的意思是，这个段内类趋势背驰所在的线段并不是构成中枢的线段，而是在趋势移动中力度是最大的，那么后面并不能保证要回到上一个线段低点，也就是图中 335 点内，那么能参考的就是 5209 点这个中线的压力支撑位了。

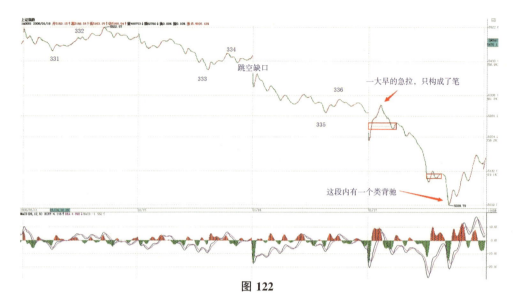

图 122

本周开始时已经说了，春节前要出点情况，就是这周了，后面，就要逐步营造点和谐的气氛，但在营造和谐之前，首先要营造的是恐怖，没有恐怖，把不坚定分子彻底清洗，哪来和谐啊？

个股方面，昨天的提示已经足够明确："这种情况，如果过分延续，是不好的，太脱离指数也不好""如果你觉得心脏受不了，可以先把本拿出来，例如 600737 之类的，剩下利润在里面继续"，今天早上，这些股票都有红盘，000822 之类的甚至还有新高让各位去反应，如果你没反应，那本 ID 也没办法了。总不能举着杠铃让最没反应的人去反应吧，如果这样，这就不是市场，而是童话世界了。

至于 600319 今天还涨停，那不过是一个态度问题，这里的老人大概都知道，就算是 530 点最恶劣的时候，本 ID 说的股票里还总有一两只顽强地红盘的。注意，一定要声明这可和本 ID 无关，那大概是电脑出毛病了，抽筋了。

注意，现在没必要追高买股票，注意调整中洗盘洗干净后准备重新启动的，还有就是前期不动，有新资金介入的，但所有的前提是，大盘的恐怖期过去了。

扫地僧：实战经验：当大盘处于单边下跌中时，选好股票耐心等待，要等大盘的快速下跌过去后，进入盘整时再动手。

明天周末效应，震荡肯定还会有，但如果没有什么特别的东西，幅度会逐步小下来的。其他情况，等过了周末，看看消息面、政策面等再选择。

技术高的，现在是游戏的黄金期，一个 30 分钟的震荡，操作好了，收益比单边还要高，特别对资金不大的散户。没这水平的，就把仓位控制在适当范围，也就是可以睡觉睡好的范围，等日的底分型出现再说了。

2008 年 1 月 18 日

多头能否构建缓升通道？（2008-01-18　10：31：53）

周五大盘这种走势，已经在周四解盘中说过了，就是震荡幅度减少，等待消息、心理面的平复。周五，一个标准的箱形震荡，最后高收，由于 5209 点的跌破，没有到三天的基本限期，所以只要下周初能站上去就可以了。

扫地僧：当天形成了一个 1 分钟中枢，是个箱体形态，但还没有触碰 5209 点。

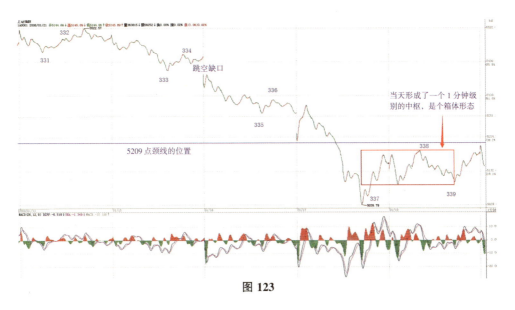

图 123

好了，现在，用最明确的语言告诉各位后面大盘的走势。但本 ID 依然要告诉你，肯定还有很多人，特别是跟着中国人学中文的，最后还是要到井里去。本 ID 的语言，从来都是如数学般精确，关键你能看明白。

现在，就是一个 30 分钟的大震荡，按照本 ID 的理论，30 分钟的震荡，最坏的情况，破 4778 点也是可以的，为什么？这么简单的理论问题，就别问为什么了，去看课程去。

当然，对于多头来说，当然不希望出现 30 分钟震荡中那种最坏的情况，那么，对于多头来说，化解这 30 分钟震荡的唯一方法就是制造一条缓升通道。

现在，你打开日线图，这缓升通道的 4 个原始支点中的 3 个早出现了，这次的亮晶晶，如果多头能控制住，那么就是完成第 4 个原始支点的制造。有了 4 个

点，上面两个，下面两个，这通道就形成了，后面就可以按这通道继续游戏了。

这通道的特点，就是速率比较缓，但幅度比较大，这样，就可以制造出相应的行情，又有足够的回旋余地，是目前多头在如此政策消息技术面下唯一最佳的选择。

通道式上涨，是最不消耗能量的，只要操控得当，就可以把成本震荡得最低而又保持好基本的形态，一旦有一个飞腾的机会，就可以破通道而出，最后挖出了迷绝众生的大井，让所有被通道折腾得都变青蛙去。

扫地僧：又一个经验：通道式上涨是最不消耗能量的，尤其是向上的斜率不大的，但通道的幅度比较大的，这样就相当于把走势在通道内分解为 N 个小行情，又能制造出行情，又有足够的回旋余地，还可以借机做短差降低成本，很多大牛的股票在初期都是以缓慢通道的方式运行的。

本 ID 已经把"坏招"都说了，但本 ID 一定要声明，本 ID 不是多头也不是空头，本 ID 只按自己的理论办事。因为，一旦多头失败，陪葬的只能是他们自己，本 ID 最多会给他们加一把土的，不过，为了今年的面包，在年初的时候，本 ID 在精神上当然是支持多头的，对多头下手温柔点，目的是为了后面把他们养肥了好下重手。无疑，对多头的缓升通道，本 ID 是乐见其成的，也会在一旁摇旗呐喊一番。

但，本 ID 对 30 分钟震荡的所有情况，都会有相应的对策，一旦多头不能显示出足够的信心，本 ID 会把他们变成青蛙煮粥喝的。

2008 年 1 月 21 日

又被暗算的多头尚能饭否？ （2008-01-21　15：18：54）

刚被花旗参暗算完，周末又被平安保险暗算了一把，多头至少在指数上已经没有任何的回旋余地。技术上，前面已经说了，5209 点不能重新站住，就要二次探底，直到出现日的底分型为止。而一个 30 分钟震荡，4778 点在最坏的情况下完全可以被击破。被暗算的多头今天开盘无力站上 5209 点，就使得后面的走势变得只能以坏的选择去选择了。

扫地僧：中国平安当天宣布要进行增发，加上发行可转债，融资额接近 1600亿元，对市场造成恐慌。见图 124。

站在本 ID 的角度，并不大关心这类问题。本 ID 最关心的问题，最近都有了答案。应该记得，去年年末时，本 ID 痛斥了某些人为了某些原因，企图年末抢闸上报所谓的股指期货。现在，事实已经出来了，那企图已经破产，而那些尾随

中国平安增发_新浪财经_新浪网

2008年1月21日 - 【关注】中国平安于1月18日董事会会议通过了规模
庞大的再融资计划,在A股上市近一年后,平安再次开启融资…
finance.sina.com.cn/fo... ▾ - 百度快照

图 124

而上资金,不仅失去了一波大的个股行情机会,而且终于忍受不住,落荒而去。

这就是本 ID 最愿意见到的结果,股票,可不单单是那几条曲线。对于散户,当然可以只关心曲线,但后面的刀光剑影,你又能知道多少?

大资金,只有杀大资金才能爽的,别整天盯着散户的资金。

本 ID 的观点从来都很明确,要烂就都烂在 A 股,本 ID 一直的愿望就只有一个,把 A 股变成全世界最大、中国人自己的麻将桌,让鬼子只有屁颠屁颠的份儿,任何违背这个目标,本 ID 都要竭尽全力去阻击,例如上次那无聊的直通车。

回到今天的市场,那平安不平安,石油变瀑布,大家伙当然是有用的,等某些人彻底认输了,大家伙就有用了,如果不认输?那就想想本 ID 曾说过的关于中石油的一个酒桌上的故事,把话挑明了,如果不投降,那故事里的数字是可以修改的。

扫地僧:当天中国平安跌停,中国石油下跌 6.08%。

不说故事,说技术。按纯技术的分析,从 5522 点下来,按照本 ID 的理论,线段下跌结束后,中阴形成 1 分钟中枢,那么,最坏的情况,就是这中枢是 1 分钟下跌的第一个中枢,如果这样,这跌势还早着,至少要等到这 1 分钟下跌背驰才完。还有就是先扩展才 5 分钟中枢,因为 30 分钟级别的震荡,最大的级别只能是 5 分钟的,因此一旦那 5 分钟形成,最坏的情况,就是那是 5 分钟下跌的第一个中枢。无论后面的中枢是 1 分钟还是 5 分钟的,都要走出第三类买点才算真正摆脱下跌的压力。

而实际上,由于今天下午已经把那 1 分钟的中枢的第三类卖点(在什么位置和时间,一个简单的题目,如果当时不能正确马上给出的,都要补课)给制造出来,所以,下面最好的情况,就是扩展成 5 分钟中枢,而且,1 分钟下跌形成的机会绝对不小。

扫地僧:这个 1 分钟下跌已经从 5522 点跌到了 4891 点,而且还出现了 1 分钟三卖,非常凶残。见图 125。

理论上有了这么明确的分类,后面的操作就很简单了。如果你不想烦,就看日的底分型的形成时再说。如果你特爱好换股短线,那么,就根据这个中枢的演

图 125

化去安排具体的操作,事情就是这么简单,唯一有点复杂的是,你操作的是具体股票,指数是指数,股票是股票,从来就不是一回事情。所以,多关心你自己的股票、股票池的具体走势。例如,就算今天的走势,依然有股票继续新高。

注意,严重注意,任何股票都不值得追高,本 ID 也不需要任何散户来抬轿子,没有永远上涨的股票,股票涨多了就要歇歇。有本事的,歇歇也能震荡出利润,没本事的,涨多了,就把本拿出来。

任何持有的股票,都以能吃能睡为最基本的持仓标准。如果你持有一只股票,已经影响到的睡眠与吃饭,请马上退出。

股票,简单说只有四个字:级别、节奏。参透了这一点,就大块吃肉,大碗喝酒,日日好时光,天天 419。否则,就被股票节奏去吧。

中线上,又被暗算的多头尚能饭否?本 ID 在去年年末的今年分析中已经明确说过,今年完全有可能创不出 6124 点的新高,但,今年不是指数的行情,而是板块行情,这点,在那帖子里已经明确说过了,就算指数不创新高,依然有无数机会在等着,关键是你有没有这样的技术和心态。

少坐电梯,多练技术。最简单的一招,见日顶分型走,日底分型再回来,这一招练熟了,今年就能少坐很多次电梯。

再次将本 ID 今年希望的三件事情说一下:想见创业板,不想见股指期货,印花税要降低。不管如何,希望都能实现。

2008 年 1 月 22 日

超短线反弹在即　（2008-01-22　15：12：04）

看今天的帖子之前，如果没有看过下面的帖子的，请先看看"2008 年行情展望　2007-12-20　15：59：05"。

大盘的走势，和昨天晚上课程说的是一致的，就是等待第一个机会，线段下跌的类背驰。显然，在今天早上的反弹后，第二个类中枢已经形成，所以，这个第一个小机会已经在即，这构成短线的一个反弹。

这反弹，将至少构造一个 1 分钟中枢，由于在 5100 点上下已经有 1 中枢，因此这构成 1 分钟下跌的第二中枢的可能性极大，除非能线段式地一下重回 5100 点，否则，只有这种情况。

1 分钟中枢后，就是扩展为 5 分钟或出现 1 分钟下跌背驰两种情况。而这次反弹，在最坏的情况下，构成对 4778 点跌破的回抽，然后再次探底。因此，能否重新站住 4778 点，这是短线最关键的问题。

扫地僧：337~340 点构成第一个 1 分钟中枢，340~345 点是趋势，332~337 点也是趋势，但 340~345 点的力度比 332~337 点的力度大，所以没有背驰，那么在下方形成第二个中枢的可能性就比较大。

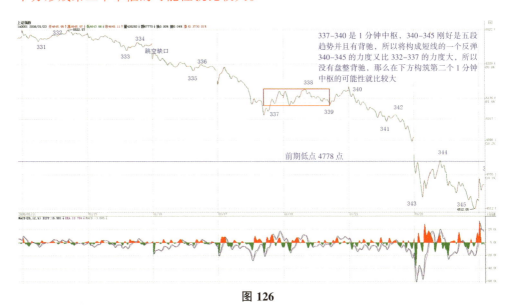

图 126

上面这机会的把握，就看你的技术了，没这技术，继续等到日的底分型确认

才介入，这样，风险比较小。

注意，这次的回跌，有着很多股票之内之外的因素，站在长远的角度，这样一次走势，是必须的。就算最简单的情况，印花税如果还是现在的，谁都没法混。此外，那些所谓的大家伙，随便就狮子大开口，这样的情况不警戒一下，以后谁都没法混。

扫地僧：指的是中国平安这种大盘股的巨额定增融资，会抽走不少市场里的资金。

市场的游戏规则的维持，有时候是很残酷的，这点没什么可说的。

注意了，今年是井的年份，井可以是上面的，也可以是下面的，今年，只有心态加技术才能够成功。

心态好的，坐一次电梯，那这次电梯后，最好也顺便把技术提高一下；至于心态不好的，那就上面落井，下面再落井，本 ID 的"青蛙粥"原料充足了。

当青蛙还是猎手，自己瞧着办吧。

2008 年 1 月 23 日

如期反弹后的 4778 点压力　（2008-01-23　15：16：53）

今天没什么可说的，该说的昨天就说了，关于这个反弹点，前两天的课程里已经预先说过，这就是本 ID 理论输出与实际走势的绝对一一对应性所决定的。

但是，就算是这样，每个人的操作成果肯定相差极大，为什么？这才是问题的关键。根据理论，相应的机会预先就知道，只要等到市场实际走出来。但一到实际操作，水平就差了去了，为什么？这对于每个人都是最好的问题。

本 ID 最鄙视一种人，就是从来不看走势，请你自己反省一下，大盘 4 小时，你都干了些什么？每天的走势，无数的资金在那里画出来的，世界上最昂贵的图画，你不去好好欣赏，从中修炼，想想自己都干了些什么，你有这资格吗？

特别对于初学者，走势中的每一秒钟，你都要尽可能学会解读市场的语言，你不从此全身心地和走势合为一体，就想战胜市场？做梦去吧。

本 ID 的理论，就是市场语言的语法，但光会语法，你能真正学会语言吗？你不每天去练习，有这可能吗？

所有坐电梯的，一跌就又哭又闹的，想想自己都在干些什么，就算把机会列出来了，想想你能操作成什么样子。

市场哪里有便宜而来、不费力气的成功？醒醒吧。

简单地说，战胜市场，就是战胜市场的合力，就是战胜那构成合力的绝大多

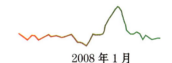

数人，你不成为这所有市场参与者中最顶尖的那一部分，那么，谈论成功都是废话。这是一场人与人智力、体力、资金等综合的搏杀，是血与血的争斗，你以为是超女比赛八卦一下、走走旁门左道就可以？

偷心不死，永无出期。

扫地僧：学会理论是基础，不断应用练习更是必要的，任何一门功夫，都需要大量的练习才能融会贯通。

你如果要学习，请好好看看诸如 600737、600635、000938、000802、600779、600195、000822、600636 等这几天震荡中的每一分钟的图形，看看在震荡中是如何抽出比上涨还要多的血。

注意，本 ID 这里说的是学习，不是说股票本身。只是股票本身的图形是用钱画出来的，你不尊重图形，图形自然惩罚你。

回到大盘本身，第二个 1 分钟中枢如期到来，但只要这 1 分钟不能出现第三类买点，不能有效重新站上 4778 点，后面的震荡依然少不了，但这将提供更多的短线获利机会。

大盘的走势：

最好的，就是直接形成这 1 分钟中枢第三类买点，然后形成线段或 1 分钟式的上涨，重新回到 5100 点上，这走势的前提就是那第三类买点。

次好的，就是在这里形成 5 分钟中枢后再出现第三类买点，这里有两种途径，一种是 9 次级别的震荡扩展出 5 分钟，另一种是先 1 分钟的第三类卖点后底背驰上来再出来 5 分钟。这里就构成了 N 次必然的短线机会。

最坏的，就是在这里 5 分钟后出现其第三类卖点，这甚至构成一个 5 分钟下跌的第一个中枢，这样，后面的走势就比前面还要恶劣。

扫地僧：这 3 个分类，最好的，就是出现 345~348 这中枢的三买，形成五段式的趋势上涨，或者有 1 分钟中枢的趋势上涨，回到 5100 点上，也就是回到 337~340 的中枢内。

次好的，就是这里震荡出 5 分钟中枢，然后再出现该中枢的三买。这个 5 分钟中枢的形成要么是九段扩展，要么是出现这个 1 分钟中枢的三卖后，出现背驰。这里也证明了标准的背驰段是包含第三类买卖点这个结论。

那么最坏的就是这里出现 5 分钟中枢的三卖。见图 127。

由于现在的走势有如下复杂的演化可能，所以操作上必须严格根据图形来，一旦出现 5 分钟不能重站住 4778 点的情况，就一定要注意后面可能向最坏情况演化的任何苗头。

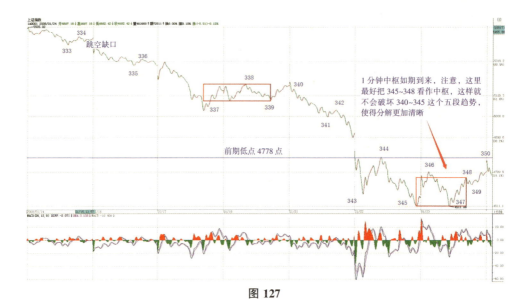

图 127

正如本 ID 在 5209 点说的，站不住 5209 点就把多头当青蛙煮了。这里一样，在这后面的震荡反弹中，我们用技术赚足钱，然后，一旦多头不行，我们就再次把多头当青蛙煮了当汤喝。

当然，如果多头行，我们不介意陪着多头再到 5000 点上走一趟，但，我们只看图形，多头有本事画出那样的图形，我们就跟着走，否则，就煮开水等青蛙跳下来。

思维方式，要彻底改变。让所有一根筋的青蛙去，这就是市场。

2008 年 1 月 24 日

4778 点，多空抉择线　（2008-01-24　15：17：30）

今天，在昨天所说的 4778 点受到压制产生震荡。4778 点，在技术上十分重要，因为这是前期低点，能否出现并上去站住，决定了这次下跌的性质与最终完成形式。说句直接的，就是一条多空抉择线。

从日线上，今天早上的下跌反而是为了最终构成日的底分型，这是一个买点。但后面的问题更为关键，就是这底分型能否延伸为笔，还是最终被 5 日线压制夭折。由于 5 日线已经下移到 4815 点，明天大概也就到 4778 点附近了，因此，这个问题和上面一个问题是同解的，还是 4778 点能否突破站住的问题。

技术上，如果你把今天 13：40 前后当成所谓的 1 分钟第三类买点，那么至少你需要补习两个知识点，第一个是线段分类中的第二种情况的处理问题，第二个是如果线段延伸 9 段后，需要考虑的就不是 1 分钟中枢，而是 5 分钟中枢的问题，这里的次级别变成 1 分钟走势类型了。

本 ID 的理论是纯数学，一就是一，二就是二，没有半点可以含糊的地方。不妨再问一个问题，今天究竟走了几个线段？请选择：A. 2；B. 3；C. 4；D. 5；E. 都不是。

扫地僧：又有两个实战经验：

（1）当多个技术同时出现共同的关键点位时，这个点位就比较重要。

（2）当中枢级别升级后，考虑的买卖点级别也应该相应升级。

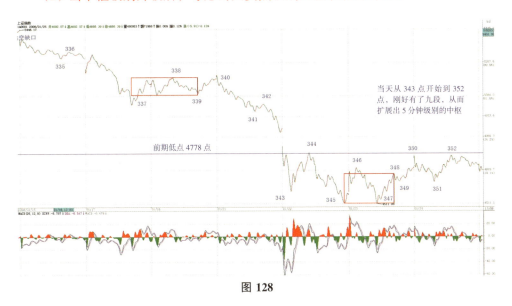

图 128

没分清楚的，请去补课。

个股方面，本 ID 那些股票表现怎么样，都有眼睛，就不用说了。已经有 N 只创出了新高，而大盘比 5522 点跌了快 1000 点。当然，这种走势，最终不能完全脱离大盘，如果大盘站不住 4778 点而展开新一轮下跌，追高的风险是极大的。

本 ID 再次强调，本 ID 不需要任何人抬轿子，如果本 ID 需要你抬轿子，就不会让各位在 8 元去买 600737 了，再次强调，600737 这类股票，如果你害怕了，就把本拿出来，留下零成本的继续游戏，没买的就算了。

这世界上 N 的 N 次方的股票，不需要买本 ID 的，而且本 ID 也不喜欢太多人买，因为本 ID 杀人的时候，可不管亲疏的，对于本 ID 来说，股票就是筹码，就

是纸，本 ID 杀的是纸，后面是谁，本 ID 可没兴趣知道。

来这里，就要学会自己顶天立地，有一天，你能在市场游戏里把本 ID 杀了，本 ID 最高兴了。可惜，现在，还没有这个人，好无聊啊。

2008 年 1 月 25 日

下周补缺，多头别无选择　（2008-01-25　15：17：34）

4778 点，其实就是一张纸，但现在人的心理，比纸都脆弱，看来风险教育还是太少，股灾见得还不够多。看看人家恒生指数，上蹿下跳地，A 股的投资者还是少历练。

相比，深圳成分指数更有领先性，这点在前面已经反复说过。今天这指数已经把本周下跌的缺口给补了，而上海显然需要补课，这课就是下周的任务了。如果周末没什么不招人待见的消息，这任务应该不算是什么大不了的事，下周补缺，多头别无选择，连这都完成不了，多头也就只有当青蛙的命了。

注意，由于目前日线的形态不好，所以，就算这笔延伸出来，后面肯定还有向下的笔来确认的，这个向上笔结束的位置很重要：

（1）如果在 4818 点上下就结束，那么就是最弱的，后面就不亮晶晶了，改 10 米 × 10 米晶晶亮了。

（2）如果 4918 点上下结束，这还有较大可能回头形成诸如双底、头肩底之类的形态。

（3）冲上 5000 点后再结束，那么形态上稍微好转了，后面只要回头幅度不大，多头又可以重新架设炮台，再次进攻了。

因此，这个向上笔的结束位置很重要，市场最终的走势，走出来自然就当下辨别了，无须预测。

扫地僧：当天上证指数刚刚触碰 4778 点后就开始回落，连缺口处都没有摸到。见图 129。

而深圳成指则回补了缺口。见图 130。

这三个分类里的关键位置，5100 点是这波下跌的第一个 1 分钟中枢的位置，4818 点则是缺口的低点。见图 131。

这两天的走势，对底分型的具体操作是一个很好的锻炼。依据底分型的买卖，不是今天才买，而是昨天探底不创新低时就买，当然，如果你技术好一点，你可以确认这个探低是震荡性质的。注意，分型的操作，不是分型已经确认形成才操作，那时候已经是"已病"状态，就太晚了，这一点必须明确。

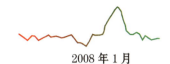

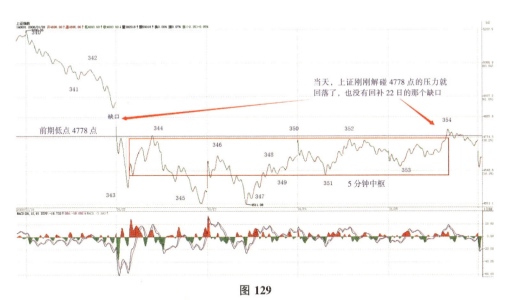

当天，上证刚刚解碰 4778 点的压力就回落了，也没有回补 22 日的那个缺口

缺口

前期低点 4778 点

5 分钟中枢

图 129

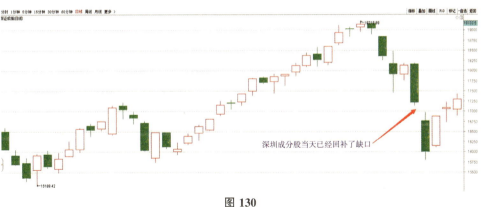

深圳成分股当天已经回补了缺口

图 130

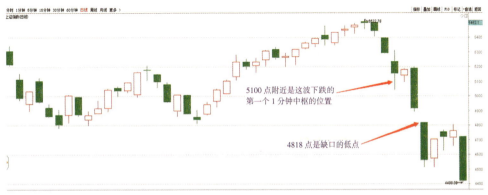

5100 点附近是这波下跌的第一个 1 分钟中枢的位置

4818 点是缺口的低点

图 131

缠论解盘详解之二（2007.11—2008.10）

（扫码获取更多学习资料）

扫地僧：分型不能等确认了再操作，而是要结合第二类买卖点。

例如，昨天买了以后，今天走势继续保持（1，1）形态，所以可以不管，等到出现顶分型时再处理。当然，说起来简单，实际操作，又少不了诸多的练习才能把握。

其实，这底分型的操作，就算是最难搞的认沽也是有效的，你看580989这几天的日线，里面稍微复杂点，有一个包含关系，你看看前面0.739元开始的下跌，最终跌了50%以后有了一个底分型，买入点也就是今天早上不创新低的时候。

扫地僧：这里有一个隐含的问题，那就是当天早上不创新低时，也没有突破底分型中间K线的高点，那怎么能保证后面能突破底分型中间K线高点，从而形成底分型？其实问题的关键还是在于走势，这个案例主要原因还是因为有趋势背驰出现，当天低点不新低对应了第二类买点（具体分析看1月28日的解盘），所以，分型是辅助，走势是核心。

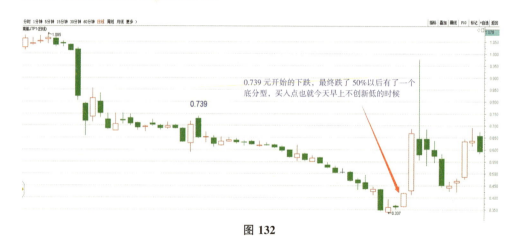

图 132

注意，这只是上课，认沽可不要乱玩儿，你没这本事，就注定要倾家荡产的，不是开玩笑。这只是说明，本ID的理论，对这么难缠的认沽，也是可以轻松应付的，就别说一般的股票了。

至于昨天问题的答案，很高兴看到大多数人都回答正确，当然就是第三段还没完成了，问题就这么简单。

2008 年 1 月 28 日

580989 完美地达到理论要求的第一目标 （2008-01-28 15：20：28）

周五说580989，并不是让一般人买，这点说得很清楚，今天继续说580989，主要是两点，这两点都值得所有想学点东西的人学习：①上周五启动580989，正

114

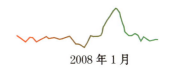

在于一个消息面上的不稳定性，因此有了一个大面积对冲风险的选择。②这个启动，完美地体现本 ID 理论，后面再详细分析。

　　扫地僧：因为 580989 是认沽权证，所以当市场下跌或者有风险时，可以用来作为对冲的品种。

　　强烈注意，580989 几个月后连纸都不如，特别在上涨这么多以后，任何人都不能再参加了，除非你是在底分型时买入的而且有极高的震荡技术。这东西最后的命运是 0，千万注意。

　　先回到大盘，周末，都是不招人待见的消息，最严重的，就是中石油准备有 10 亿元这条，不过这正好完成了本 ID 说的那个故事所说的目标，当然，那个目标只是一个大概数，就是让最早买的有腰斩的快感，如此而已。等那 10 亿元出来，其活力会有所增加，但只要没有期货，还是折腾的命，暂时没有大戏，而且也不能有大戏，否则我们可爱的题材股怎么办？

　　大盘今天开盘就选择"一、如果在 4818 点上下就结束，那么就是最弱的，后面就不亮晶晶了，改 10 米×10 米晶晶亮了。"一个线段就下来了 400 点，然后是一个线段的反弹，这反弹只要不能重新回来原来震荡区间，就有逐步扩展成 5 分钟第三类卖点的风险。

　　关于目前的情况，前面已经很明确地说过，最坏的情况就是在 4778 点下形成 5 分钟下跌的第一个中枢，一旦这种情况出现，后面的下跌可能更加惨烈。

　　扫地僧：当天直接选择了最弱的情况，一个线段基本就跌了近 400 点。

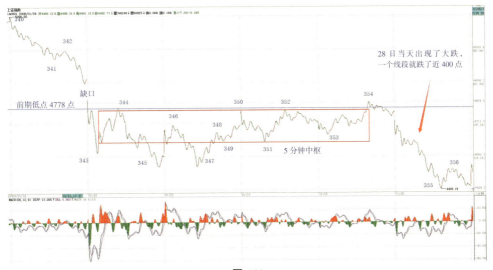

图 133

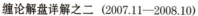

那么，我们可以讨论什么情况才可能出现这种情况，大概唯一的可能就是美国出现1987年那样的崩盘，说实话，本ID特愿意见到这一点，如果在短期里出现这样，估计580989会被爆拉到N元。所以本ID并不介意这种情况的出现。但99.999%都不会出现如此情况，今晚，美国是否继续减息，这点很重要。

一般情况下是不会出现这种最坏走势的，毕竟年线在那里，在关于今年的展望里，本ID已经明确说过，今年至少见两次年线，第一次应该是喜剧。

那么次坏的情况，就是这5分钟中枢是盘整类型中的，最终扩展成30分钟的。这种情况，不过依然是震荡局面，没什么大不了的。

最好的情况，就是这5分钟又震回去，最后还震出第三类买点来，但你的思维里千万不能被这种最好的走势完全占据，这样会蒙住你自己的眼睛。

个股方面，今天还有不止一只股票顽强地走出新高，一旦大盘走稳，该爆发的都要爆发，仔细看好借机洗盘的，题材股继续火爆。

下面，请好好分析一下580989的图，里面的标准性一目了然，60分钟上从2.3下来的底背驰，然后今天回拉到第一个红箭头指出的中枢中，完全符合本ID的理论最低回拉幅度的走势。后面很简单，首先是围绕该中枢的震荡，如果有机会，例如美国1987年，那么就一飞冲天，如果到四五月美国还不"1987"，那么就清零，如此简单。

注意，这是学习材料，一般人绝对不能介入，否则一切后果自己负责。

扫地僧：下图是580989的60分钟图。可以看到，从两块多开始的这段下跌一共有3个中枢，是一个标准的趋势背驰。

图134

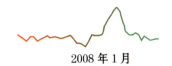
2008 年 1 月 29 日

年线支持初显现 （2008-01-29　15：19：24）

首先还是说 580989，你看那中枢的力量是多么巨大，早上的远离，后面的回拉，一切如教科书一般，围绕这个原来的中枢进行震荡，这在昨天已经说了，后面震荡逐步减少。由于该中枢大致在 0.6 一线，依次向下的震荡空间是存在的。想想一个中枢震荡可以从 0.4 到 0.95，这就是震荡的力量。

之所以说这个，是希望以一种强烈的方式表现本 ID 理论的一些方面，你不需要参与其中的操作，但请你必须学习。另外，早上砸到 0.72 逐级上台阶回拉 0.85，这是一个很典型的骗人图形，这些图形后，一般就是制造第二类卖点，然后后面的就是走势必须完美，再杀一波下来，多看这些图形，对你理解中枢的形成与结构十分有用。

你千万别操作，但你必须学习，这就是 580989 这个经典案例的作用。

扫地僧：一个实战经验：快速下跌后的缓慢回拉，这是形成二卖的经典形态。580989 的分时图找不到了，就找了一只股票的类似形态。

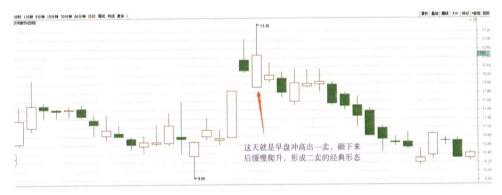

图 135

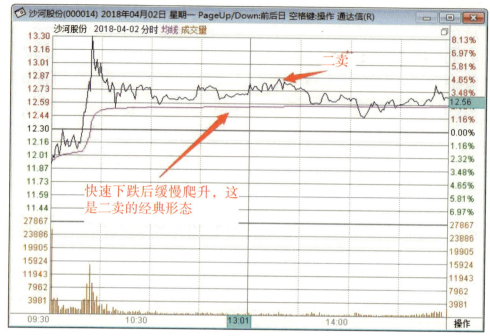

图 136

说大盘，大盘今天碰年线，这是第一次，去年年底已经说，今年至少两次，第一次应该是喜剧。不过，年线这里也可以先制造空头陷阱，一切需要各方面的合力配合。

走势不是必然的，例如，今天美国不减息，全世界暴跌，那就会选择空头陷阱的形式。否则，就可以直接上去。那么，美国减息与否这个因素，谁都不知道，但今天市场上已经反映出来，就是赌其减了，这就是一种合力的表现，一旦赌错了，市场就会报复性去相反反应。

当然，对这些走势，是可以去参与的。为什么？因为就算是空头陷阱的方式，也不会远离目前的位置太多，只要控制好仓位，当然可以参与。

此外，一定要注意，你不是多头也不是空头，但你一定要知道一旦发生什么情况，多头会干什么，空头会干什么。例如，多头的愿望肯定是想补上面的缺口，这就构成市场的一个潜在力量，这个力量，在其他力量的干扰下，可能一时发挥不出来，但这反而构成我们一个更好的买入点。

请好好品味这句话：你不当多头也不当空头，但一定要知道空头多头想干什么，而走势是最终的结果，他们想干的是否干出来了，这才是关键。干不出来，有什么后果，他们会有什么后续的步骤，这才是该想的东西。

扫地僧：知道多空双方的目标，剩下的就是去观察走势正在朝着谁的目标走，在达到目标前是否有相应的买卖点出现。尤其是用非缠论的视角，例如均线、K 线形态、缺口位置等，这样可以得到具体的点位作为参考，对判断买卖点也有非常好的参考作用。

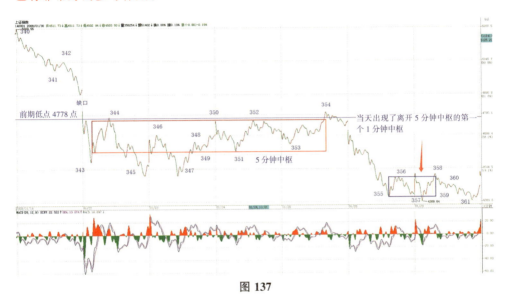

图 137

现在的走势很简单，只要不有效破年线，就继续是原来的中枢震荡。中枢震荡怎么样，看看今天的 580989。这就是教科书，看明白了，有什么震荡处理不了？

2008 年 1 月 30 日

看别人脸色的日子总是不好过的 （2008-01-30 15：23：08）

这题目说的什么，大家都很清楚。今天的消息，刺激了一个震荡高点，然后再回杀，由于减息的玩意还没出来，所以，尾盘赌消息的又来了，这就是发生在看别人脸色过日子的日子里的一件无聊事情。

看着 600737、600078 之类的股票，是否有点感动，这世界是需要不看别人脸色的人的。但，这东西是合力的，光有几个这样的人，成不了气候，如果别人都成了爱看别人脸色的人，那这市场还是别人的，最后，剩下不想看脸色的，可能也转去玩别的不用看别人脸色的活动了。

扫地僧：当天 600737 和 600078 都创出新高。

图 138

图 139

说实话，现在本 ID 已经没有上次接石头的兴趣，对今年的行情，本 ID 去年已经给了明确的定位，就是题材股大搞，不管指数，所以才有了跌了 1000 多点还创新高的品种。

但指数还是会起来的，在那展望里，本 ID 给出本年的节奏是"扬抑大扬大抑"，所以，多头还是会有面包的，只是多头如果还看别人的脸色，没点自我精神，那本 ID 宁愿把节奏说错了。

中石油出来前后，是一个转机可能出现的时候，这时候也到了，但这东西需要合力，本 ID 现在确实没兴趣再去折腾大的玩意了，把自己的一亩三分地种好就算了。但呼吁一下总是可以的，合力，需要大家一起来。

说实在话，本 ID 宁愿 A 股跌到 2500 点，也希望见到美国全面破产，让美国再来一次 1987 年，这是本 ID 最愿意看到的。

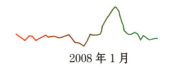

但必须很清楚地说，美国人这次会用所有的坏招来摆平的，问题的关键是，不要当傻子去给美国人埋单。

大盘，很简单，现在是纯消息主导，明天美国要减息了，这边就又会冲动一下。但这种冲动不是以我为主的，以我为主，还没有找到合适的借口。

技术上，4400 点那中枢的震荡逐步向 5 分钟扩展去，走势上很简单，如果不出现这中枢的第三类买点，向上的冲动也只能是冲动。

扫地僧：当天没有出现 355~358 点这个 1 分钟中枢的第三类买卖点，所以中枢震荡依旧，但已经出现了 7 段，即将扩展出 5 分钟级别的中枢了。

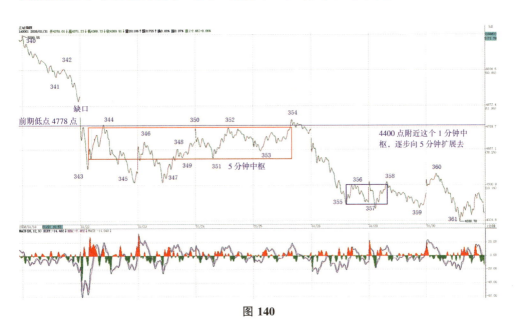

图 140

580989，如前所说，震荡幅度减少，但震荡机会依然很多，0.6 这个中枢的威力是否够教科书，有眼睛的人都会看了。

第一次年线，不出意外，还是如去年年底所说，是一个喜剧。问题的关键是，这次喜剧之后，如果没有了自我意识，最终只能是悲剧。

2008 年 1 月 31 日

大盘中线技术分析 （2008-01-31 18：44：04）

谈完了，那人赶飞机去了，专门跑一次，这事情还真没法推，苦啊，又多一件无聊事情。回来先把帖子写了再吃饭吧。本 ID 就怕答应的事情，不完成吃饭

都不安心。

收盘的帖子，非技术的纯粹直话直说的，这是走势后面必需的东西。但操作上，还是必须按技术来，所以技术是第一的，我们可以用一些语言对分力进行敲打，但这不能蒙蔽了技术的眼睛。特别，对于一般的散户来说，除了图形，你是最公平地和所有人同时看到的，你还能有什么依靠？

还是和 3600 相关，为什么？因为上海的指数从一开始就和这相关，例如 20 世纪 90 年代初的 45 点，2001 年的 2245 点等，这次的行情，一样与此相关。

4335 点的 530，6124 点的高位，相差基本就是 1800 点，下来的第一个位置 4778 点，就是 1800 点的 3/4，那么，现在，到了 1800 点这个位置，所以这个位置是很重要的，而且与年线相关。5522 点下来的 1200 点，也在这个位置，所以这个位置是诸多因素所相关，技术上很重要。

由于这次下来，已经把 4335 点触及，因此，一个日线级别的中枢就已经在形成中，4335 点上下就是这个中枢的一个必然部分。这个中枢，是从 1000 点上来第一个日中枢，所以这个中枢将影响至少很多个月的走势。

扫地僧：注意，这里缠师是以日线图作为显微镜，从 4335 点以来，至少有 9 笔出现，从而扩展出日线中枢，并非是从 1 分钟图逐步递归上去的中枢，所以和前面解盘时提到的级别有点出入。还有就是从 2007 年 11 月 28 日到 2008 年 1 月 14 日，在日线上也构成一段，但通过前面的解盘可以知道，那波走势其实只是 5 分钟级别的反弹，所以那个日线段要被忽略。

图 141

也就是说，现在，从中线的角度，一个大的日中枢震荡已经形成。这个中枢震荡的幅度，是以 3600 点为基础的，上面 1800 点，下面对称的，也可以有 1800 点。换言之，现在就算跌到 2500 点，也不过在这个中枢震荡的范围内。

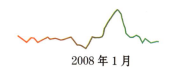

有了这个中枢震荡的大结构，对后面的市场走势就有了一个很宏观的把握。显然，目前这个中枢的中间位置，会在很长时间内反复见到。像 2500 点、6100 点，都如同 580989 在 0.976 的那样的瞬间震荡位置，而目前位置，就如同最近 580989 的 0.6 上下，是一个反复可以见到的位置。直到这个中枢被破坏为止。

扫地僧：580989 当时也在围绕最后一个中枢做波动。

这里的上下波动，都是在围绕前面最后一个中枢的波动

图 142

这个中枢震荡，可以以 450 点，3600 点的 1/8 为一格，上面，4778 是第一线压力，5228 点是第二线压力，下面的位置如此类推。当然，在具体的划分中，可以把 450 点再细分，这对短线有一定意义。

由于目前是一个日的中枢，因此，最大的偏移级别是 30 分钟的，如果有一个 30 分钟的向下偏移，那将构成最好的中短线机会。而且，类似 5 分钟的偏移，也构成好的短线机会。当然，如果你的超短线的，也可以关注相应的 1 分钟偏移。

在足够长的时间内，所有的市场机会，都会是因为对于该中枢的震荡偏移所引发的，配合 30、5、1 等的内部结构图，你将在这大型震荡中如鱼得水。

本 ID 早说过了，今年只要你会震荡，你赚的钱绝对不比去年少。有了这样一个大的震荡图，"抽血"的机会多了去了，好好把握。

节前节后的市场，能否依靠年线和中枢中轴制造一次向 4778 点的中枢偏移，明天就有初步答案，如果能坚守在目前位置震荡上 5 日线，而周一又不出现前两周一样的坏消息，那么，这种偏移就有基础，否则，绝对需要先砸出空头陷阱再玩这游戏。

扫地僧：还要注意的是，此时缠师隐含了一个前提，那就是这波 30 分钟下跌在年线附近结束，如果这 30 分钟下跌没结束，那么这个中枢中轴的位置还要

变动。后来可以知道，这波下跌一直到 1664 点，那么这个中枢的区间就是 2007 年 530 开始的那波下跌区间 3404~4335 点，后来 2009 年的那波上涨刚好回抽到这个区间之内。

注意，本 ID 对市场从来都是充满信心，但本 ID 的信心可不是死多头那样一定要向上的信心，本 ID 的信心是在震荡中"抽血"的信心，那样一定要单边上涨才赚钱的幼稚行为，本 ID 没兴趣搭理。

本 ID 没信心的是市场以外的事情，只要本 ID 有兴趣，大熊市一样可以玩得很开心，就别说震荡市了。但市场以外的事情，本 ID 真的没信心，而市场以外的，才是本 ID 所牵挂的。

本 ID 一早说过了，对于本 ID 来说，经济变成怎么样，又有什么影响？但对于大多数人，经济的走势太重要了，比股市的要重要得多。

本 ID 希望每个中国人都有自己的面包，本 ID 日夜担心的，是中国三十年的经济大升浪会被某种幼稚的因数所打断。除此之外，本 ID 没什么可担心的。

大升浪被打断了，本 ID 照样可以风花雪月花天酒地 419，很无耻但很经济地等着在经济大跌势的末端抄大底，但其他人呢？

扫地僧：当天依然震荡，最终扩展出了第二个 5 分钟中枢。

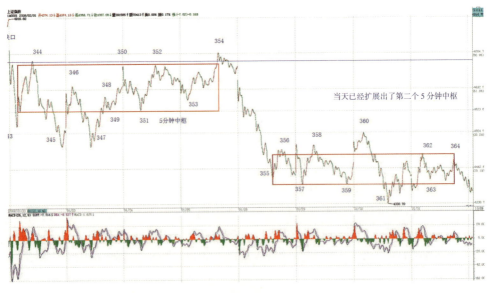

图 143

2008年2月

2008年2月1日

节前连涨三天？就不许！ （2008-02-01　15：17：48）

听说有人还在发节前连涨三天的梦，但就不许！类似的梦还有，例如现在砸下来了为了奥运如何如何，简直脑子进水了，别以为股市有什么真正的地位。按照市场经济，股市当然有着绝对高的地位，但是，这不是现实。

扫地僧：当天走出了离开刚形成的第二个 5 分钟中枢的走势。

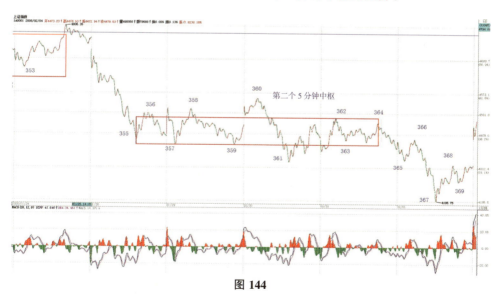

图 144

请注意一个事情，听说春晚里将有一个节目对所谓的股民进行强烈嘲笑的，如果这节目最终播出，将是对 30 年经济大发展的最大讽刺。现代经济，最高级形式就是虚拟化的。100 多年前，美国还比不上阿根廷，就是因为美国大力发展了虚拟经济而阿根廷没有，所以，最终阿根廷也就剩下别为她哭泣的歌声。

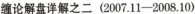

股民，这个称呼本来就是侮辱性的，应该是投资者，这是构成现代经济最重要结构的伟大人群。一个不尊重投资者的国家，不可能有强大的虚拟经济和真正强大的经济，这就是历史的结论。

如果脑子里还有一丝幻想的，请再把本 ID 关于今年走势展望的帖子再读一次："2008 年行情展望　2007-12-20　15：59：05"

今年的行情，就是早干早有面包的走势，真正的投资者，在 12 月到次年 1 月的题材股走势中，已经赚到了第一笔买面包的钱。有些可笑的人，觉得，4778~5522 点也算行情啊？千万别看不起这一段，如果在大的跌市里，这可能就是全年最大的一轮走势了，而在今年，有极大的可能，这就是第二大幅度的上涨。

扫地僧：2008 年 4 月 22 日开始的一波反弹，9 天时间反弹了 796 点，幅度最大，12 月到 1 月的这波反弹了 744 点，是第二大涨幅的上涨。

在展望中，本 ID 已经很明确说了，今年的节奏是"先小扬再抑接着大扬后大抑"，而且强调"至少有两个顶部是必须注意的，第一个就是 6124 点大调整的第二段上升所构造的顶部，这是一个小顶"，5522 点就是这样一个顶。

本 ID 在剧本那次说了："关键看在 5462~5675 点时间段内政策面的风向，风向不对，那就先把买胶水的钱换成买棒棒糖的，一人一个棒棒糖，看你要棒还是糖。"显然，5522 点后平安、美国之类的因数足以让胶水换棒棒糖了。但后面的剧本依然有效，就如同本 ID 告诉你至少要见到腰斩的中石油一样。那胶水糊的鸟儿会有的，那就是本年第二波行情，现在，不过是为这行情进行准备。

大概没有人会注意，本 ID 在 1 月 15 日故意给出的这个帖子也被很多人认为是炒冷饭，请现在再去看看这特殊时间里帖子内容的实用性，看看当时日线顶分型刚构成后你是否如课程那样操作了，如果你真认真看了里面的内容，你该怎么操作还用本 ID 说吗？如果还不明白，请再看一次"教你炒股票 93：走势结构的两重表里关系 2　2008-01-15　18：08：05"。

注意，本 ID 只是陪练，陪练的任务，只是在关键的时候把该用的工具放到你眼前，如果你看不到，那就算了。

本 ID 有时候说的结论会有所修改的，例如，原来对中石油，给出的就是如中人兽，也就是到 30 元筑底上去，那是因为那时候期货这玩意还没被打压住，后来，一明确这玩意儿被压住了，本 ID 就把那至少 24 元的酒席故事告诉各位了，这就是有所修改，为什么？一切是合力，有一个重要的分力改变了，当然要有所修改。

但是，有些东西，本 ID 不提，就是无所修改。例如，对于 20 年的大牛市，

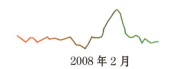

20 年后至少 3 万点的结论，本 ID 没有任何修改的必要。除非中国经济自废武功，否则，本 ID 的结论无须修改。

其实，对行情的转折契机之一，本 ID 前面早就明确说过，只是看的人不注意，就是要等中石油那 10 亿玩意出来的前后，底部不是一天构成的，是要反复制造恐慌搞出来的。

有人可能觉得很残忍，废话，不恐慌，没人"放血"，哪里会有底部？

这几天是什么？就是前期强势的题材股补跌，这是所有探底行情中必须有的，强势股补跌后，行情才可能进入真正的筑底。而这点，本 ID 早就说过，没有人会永远举杠铃的。

扫地僧：实战经验，强势股补跌后，才可能进入真正的筑底。

那么，行情怎么慢慢点燃？行情的点燃，都需要领头的，也就是有一个傻子，疯狂地裸奔，把大家逐步唤醒兴奋起来。这个先裸奔的，一般只有三类，新股或有突发大题材的，还有就是前次行情崩溃的祸首以及率先被打压调整的。

扫地僧：实战经验，行情的点燃需要一个领头先疯涨的，一般有三类：新股、突发大题材、前次行情崩溃的祸首或者上次行情提前进入调整的。

如果你还没见到裸奔的，那么就意味着，行情还没被点燃，依然在底部构造阶段。现在的问题不过是：睁大你的眼睛，发现那些准备或已经率先裸奔的。

其实，行情也简单，有人全球裸奔的，就是大行情；有人全国裸奔的，就是中行情；有人全市裸奔的，就是小行情；有人只能在家里裸奔多在窗口晃悠两下的，那就是反弹行情。行情，与最开始的裸奔力度相关。当裸奔蔓延了，行情就开始展开。当所有人都习惯于裸奔了，行情就因高潮而死。

今天的走势，不过是先尝试砸一下陷阱并让那些幻想节前连涨三天的丢一下脸。当然，连涨两天还是有希望的，本 ID 倒不拒绝两这个数字。前提是，请先冀望周末没有什么不招人待见的事情，其次，那石油出来时不要过分变态。

现在，更大的问题是，这么高的印花税，我们搞一波上去，难道就为了让平安能顺利圈走 1000 亿元？想起这件事情，本 ID 完全没有冲锋打头阵的兴趣了。自由世界的勇士们，你们冲吧，本 ID 在后面跟着，一看你们不行就放枪给你们送行。

"反弹会有的，面包会有的"，但在春晚要被严重嘲笑而还要被平安之流上千亿地合法打劫，并且更要继续接受一个最高印花税的奖赏，在这种情况下，谁还愿意当炮灰去发动一轮全球裸奔行情呢？

2008 年 2 月 4 日

年线上的中国式喜剧 (2008-02-04 15：20：02)

第一次碰年线要上演喜剧，这在去年 12 月已说。当然，真到上演时，相信的人就不会多了，不相信的人多了自然就更喜剧了，市场总是如此。所以，就算把剧本告诉你，绝大多数还是不行，这点，已说多次。不过，经过这次，大概各位对本 ID 上周所说的"哀景写乐倍增其乐"应该会有点切实的体会了。

这里，本 ID 再明确地预先告知各位，这次很中国式地把新基金砸出来了，但这还不是真想要的。前面已说，这次砸出印花税的可能性很小，那么，下次，或者再下次，总之，该改变的总要改变。印花税的改变，是 2008 年的目标之一，这点已经多次说明。

技术上，十分凑巧的是，周五低点对应的线段刚好是 360 段，一个圆周。很多人老问 3600 是什么？为什么和上海指数相关？这问题大概不需要再问了吧。有人还要问，周五有底背驰吗？如果你连周五的背驰都看不出来，那只能重读了。看看 15 分钟图，想想该是哪两段比较有力度？

扫地僧：15 分钟图上，背驰比较明显。

图 145

有些人可能又要问，如果没有周末的利好，那背驰能成立吗？问这话的人，根本就等于没看本 ID 的课程，背驰成立只保证回到原来最后一个中枢，这点和有没有消息没关系。实际上，上周五收盘前已经达到这一点，而所谓的利好不过是加强其力度而已。

实质上，今天的上涨，并没有脱离最后一个中枢的范围，4500 点上下那 5 分钟中枢的第三类买点并没有制造出来，因此，从技术上，依然还可以看成是该中枢的一个震荡。

扫地僧：当天的上涨由比较强劲的 7 段趋势构成，尾盘的时候有背驰的迹象，但只是回到了最后一个 5 分钟中枢上方，该中枢的三买还没出现。

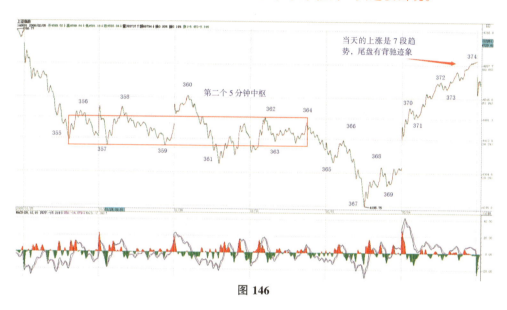

图 146

而且本 ID 更要问各位一句，如果没有周五的狠砸，这利好能出来吗？很多事情，都是一环扣一环的博弈，里面的水能浅吗？

不妨再问各位一句，怎么把印花税搞出来，各位有什么建议，请发表。

这次反弹的高度，决定于恶性圈钱最终是否有所收敛，当然，外围因素也有一定的影响。但这次下来，最主要是恶性圈钱闹的，现在已经开始有人折腾这方面的事情，现在，还是进步不少，至少各种声音都能通过某些途径达到应有的分力。所以，这折腾能折腾出什么，也是很重要的。

其实，今天的利好掩盖了一个很大的坏因素，周末央行高层说，大企业应该主要到资本市场解决融资问题，并表达银根绝不放松的观点。当然，这些人不是最后定事的，他们的话也没什么准，不过，这证明某种观点或利益还是很有市场的，这就是后面的不确定因素或者说是大的隐患。

技术上，还是原来分析的，450 点一格，4778 点破不了，就把前面两 5 分钟

中枢搞成一个 30 分钟的震荡出来。

个股方面，今天普涨，关键是后续的能力。还是周五说的那三类，一般股票，反弹到阻力位置压力就大了，而一切套牢压力小或有大资金、新题材的股票，反而容易有持续的表现。

注意，今年做股票，就是要跌到位了敢买，涨多了敢抛。那种涨了才追，跌了才砍，来回几次就可以被清理出局了。如果技术不好，宁愿坐电梯也不能追高杀跌的。当然，最好不要坐电梯，要不坐电梯，唯一的办法只能是，涨的时候，就睁大眼睛看有什么大级别的卖点出现，见到日、周的顶分型，就要根据自己的水平去操作。

明天，就看中石油表演了，大盘会有所震荡。

最后，如果有对平安特别熟悉，或有其强力罪证的，可以提供点在跟帖或留言里，节后，要来一次对平安的清算，子弹已经收集了不少，不过如果有更猛的，不妨可以多提供。

有些事情，要是需要有人干的。干，就有了分力。如果分力都没有，如何改变合力呢？

2008 年 2 月 5 日

阴线迎春给一根筋上了生动一课　（2008-02-05　15：09：59）

本 ID 前面说了，节前连涨三天是不允许的，而两天要看周末消息和石油的变态程度。昨天，有利好涨了，而今天的石油，有人疯狂地抛出来，似乎那石油是不用钱买的，这么变态，你说能红盘吗？

一根筋，不是别有用心就是脑子有水，市场操作，不脱离一根筋，那命运是怎么样，是不用讨论的。

技术上的问题，昨天说得很清楚了，就是线段类背驰后必然出现 1 分钟中枢，节后，就看这中枢的演化，事情就这么简单，不需要任何一根筋的想法。而中短线上，还是 4500 点上下那中枢的震荡走势。

扫地僧：374 点是经典的趋势背驰点，之后必然形成 1 分钟中枢，此时重点关注的就是这 1 分钟中枢的演变以及是否能形成前面 5 分钟中枢的三买。见图 147。

请好好看看真正的大资金是如何运作的，大概很多人都忘了 580989 了吧，看看今天的走势，有什么想法？一个长假期，一个稳健的大资金，当然要这样进行有效的对冲，很多时候，不确定因素是要靠对冲来解决的。这样，不管外围在春节发生什么事情，都可以吃嘛嘛香了。

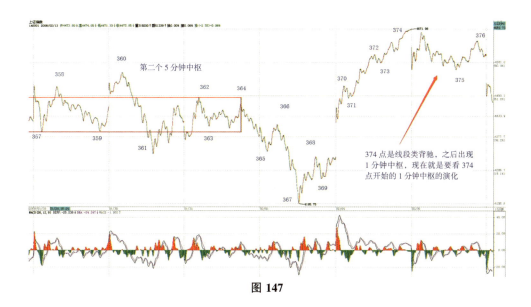

第二个 5 分钟中枢

374 点是线段类背驰，之后出现 1 分钟中枢，现在就是要看 374 点开始的 1 分钟中枢的演化

图 147

当然，对于小资金来说，580989 这类股票风险太大，没必要参与，而且小资金不一定要对冲了，就要发挥自己机动灵活的特点，看不确定，就先走一部分，有钱在手里，什么都不怕了。

扫地僧：因为是春节前最后一个交易日，对于稳健的大资金，春节长假是有风险的，所以找认沽权证作为对冲品种是一个选择。

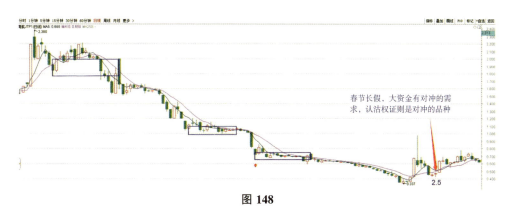

春节长假，大资金有对冲的需求，认沽权证则是对冲的品种

2.5

图 148

贪婪总是希望行情按自己的欲望发展，那是"鸭屁"思维，不改变，永无出期。

总结一句，任何不确定时，唯一正确的做法就是控制仓位，你能自如地控制

仓位，那你的水平就能上一台阶。控制仓位，并不是说一定要空仓，而是把仓位控制在一旦发生特殊情况能有足够反应的水平。

任何想把最后一分钱赚到的，最终的命运只能是倾家荡产。

扫地僧：啰唆两句鸡汤：①贪婪总是希望行情按自己的欲望发展；②任何想把最后一分钱赚到的，最终命运只能是倾家荡产。

大过节的，就不说这些事情了。但市场的残酷，是不分节日的，那种春节一定要红盘，奥运一定要大行情的思维，要好好醒醒了。

大过节的，抛弃股票，享受人生。你的身体、家庭、父母、亲人，比股票重要一亿万倍，好好珍惜吧。

2008 年 2 月 13 日

开门不红又何妨 （2008-02-13　15：15：42）

开门大红包，本 ID 可给足了，580989 的两次启动，都给足提示，第一次，提示后在 0.42 下随便买到，这次，即使节前你自己没看明白，今天在 0.5 下随便买，而且还两次机会，操作好了，随便一天 50% 的利润。

扫地僧：580989 是在 1 月 25 日收盘后第一次提到的，1 月 26 日的最低点是 0.411 元，所以缠师说 0.42 元下随便买到。在当天最低点是 0.476 元，当天上涨了 35.11%。

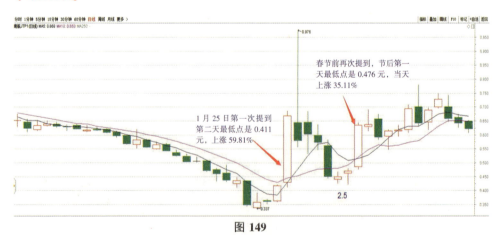

图 149

所以，本 ID 绝对不欠任何人红包了。

至于大盘没有红，本 ID 可真没什么兴趣关心，具体的说法，在节前最后的帖子里已经无比清楚了。

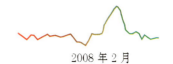

580989 的中线中枢，本 ID 在第一次启动时已经明确说过，就是 0.6 上下，回头再看看，这走势是不是完全的教科书？请好好再看看本 ID 节前最后的帖子，看看关于如何对冲，如何平衡风险的做法。让那些预测连涨 3 天的人吃西北风去吧，两次 580989 的礼包，足够连续 30 分钟涨停的利润了。

强烈注意，本 ID 再次必须声明，一般人绝对不能买 580989，你想，600737 在 8 元说的，还有人是亏钱出来的，580989 就是你的坟墓，没那本事心态，就继续当教科书演示看看吧。

还是说说这无聊的大盘吧。

只有一根筋的人才喜欢开门红，知道 1993 年开门红以后就从 368 点的深圳综指跌到 94 点，大概也只用了不到 1 年半的时间。不开门红，其实真没有什么，至少证明，里面有足够多的资金都没觉得今年是必须在春节一开门就要骗人来埋单的，至少有足够多的资金还有下一步的打算。

技术上，本 ID 已经说得超明确，就是原来最后那中枢的扩展，这震荡什么时候结束的唯一标准，就是出现第三类买卖点，其他一切都是废话。

扫地僧：当天跌进了最后一个 5 分钟中枢内，所以三买也没有了，依旧是 5 分钟级别的中枢震荡。

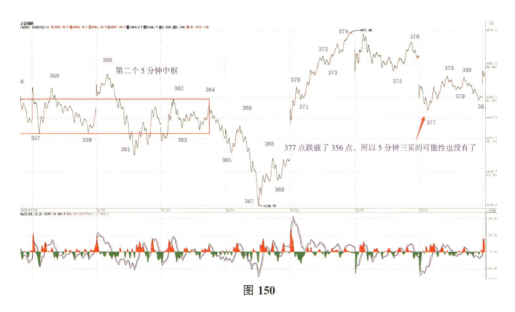

图 150

个股方面，中石油站不稳，指数要站稳那绝对是没戏的，那 10 亿元的玩意，这两天成交了 4 亿元了，当然，里面还有很多水分，但中石油今天留下的缺口，

应该很快就回补。问题还是这 24 元上下的中枢，最终如何突破，这和大盘中枢的突破是密切相关的。

说实在，今天这样的成交量，说明了这春节假期确实太短了，怎么都该放到 15 元吧，各位在春晚是否看到那讽刺股民的节目了？有这样的现象，你说，这股市能好吗？

中线，就看 3 月的会能不能搞点什么了，面包会有的，但要靠自己去抢。

2008 年 2 月 14 日

后三日是技术上最关键时刻　（2008-02-14　15：25：29）

先请个假，今天晚上有事，晚上的帖子，本 ID 就克扣了，抱歉。

今天的 580989，一个经典的走势，不管你是否参加，你都先请搞明白：今天尾盘的拉起故意和昨天是一样的，这就是一种典型的骗人手法，因为一根筋的人最多了，以为什么都是可以克隆，以为有一样的开始就有一样的结果，结果就给克死了。

扫地僧：13 日尾盘成功拉起，但 14 日拉尾盘后又回落回去，最根本的主要还是当时有一个非常明显的趋势背驰，14 日拉尾盘反而拉出了背驰段。

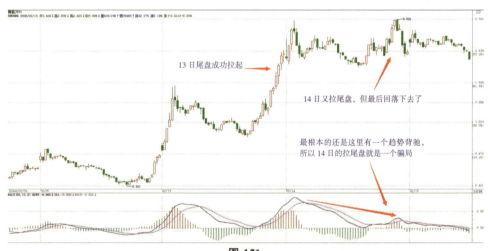

13 日尾盘成功拉起

14 日又拉尾盘，但最后回落下去了

最根本的还是这里有一个趋势背驰，
所以 14 日的拉尾盘就是一个骗局

图 151

世界就这么残酷，这一招，用了好几百年了，在中国市场上也用了好十几年了，还继续好用，人就这德行了。不管你参与与否，被骗与否，都要学着点吧，这样以后兴许不会再被骗。

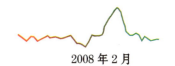
当然，类似骗局有很多变招，因为前 N-1 次都是一样的，但这 N 可以不断地变化，用得最气势磅礴的，就是 10 几年前深圳 194 点到 334 点那次大反弹，不断同样的模式后，最后一天大跳水，多少人一直套到 100 点，可怜呀。

说大盘吧，大盘后三天是技术关键，因为所谓的 MACD 等指标金叉就要出现，要骗你，也就是这个时候。但这时候有两种骗的方向，一种是骗空头，一种是骗多头，都仔细看好了。

扫地僧：实战经验，当 MACD 或均线等指标出现金叉死叉时，是最容易有骗线的时候，造成的结果就是我们经常看到均线吻和 MACD 黄白线的吻。

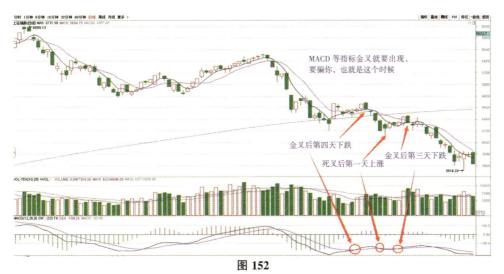

图 152

大的方向，本 ID 说过 N 次了，但糊涂的人太多，再明确说一次：

（1）下面最大的机会，就是 6124 点下来 30 分钟走势类型结束后的向上 30 分钟走势类型，这机会在酝酿中，也就是在中阴阶段。但那 30 分钟的向上类型，最坏的情况，就是一个盘整，并不一定走出上涨类型，这是必须明确的。如果是盘整，就在这上下搞出一个日的中枢，然后就面临 6124 点下来的日走势类型的第一个中枢，后面无论延伸出下跌或盘整，都是完全可能的，如果是下跌，那当然恐怖无比，比这几个月都要恐怖。所以，3 月前后，对中线走势极为关键，要继续全面富裕还是怎么着，就看着办了。

扫地僧：因为是中阴阶段，所以这机会并不一定出现，也就是从 6124 点下来的 30 分钟走势并不一定在这里结束，从后面的走势可以知道，后来在年线附近又折腾出了第二个 30 分钟中枢，使得 6124 点下来的 30 分钟走势延伸下去了。

图 153

（2）个股依然机会不断，新股、高送配的，有各类题材的，都会有机会。当然，从长线角度，本 ID 看好的类型也说过无数次了，就是环保（包括新能源）、农业、消费类消耗品等等，短线，当然就是高送配中股价特别低的，例如现在不到 20 元，而要送 10 之类。中线，化工等玩意儿是值得注意的。

扫地僧：从 6124 点之后，缠师就一直强调个股主要看题材类、重组类，由于二三四月是年报出炉的主要时间，高送转股往往有行情，而在市场环境不好的时候，高送转里最好选股价低的。

注意，看本 ID 的文章，你必须连着看，因为有些前面的结论，本 ID 不可能每次都重复，例如对大盘的总判断。还有，本 ID 在前面那波中把人分为两类，一类就是坐小板凳的，一类是可以不断参与活动的，你首先要分清楚自己是哪一类。

就像从 4778 点到 5522 点那次，本 ID 从来没让坐小板凳的起来，为什么？因为那次是 30 分钟以下级别的活动，既然我们假设小板凳至少要搞 30 分钟以上的，否则搞不过来，那么当然就一直不用起来。但还是有无数孔男人的学生叫嚷，为什么涨了不让我们从小板凳起来，那你首先问自己，你有搞 30 分钟以下级别的本事吗？5522 点的急促下跌，就是因为上来的级别小，下来的当然也就小，你能反应过来吗？那些下来时不会动的，你认清自己的水平了吗？

认清自己，否则一切瞎掰。就像 580989，机会就这么大，但你首先要有这水平，自己都认清不了，那只能等着被屠杀。

认清自己，然后根据实际走势决定自己的操作，就这么简单，还孔男人什么呢？

扫地僧：当天正在构筑 5 分钟级别的中枢，也就是这波反弹以来，已经形成了 5 分钟级别的中枢。

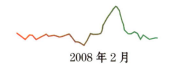

2008 年 2 月

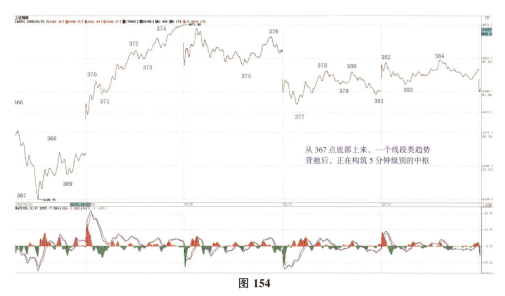

图 154

2008 年 2 月 15 日

回试年线暂显支持 （2008-02-15　15：39：01）

今天回试年线暂显支持，但问题还是下周初，因为 MACD 的柱子是否有效放红，这是下周最关键的问题。目前的情况十分明确，就是技术面完全支持行情的展开，但基本面、政策面有太多令人不满意的因素，因此才有如此上下为难的局面。

扫地僧：当天的 MACD 即将变红，黄白线也即将金叉。

图 155

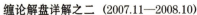

5 分钟中枢十分清晰了，由三个 1 分钟走势形成，而且从 374 点下来也出现了背驰，374~377 点是第一段下跌，377~384 点是盘整，384~387 点是第二个下跌，386 点是一个 1 分钟三卖，也就是说 384~387 点是背驰段，387 点就是最后的背驰点。

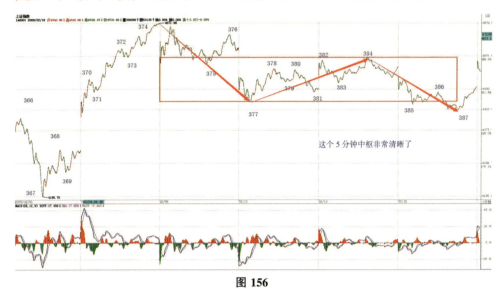

图 156

整个政策面的明朗，大概还是要等到 3 月份"两会"后，因此，之前，一个震荡的局面依然。其间，上下尝试，左冲右突一下是很正常的。期间甚至不排除再有一次大的跳水去把最后的盘子洗干净。当然，这涉及最后的底部图形，如果是头肩底，那这次跳水就免不了；如果不是，那就不一定有了。是否头肩底，和后续的消息面相关，技术上反而没有太大的倾向。

扫地僧：政策面是一个主要的分力，在 3 月份"两会"后就可以确定政策的基调了。

图 157

　　但个股行情会继续展开，只要指数稳定筑底中，有题材的个股就不会寂寞。但操作中必须要有严密的布局，例如，昨天说的 20 元以下送 10 的个股，其实就没几只，本 ID 没明确说出来，就是不希望养成懒惰的习惯，连自己功课都不想做，那干脆把账号告诉本 ID，本 ID 把钱直接打给你算了。

　　最符合要求的，只要做点功课，显然不难找到，就是 600795。这股票，业绩很好，10 送 10 后就今早算 9 元，风险度很低。而且，530 点后大唐电力的送股行情表现，使得这股票的后续走势更有想象力。但这些都是估算，你介入时，就应该知道，这两天的小阴线是在构造一个小的第三类买点，18 元上介入，大概的风险有 10%~15%，所以，你就根据自己的风险能力去决定自己的仓位，然后买入相应仓位，并留下一定的对冲资金去为后面减低成本，有了这一些安排，今天一大早有足够的时间让你去介入了。

　　注意，这里教的是一种思维操作方法，不是说一定让你去买 600795，而且，现在拉起来了，再买就没意思了。

　　扫地僧：600795 当天涨幅 6.53%，第二天就到了高点，当时的 K 线图如下：

图 158

　　大唐发电在 530 之后的送股填权行情，大约涨了一倍多。

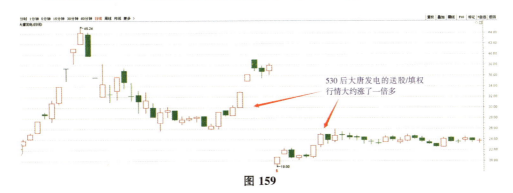

图 159

　　可见，缠师当时是参考大唐发电的送股填权行情，但无奈后面大势不配合，国电电力 600795 走得太弱，没有达到预期。

　　缠师提到它连续两天的小阴线构成了小级别三买：

图 160

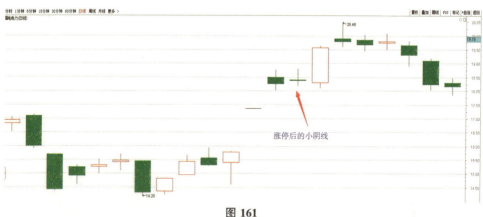

图 161

　　注意，这也是个实战经验，一字涨停之后出现的小阴线，一般这种涨停后出现的小阴小阳线（最好不破涨停的位置），其后往往还有继续上冲的空间，看几个其他例子。

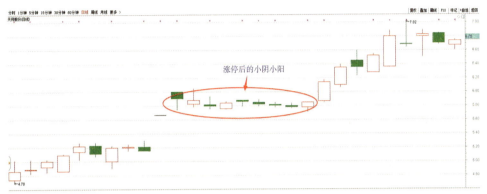

图 162

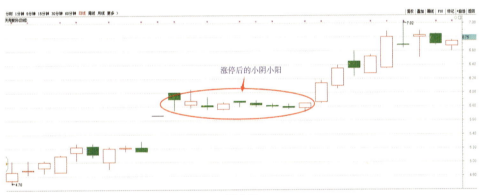

图 163

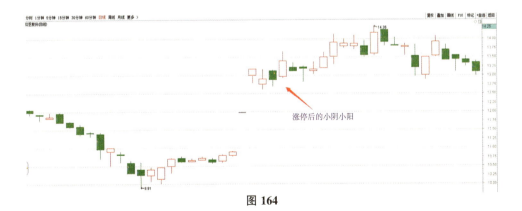

图 164

（扫码获取更多学习资料）

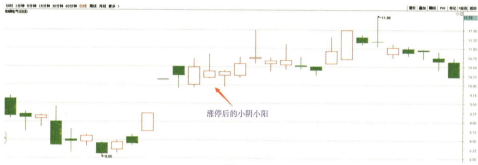

图 165

来这里，不是培养懒人的，这点，请一定注意。

580989，今早又给了一次走的机会，没走就不要怪本 ID 了，当然，大盘只要走不好，这东西还要折腾，但至少这一走，逃过 20% 的跌幅，这已经足够了。

扫地僧：580989 当天出现了 5 分钟二卖。

图 166

2008 年 2 月 18 日

MACD 红柱子终现待确认 （2008-02-18 15：18：26）

上周说了，本周最重要的事情就是这 MACD 的红绿柱子问题，今天，借点利好，终于把这红柱子给弄出来了，但注意，这并不意味着一切无忧，下面就是一个确认的问题。

技术上，一般这种红柱子出来后，如果不能站住今天的位置，那么就会出现出几根红柱子再出绿柱子的情况，这种情况往往对应着新一轮的杀跌，所以这红柱子出来，需要预防的就是这种情况。

具体操作上很容易处理，也就是红柱子出来后，如果后续能量不能跟上，那么出现以上情况的可能就很大了，那么在冲高无力时，一定要先出来看看，因为后面对应的转折很可能是极为急促的。

扫地僧：实战经验，MACD 红柱子出现后，很容易出现几根红柱子再出绿柱子的情况，这往往对应着新一轮的杀跌。在操作上，主要看当 MACD 红柱子出来后，小级别上有没有背驰。从后面的走势可以看到，两天后，在 30 分钟和 5 分钟上都出现了背驰，也就引发再一次的急速下跌。

技术上，底部的构造有头肩底的可能，这红柱后很快再绿柱的情况，往往就对应这种情况，在最好的情况下，也就对应双底的情况。

扫地僧：下图说明头肩底的情况：

图 167

图 168

143

图 169 说明双底的情况：

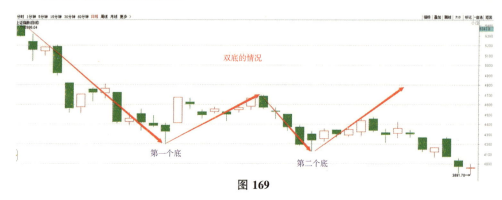

图 169

当然，以上都是些不精确的分析，如果按本 ID 的理论来，这些分析都没多大意义。现在就是一个中枢震荡的过程，这点说了多次了，今天并没构成线段类上涨，说明向上动力不足，因为今天构成的 4575 点上下的 1 分钟中枢就有着重要的技术意义。后面的超短线走势完全由此中枢最终演变所决定。

扫地僧：图 170 中，390 点开始的向下段跌破了 388 点，那么从 387 点开始的上涨没有形成线段类趋势，这说明上涨动力不足。因此，当天形成的 388 点开始的 1 分钟中枢就对短线来说有重要的技术意义。

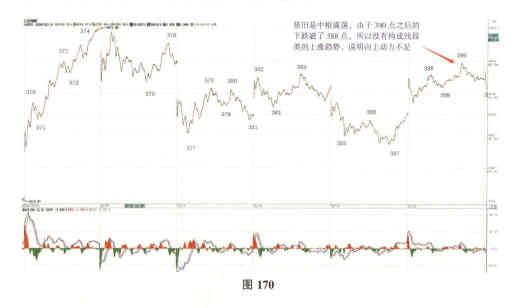

图 170

个股方面，农业、化工、奥运等都有表现，但板块持续性还是有问题，现在的问题是，一个超级裸奔的板块还没有形成，所以个股行情只能显现零散的局面。要改变这局面，还需要人气的不断培养。600795 碰到 "20 的整数关口"，需要整理换手，如果高送股的板块都走不出来，其他板块就更难有戏了。

扫地僧：国电电力碰到了 "20 的整数关口"，整理换手两天后，无奈还是随大盘跌了下去，形成了阶段性高点。

本周能否保持住 MACD 的红柱，并站稳 4575 点之上，这是对多头最重要的技术要求，明天的 CPI 是一个考验，能否经受住考验，这是能否完成要求的关键。

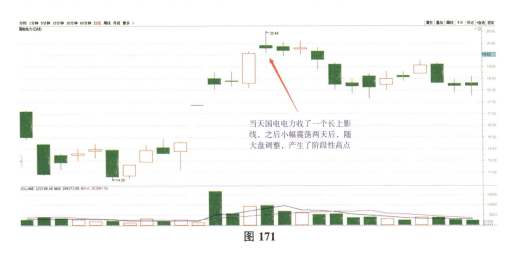

当天国电电力收了一个长上影线，之后小幅震荡两天后，随大盘调整，产生了阶段性高点

图 171

2008 年 2 月 19 日

CPI 公布成突破契机 （2008-02-19 15：16：27）

昨天说了，今天要经受 CPI 公布的考验，结果大盘一直围绕 4575 的中枢震荡，CPI 公布后也依然不变，下午更向上偏移，显示了最近少有的强势，最后一小时，就是中石油的表演，该股也如期回补前几天的缺口，但由于该股最近的大中枢并没有有效突破，所以这个回补只有震荡的意义，暂时不能给予太高的技术评价。

显然，今天的走势，使得 MACD 的红柱子继续延伸，而从 4431 点的回升，目前已经至少是 1 分钟走势类型的，第一个中枢在 4575 点上下，后面就看能不能在其上形成新的中枢，如果行，就继续强势。4672 点是第一个回升的高点，因此，最强的走势，就是新中枢至少围绕该点位形成，甚至在其上形成，这样，大盘走势的可拓展性就大大加强了。

扫地僧：4431 点的回升就是下图中从 387 点的向上走势，4672 点是 374 点这前期高点，388~391 点形成第一个 1 分钟中枢，如果第二个中枢能在 4672 点附近

甚至上方形成，这才代表了强势，否则，就很容易在高点附近出现背驰，那么后面还要再回落。

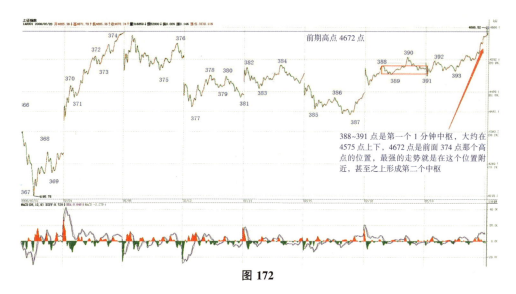

图 172

当然，站在本 ID 理论的角度，由于这次的底分型范围的上沿也在 4672 点，所以 4195 点上的走势最终是否延伸为笔，关键也是 4672 点的站稳。因为笔的最基本条件就是顶和底分型之间必须有不重合的部分，1 月 23 日那个底分型，就是因为后面不能突破站住 1 月 22 日高点 4818 点，所以使得不可能延伸为笔，进而原来的向下笔继续延伸，形成后面的下跌。

因此，从最技术化的角度，4672 点是一个关键的位置。

扫地僧：这里讲了一个笔的细节，先看图 173：

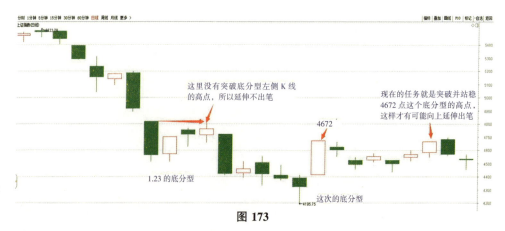

图 173

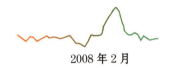

1 月 23 日的底分型，3 根 K 线最高的就是左侧 K 线的高点 4818 点，反弹最终就是没能突破这个高点，日线向上笔夭折。这次的底分型，最高 K 线是右侧 K 线的高点 4672 点，所以这次只有突破该点并能站稳，日线向上笔才可能成立。

这里缠师说的顶和底分型之间必须有不重合的地方，也就是说顶分型中间 K 线的低点必须要高于底分型三根 K 线的最高点，如图 174 所示：

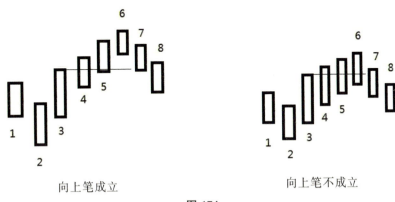

向上笔成立　　　　　　　　　　向上笔不成立

图 174

左图中，1、2、3 形成底分型，最高点是 3 的高点，5、6、7 形成顶分型，6 是顶，6 的低点高于 3 的高点，所以 2~6 这向上笔成立。同理，右图中，1、2、3 底分型，高点是 3 的高点，5、6、7 是顶分型，但 6 这个顶的低点低于了 3 的高点，故 2~6 向上笔不成立。这就是顶底分型的高低点是重要参考点位的理论依据。

不过目前短线最大问题，还是板块行情没有被点燃。靠中石油可以突破，但不能把人气激发，所以，后几天能否激发出板块行情，将是行情能否有力度延续的关键。

2008 年 2 月 20 日

大规模增发猛于虎　（2008-02-20　15：27：33）

5200 点那次，平安的增发成了最后的稻草，今天，又来了一个浦发的增发，虽然不是正式的消息，已经足以让大盘回头。

现在的多头，必须如利物浦一样去战斗才行。三个手球不算，熬到最后一刻才把最后的纸给捅破了。现在，基金的新发，等于把空头一个人给罚下了，但要灭空头，没点耐心是不行的。今天这增发闹剧，等于一个手球不算，估计这不算的手球，还少不了。不熬到 85 分钟以后，胜利的希望是看不到的。

技术上，这 1 分钟的上涨肯定是没戏了，这里最好的情况，就是震荡出一个

5 分钟的中枢，看能不能搞成 5 分钟的上涨，注意，这是最好的情况。最坏的情况，当然是 4575 点附近的震荡后出现第三类卖点，这样就重新探底。

中线上，4672 点站不住，真正的行情就不会展开，依然是继续的震荡走势，等于今早前 85 分钟的闷战。

扫地僧：当天早盘冲高，突破了 4672 点，但却顶出了一个盘整背驰，而且还是个区间套，先看 30 分钟图：

图 175

30 分钟图里很明显的一个盘整背驰，再看 5 分钟图：

图 176

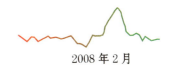

5 分钟图里，后面上涨对应的 MACD 面积明显小于前面的上涨。1 分钟图里看也比较清晰：

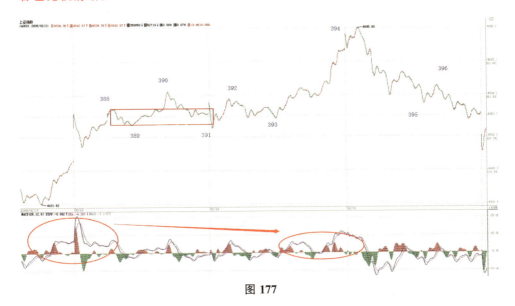

图 177

多头需要第一个进球，这进球，必须来自板块的启动。本 ID 一直强调的农业股，现在已经是整体走强，600737 更是无耻地又新高了。这板块能否带动化工等，逐步把热点蔓延，这是后面需要留意的。有时候火点起来了，蔓延不起来，那只好偃旗息鼓，等机会再来，这种事情也是经常发生的。

前面说了农业，环保新能源，化工，这都很好理解。至于消费消耗品类的，这其实是中国最大的优势，就是各种消耗品，例如：吃的，包括调味品等；用的，包括很多方面，例如汽车发展了，汽车的配件如轮胎、玻璃之类的，反正是整天要换要用的。中国什么多？就是人多，消耗多，这是永恒的题材。酒类，只是其中很小的部分。

扫地僧：人多，所以消费的东西也多，有消费就要有生产、流通，所以人口与国家的实力具有正相关，这也是为什么缠师曾说过人口级别是影响国运的一个重要因素。

中线真的突破时间，可能真要如前面所说，等到 3 月 "两会" 后了，所以一定要耐心。最主动的做法的，就是追逐最强势的板块；最稳健的做法，就是逢震荡低吸那些有中线潜力且刚启动的，如高送之类。

扫地僧：缠师是主张追逐强势板块的，但前提是你的短线技术水平够高。对

一般散户而言，最好还是采取稳健的做法，注意，即使是稳健的做法，也是要刚启动的品种，而不是还处于下跌趋势里的品种。

580989 现在是完全和大盘对冲着搞，中枢上的风险就开始加大了，当然，如果大盘破位，那会有一次冲动的过程，不过风险很大，一般人看看就算了。

2008 年 2 月 21 日

赚钱是靠个股而不是指数 （2008-02-21　15：18：25）

各位元宵节好，晚上过节，就没帖子了，抱歉。

今天，昨天的传闻被证实了，在现代社会，空穴来风的事情很少有，特别在资本市场。指数勉强地维持了 4575 点的中枢震荡，这 5 分钟中枢是确定了，后面的关键是第三类买卖点的问题。

扫地僧：浦发银行在当天发了一则澄清公告，否认了增发，但确认有再融资的计划。

由于大家伙都爱狮子大开口，所以大家只好避而远之，指数折腾不出花样，并不意味赚钱的机会少了，赚钱是靠个股而不是指数。在去年的展望中已经明确说过，今年是题材股的天下，而目前，正如昨天所说，就要到处点火，把板块激荡起来。

今天，从创投到化工、医药、新能源等，都被点了一次，这板块轮动是否能起来，现在还不好说，因为现在人为因素很大，但如果光是点火的人忙乎，最终是燎原不了的。燎原不了，那点火的人就白忙了。

指数，最悲惨的就是再砸一次底，但估计有题材的股票，最多就顺着洗洗，你看，现在又有不少股票新高了。和指数折腾没多大意思，还是折腾个股吧。

注意，个股折腾，要注意轮动，一个板块涨起来了，就没必要去追高，要买也买那些没启动但有新资金关照的。现在的行情，持续性都不高，势头不对就可以跑，跑了依然会有无数股票等着可以去买，现在可没有踏空一说。

当然，没这技术的，就抱死一些中线肯定会涨的股票，死守具体的板块。能轮动起来的，赚 500%，轮动不起来的，死守的，赚 50%，这世界很公平，技术很重要，没技术就别眼热了。

中枢的作用，在今天的 580989 上又一次经典了，看看远离中枢后回跌起来多刺激，和上次 0.976 那次比有些差，但还是有点经典的。

扫地僧：注意，昨天缠师说最主动的就搞最强势的板块，今天却提到一个板块涨起来了，就没必要去追高，看起来有点矛盾，其实还是隐含了一些前提：搞最强势的板块也不能搞最后的末期，而且是在有技术的前提下去搞，最好是搞那些刚启动的。今天这段话，主要是针对一般的散户而言，也就是昨天说的稳健的做法。尤其是在行情不好的时候，持续性不高，如果没有很好的技术，追强势板块就很容易被套。

580989 当天出现了一个 30 分钟级别的盘整背驰，尾盘直接跳水。

图 178

大盘从高点下来，还没有形成 1 分钟的中枢，只走了两个向上的线段反弹。

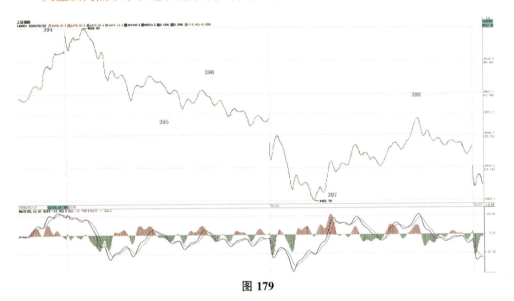

图 179

2008 年 2 月 22 日

下周初决定大盘中线形态 （2008-02-22 15：18：40）

今天继续延续 4695 点浦发闹剧所制造的线段类下跌，在 14：00 后最终出现一个类底背驰。该类下跌出现三个类中枢，类背驰后的回拉如理论所要求的最低幅度回到最后一个类中枢，也就是至少制造了一个 1 分钟中枢。最坏的情况，这中枢是一个新的 1 分钟下跌的第一个中枢；最好的情况，就是该 1 分钟中枢出现第三类买点，然后至少回到类下跌的第二个类中枢范围。因此，下周初该中枢的演化决定了大盘短线的形态。

扫地僧：当天刚刚形成从 4695 点下来的第一个 1 分钟中枢。

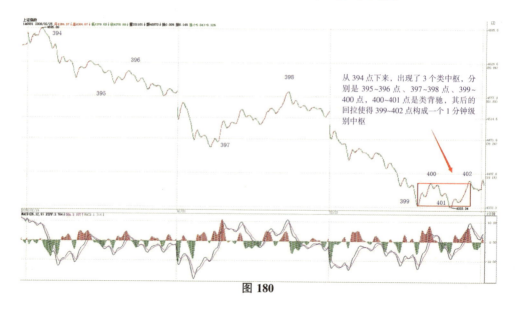

从 394 点下来，出现了 3 个类中枢，分别是 395~396 点、397~398 点、399~400 点，400~401 点是类背驰，其后的回拉使得 399~402 点构成一个 1 分钟级别中枢

图 180

而实际上，大盘下周初的走势还将决定大盘的中线形态。在前几天大盘 MACD 出红柱子时，已经说过，就是必须注意放几天红柱子后再次放绿柱子的情况，这样就对应着大盘再次破底形成头肩底形态。那么，下周，是否要出现这种情况，马上就要分晓。由于今天依然红柱子，因此还存在不出现绿柱子，红柱子再次伸长的情况，而这一切都将在下周有分晓。

以下的内容，在前面已经多次提过，这里不妨用单纯对 MACD 柱子可以面临的情况进行最完全的分类再表述一次：

（1）再次绿柱子后比前一次更长，面积更大，这对应着原来从 6124 点下来的

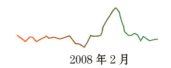

2008 年 2 月

30 分钟级别下跌不能形成背驰，那么大盘最终的下跌空间完全可以合理地到达 2500 点，这也是我们所说以 4300 点为中轴的 1800 点震荡区间范围内的。

评论：这种情况，在技术上是合理的，但根据大的基本面情况，暂时看不到支持这种走势的可能，当然，就算这走势真的出现，也没什么大不了的，反正在真正破位下跌时，根据技术早走了，真有这样的下跌，等于一次巨大无比的机会在前面招手，那时候，又可以到砸锅卖铁买股票的时候了。

注意，基本面上其实还是完全存在这种可能性的，就是美国再次 1987 年，本 ID 已经多次表达希望看到这种情况的意愿，可惜这不是本 ID 所能决定的，那么我们就默默念多点咒语，把 1987 年给咒出来吧。

扫地僧：第一个分类是预计这次下跌也会以暴跌的形式，使得 30 分钟上的盘整背驰被破坏。但实际上是阴跌的方式下去的，而且基本面上确实出现了次贷危机这种 1987 年股灾的情况。

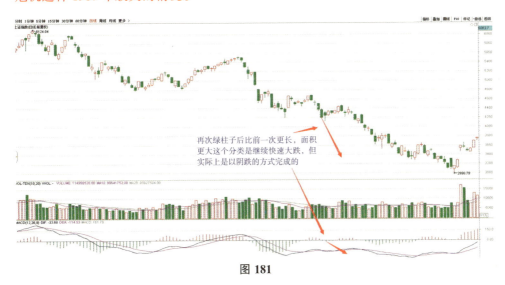

再次绿柱子后比前一次更长，面积更大这个分类是继续快速大跌，但实际上是以阴跌的方式完成的

图 181

（2）绿柱子再出现但比前一次短且面积小，对应着 6124 点下来的 30 分钟下跌背驰，也就是最终结束。然后展开一轮 30 分钟级别的向上过程。

评论：这是从目前基本面角度最合理的走势，本 ID 反复强调，真的行情可能要等到 3 月份"两会"后，主要就是针对这种走势的，从月线的角度，底分型并没有出现，也就是说，2 月、3 月在月线上的任务，就是把月线的底分型给弄出来，一旦这成功了，就有支持行情展开的最基本技术基础。

扫地僧：绿柱子确实比前一次短而且面积小，但只有一个小级别反弹后又继

153

续下跌，向上的 30 分钟走势最终没走出来。主要原因也是基本面发生了变化，恶意圈钱的现象频繁出现。

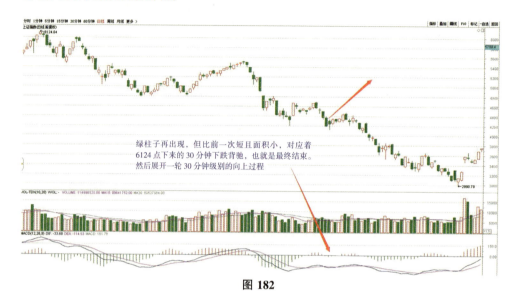

绿柱子再出现，但比前一次短且面积小，对应着 6124 点下来的 30 分钟下跌背驰，也就是最终结束。然后展开一轮 30 分钟级别的向上过程

图 182

（3）不再出现绿柱子，红柱子再次延长，大盘直接上去。

评论：由于上次 4195 点对应的是一个 30 分钟中枢的盘整背驰，从纯技术的角度，这也可以构成底部，因为 a+A+b+B+c 里，c 并不一定要存在的，可以直接从 B 就向上反转，这就对应着盘整背驰点的情况。不过，这种情况，一般都需要基本面的支持。这次，能上来，主要是新基金的发行，但后面一系列的圈钱闹剧，使得新基金的发行基本面支持有所动摇，所以，这种情况，作为一种良好的愿望，还是可以努力去实践的，但这样直接上去，只有一种后果，就是上升的空间会被压制。从纯技术的角度，一旦一个 30 分钟的直接上冲不能制造有效的突破，那么甚至可能形成一个日下跌的第一个中枢，这反而问题大了。

扫地僧：由于第二天就出现了绿柱子，所以这种情况第二天就宣告不可能了，不过这段话倒是提到了一个实战技巧：当没有小 C 这背驰段而直接从 B 反转时，一般需要基本面的支撑。

当然，（2）、（3）两种情况，都依然存在选择的可能，最终怎么选择，那是大盘自己的事情，我们只需要等大盘自己去选择，然后根据选择操作就可以。

操作上，已经多次反复说过，震荡中，就是要逢向上无力就抛，下来跌不动了再买，这样才是真正操作的节奏，如果你没有这个节奏，那干脆就坐小板凳看着。

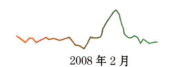

对于大盘大的走势，去年展望中曾说过，大盘有很大可能今年创不了新高。从纯技术的角度，无论最后是哪种选择，30 分钟的向上最大可能就是形成大的第二类卖点，6124 点是第一类卖点，后面至少要回杀形成一个大的日中枢，所以，今年行情的困难程度，去年底已经说得很明确了，还是那句话，今年结束时，大多数股票的年 K 线都将是阴线，这点必须时刻记住。

所以，各位可以根据自己的情况，决定自己的操作：①如果觉得自己无法应付日以下级别的折腾，那么全年坐小板凳也是一个很好的选择。②觉得 30 分钟的走势还是可以应付的，就好好等待这 30 分钟向上机会的酝酿、展开，但一定要记住，现在在犯点错误问题都不大，但一旦最终这向上开始后，最终一定要在顶背驰时出来，第二类卖点不走，后面是什么结果，看看昨天的 580989 在 14：00 多 0.76 上那第二类卖点后，收盘在 0.64 就知道了。当然，第二类卖点大幅度调整后会有再次上涨的机会，但如果这调整不躲开，其痛苦程度可不是一般人能承受的。

扫地僧：尤其是权证这种衍生品，波动非常大，一个小级别二卖后，直接跳水，跌幅接近 20%。

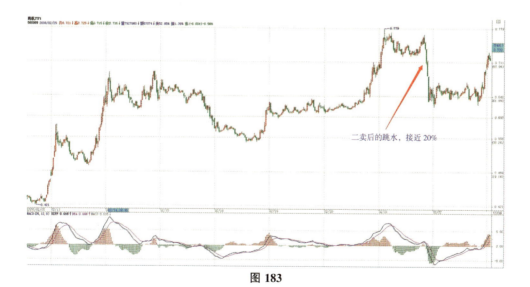

二卖后的跳水，接近 20%

图 183

个股方面，已经反复说过，今年除非有期货，否则大盘股都没什么大戏，而期货是本 ID 所深恶痛绝的，本 ID 今年的三大任务之一，就是不想看到期货。今年就是题材股的天下，这已经说得太多了。诸如农业、创投、化工、医药、消费品、奥运、低价股投机股甚至军工等都会反复表现的，而且，最近公布了重组的

事情，因此，关于重组的题材将慢慢升温，重组题材的好处，就是熊市也可以炒得热火朝天，这是一个值得关注的方向。

一定要注意，今年行情，就算是个股也不可能像以前单边上去，肯定是反复震荡，来回折腾，除非那 30 分钟的向上过程最终展开，否则那种连续涨停，一去不回头的走势是很难出现的，操作上一定要见好就收，大力来回折腾，这样才能把利润洗出来。

扫地僧：实战经验，当指数不是单边行情时，个股也不可能单边上去，肯定是反复震荡，来回折腾。

某种程度上，今年炒股票是一个体力活，要来回跑动，要特别勤快才行，这点必须注意。周末，还是少点股票吧。

2008 年 2 月 25 日

缠中说禅　2008-02-25　15：23：55

今天的走势，给那些政策迷好好上了一课，政策从来不是万能的，任何政策不过是市场的分力之一，最终决定市场的是合力。而所有的合力都写在走势之上，所以，今天的市场，如期地就把上周所分析的第三种走势给废掉了，后面，就是第二种走势的演化问题了，这也是我们反复强调的最有可能的走势。

注意，卖出总在向上的过程中，也就是总在红柱子时。在上次刚出红柱子时，本 ID 已经明确说过了，一旦上冲没力，一定要先走，因此在 4695 点就算你没看出那 5 分钟的盘整背驰，里面还包括一个 1 分钟盘整背驰的区间套，那么，浦发的消息也已经足以让你走人了。至于那些还要问绿柱子出来再走是不是太晚的人，永远不会懂得什么叫节奏。不懂得节奏，那就继续被市场调戏吧。

今天的短线走势是超级教科书的，一开始就跌破上周的 1 分钟中枢，那中枢，只能回到三个类中枢类下跌的最后一个，超级弱，因此跌破一点儿都不奇怪。然后早上那最大的反弹构成第三类卖点，然后继续下跌，下午那波反弹完成第二个 1 分钟中枢的构造，所以，4695 点下来的走势，肯定至少是 1 分钟级别的下跌了。

扫地僧：超级弱，指的是 399~402 点，402 点只能回到 399~400 点这个从 394 点下来的最后一个类中枢内，这就是最弱的表现。见图 184。

短线的机会，在这个 1 分钟下跌背驰后构成 5 分钟中枢的那个反弹，当然，这反弹有多大力度，就看其后的基本面情况了。最坏的情况，这反弹就在今天所构成的 1 分钟中枢范围内结束，然后构成 5 分钟下跌的第一个中枢，一旦出现这

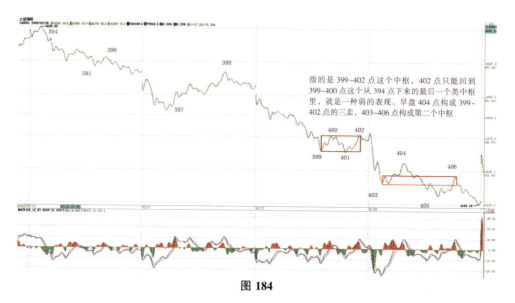

指的是 399~402 点这个中枢，402 点只能回到 399~400 点这从 394 点下来的最后一个类中枢里，就是一种弱的表现。早盘 404 点构成 399~402 点的三卖，403~406 点构成第二个中枢

图 184

种情况，后面的下跌还要猛烈。

扫地僧：因为已经有两个 1 分钟中枢了，所以最近的一个机会就是该 1 分钟中枢的趋势背驰后的反弹，最弱的情况就是这个反弹只回到 403~406 点这第二个 1 分钟中枢内，形成 5 分钟中枢后继续下跌，一旦出现最弱的情况，后面的下跌一般还会更猛烈。

当然，现在各种因素交织着，政策面方面经过今天很没面子的一天，是否有新的动作，这是决定最终形态的一个很重要的因数。其实，现在最大的利好不是印花税，而是把乱增发给规范，这才是稳定人心的立竿见影之举。现在就算印花税出来，请问，减少的印花税难道都马上给平安之流上供去吗？

现在，要密切注意个股了，赚钱是靠个股不是指数，看好那些趁机洗盘，强力吸纳的股票，技术上最安全的，就是离前期高位有一定距离，最近强力站稳而成交量一直保持一定数量的股票，因为新高的股票怕多头陷阱。而这种在下面横着的股票，有明显的吸纳迹象，就算补跌，也就是洗盘而已，正好继续买。当然，真能站稳新高的股票，只要前期没有暴炒过的，都是有投机价值的。

扫地僧：按照缠师的标准，随便找了两只当时处于拉升前夕的个股，可以看到其形态都符合缠师的标准。见图 185、图 186。

但一定要注意，底部不是一天构成的，必然会来回折腾，因此，操作上一定要把握节奏，在底部震荡中就把成本降下来，一旦行情真启动，个股刚开始涨，你的成本已经低了 30%，这样不是最美妙的事情吗？

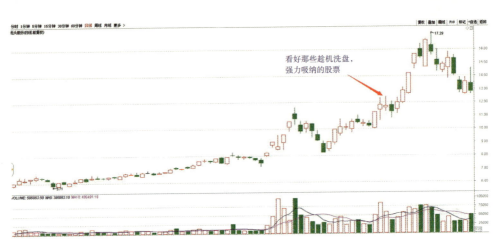

看好那些趁机洗盘，
强力吸纳的股票

图 185

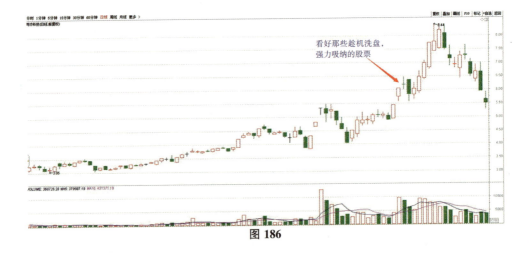

看好那些趁机洗盘，
强力吸纳的股票

图 186

2008 年 2 月 26 日

缠中说禅　2008-02-26　15：14：39

　　当然，从超短线的角度，昨天已明确指出 1 分钟底背驰出现后的机会。今天的走势，简直是超级教科书般，下午一开盘的第三类卖点，然后再破底，在 14：30 形成最后的底背驰，如此教科书的走势，如果都不能看明白并操作，那么唯一的办法就是继续读书。

　　扫地僧：这个教科书式的背驰，其背驰段是经典的 C1C2C3 式的，也就是包含第三类买卖点的背驰段。

158

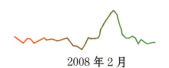

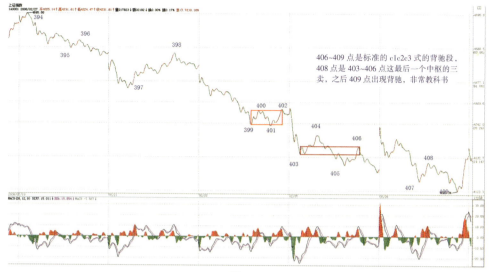

406~409 点是标准的 c1c2c3 式的背驰段，408 点是 403~406 点这最后一个中枢的三卖，之后 409 点出现背驰，非常教科书

图 187

由于 1 分钟背驰后，最低的回升幅度就是回到最后一个中枢里，所以，明天的关键是这升幅能否扩大。日线上，今天已经有底分型的雏形，明天只要不破底并比今天最高位高，底分型就成立，后面就是是否延伸为笔的问题，所以，技术上已经初步具备上冲的形态。

但是，目前最大的问题是，政策上需要真正的干货，而不是一些掺水的玩意儿。如果政策不能给予足够的真正支持，那么，就算上去，也就是继续保持大的震荡而已。

操作上还是那句话，以震荡的思路去操作，一旦上冲没力就先出来。个股上，前面提到的个股都会有所表现的，但现在的问题还是，如果没有真正的政策面支持，持续的行情的展开就有困难，而个股也只能进行线段式的震荡表现。

2008 年 2 月 27 日

4391 点决定短线走势 （2008-02-27　15：19：36）

昨天说了，今天不创新低且冲上 4331 点就构成底分型，今天的走势也很争气地达到了最基本的目标。但是，站在严格的意义上，这不是最强的走势，因为整个底分型的上边沿在 4391 点，也就是前天的高点，最强的走势就是今天直接攻上这点上。

因为，底分型成立并不意味着上攻走势必然延伸为笔，关键是要站住整个底分型的上边沿，这才是技术上的关键，前面 4818 点、4672 点之所以不能延伸为笔，就是这个原因，因此，4391 点成为短线最关键的位置。

扫地僧：

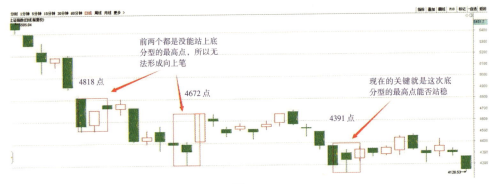

图 188

由于大盘选择了我们认为最有可能的第二种中线走势（第一种还不能完全排除），因此 MACD 的进一步变化就可以勾画出大盘中线的可能变化：

（1）由于今天 MACD 的绿柱子开始收短，因此，最好的情况，就是再次放红并创出比上次更大的红柱子，这样，MACD 的黄白线至少要回到 0 轴附近。

注意，所有真正行情的展开，都必要需要 MACD 的黄白线回到 0 轴，一旦站住 0 轴，行情就会展开。这是最好的走势。

扫地僧：实战经验：所有真正行情的展开，都需要 MACD 的黄白线能够回到 0 轴，一旦站住 0 轴，行情就会展开。

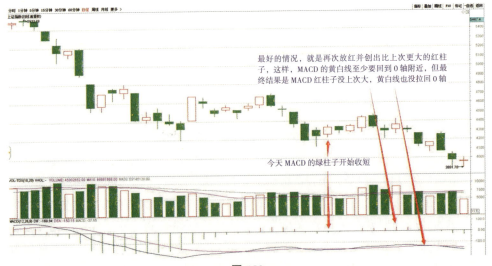

图 189

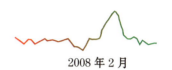

（2）绿柱子再次放长或放点红后再放绿柱子。

这种情况对应着继续的底部震荡。

目前，大盘中线的颈线位置在 4700 点上下，可以给各位一个最明确的技术图像，如果能在 MACD 黄白线回到 0 轴同时大盘回到颈线，最后站住，那么突破就不可避免。当然，要完成这技术图像，还需要多方面的配合。而操作上，没必要被这干扰，只要颈线不有效突破，就可以继续按 30 分钟震荡去操作。

扫地僧：图 190 描述了这个剧本。

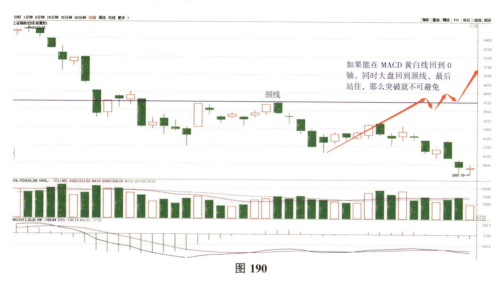

图 190

注意，之所以用 MACD 来描述，主要是这个指标谁都能看见，而且直观，并不是说 MACD 有什么特殊的地方，如果你对本 ID 的理论有所把握，这一切都完全没必要的。

本 ID 前天明确告诉有 1 分钟底背驰，昨天一个教科书般的走势，如果都不能把握，那你就面临两种选择：①你不需要再来这里了，等你被市场再戏弄 N 次后再说吧；②抓紧学习，这是最基本的技能，连这都不能把握，不学习不继续锻炼哪里有更好的办法？

那么，昨天按理论进入的人，今天的操作，在 100 那课程里其实也早说了。因为这后面无非面对两种情况：①1 分钟回升构成 5 分钟的第三类卖点；②1 分钟回升不构成 5 分钟的第三类卖点。无论哪种情况，都对应一个 1 分钟的走势类型，现在唯一需要市场去确认的，是这类型是盘整还是上涨。

扫地僧：这个 5 分钟三卖是针对这次 1 分钟下跌之前的那个 5 分钟中枢。

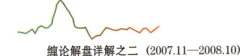

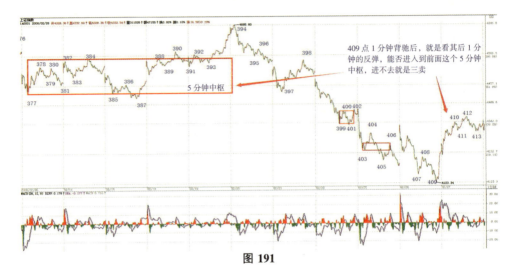

图 191

今天的走势，在 4331 点上下形成第一个 1 分钟的中枢，因此，后面的走势，就是这中枢的演化，一旦这中枢能形成第三类买点，那么，构成上涨并重新回到原来 5 分钟震荡的概率就极大了。

操作上，就很简单，你根本不需要慌忙抛出，因为你可以根据这中枢的演化再做决定。当然，如果你的胆子特小，那最稳健的做法，就是今天下午开盘后那线段类背驰先抛出一半。为什么？因为线段类背驰后必然形成 1 分钟中枢，这表明你不想全仓参加这 1 分钟的震荡，等其后走势确认再说。

扫地僧：稳健的做法是在将形成中枢时出一半，不全仓参与中枢震荡。

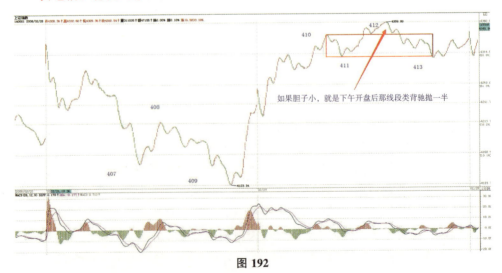

图 192

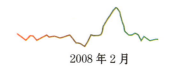

当然，对于一般心态好的，其实没必要如此，1分钟的震荡你都受不了，那还怎么搞股票。不过，对于操作水平有一定的，其实也可以利用那线段的类背驰，进行换股操作，这是效率最高的玩法，不过这对水平要求更高，并不是每个人都可以达到的。

本 ID 的理论给予的操作指示都是最明确、最精确的，没有任何含糊的地方，关键是你的心态和能力，有什么的心态和能力就参与什么活动。但前提是，基本的操作和分析，你必须要彻底明白。

个股还是那句话，让板块轮动起来才是王道，否则，大盘的动力将出现大的问题。

2008 年 2 月 28 日

穷疯浦发让大盘再陷彷徨　（2008-02-28　15：12：30）

昨天已经说了，这两天本来是大盘短线很关键的时间，也就是 MACD 红柱子能否再度出现的时间，这时候任何风吹草动都会让脆弱大盘受到惊吓。

今天，曾经在 4672 点扼杀大盘底分型延伸为笔的浦发又疯狂出招，这次的招数是横着来了，就说自己的资本充足率已经快到红线，现在就是穷疯了，400亿元不行那 300 亿元也可以，总之没钱就不行。这种强暴的逻辑，怎能不让大盘再度彷徨？

虽然，在技术上大盘顽强地没有出现昨天所说 1 分钟震荡的第三类卖点，依然保持了中枢震荡的局面，但这种变化，必然让市场心理再次出现波折。

今天支持大盘没走出真正下跌的，无非是关于印花税将要修改的传闻，因此，今后几天，市场心理将在这种传闻与圈钱压力下挣扎。

技术上，4391 点没站住之前，大盘依然存在再度探底的潜在压力，至于这压力是因为传闻没兑现还是其他原因，这并不重要。

前面早说了，现在出印花税修改，其效力将大大减弱，因为现在最大的问题是，"圈钱"的压力已经远远大于印花税的减少，现在最大的问题是，万一印花税出来，最终又是一日行情，那么市场的信心将最终彻底崩溃。

操作上，依然按照震荡的原则，上冲无力减，下来震荡依旧再回补。

不过今天大盘上还是有亮点，就是个股行情有所升温，这趋势能否延续，决定大盘信心的修复能否实现。

扫地僧：当天开盘后受到浦发银行的消息影响，向下离开了上方的 1 分钟中枢，但其后的回抽又回到了中枢内，最终没有出现第三类卖点。

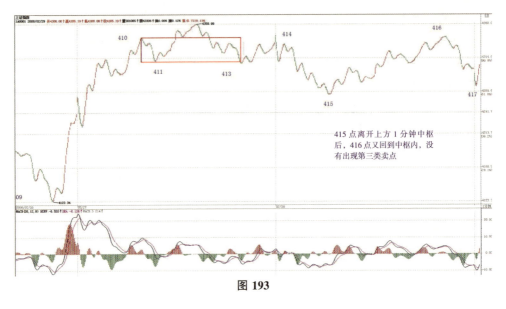

415点离开上方1分钟中枢
后，416点又回到中枢内，没
有出现第三类卖点

图 193

2008 年 2 月 29 日

大盘已具备上攻的所有技术条件 （2008-02-29 15：18：56）

今天，MACD 的红柱子终于再度出现，这是黄白线两次缠绕后的结果，所以在技术上特别值得重视。一般情况下，这种走势都将使得黄白线重新回到 0 轴附近，对应着大盘将有一轮上攻走势。但是，往往是这种情况下，最容易出现骗线，骗线不常出现，一般 10 次里可能也不到 1 次，不过这种可能性是存在的。

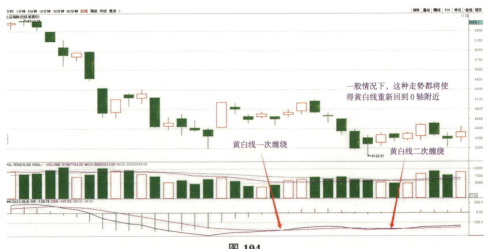

一般情况下，这种走势将使
得黄白线重新回到 0 轴附近

黄白线一次缠绕

黄白线二次缠绕

图 194

扫地僧：实战经验，一般黄白线的两次缠绕都将使得黄白线回到 0 轴附近，但也有 10% 左右的可能出骗线。见图 194。

大盘已具备上攻的所有技术条件，最近诸多板块也预热了几天，因此，如果基本面上没有突发性的消息，这大概率的可能性转化为实际走势是很自然的事情。可能的不稳定因素，无非几条：①外围市场突然大规模下跌；②又来一出新的平安、浦发的升级版闹剧；③一些传闻中的所谓利好被证明是空穴来风。

由于这些因素不是市场能完全控制的，因此，走一步算一步是最好的操作思路。如果按本 ID 的理论，那这一切都无须考虑，因为，4331 上下的震荡已经延伸为 5 分钟级别的，那么，就看这中枢的第三类买卖点就可以，其他都可以当成中枢震荡处理。

扫地僧：当天刚好把 1 分钟中枢扩展出 5 分钟级别的中枢了。

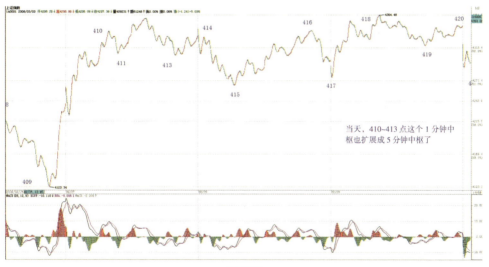

当天，410~413 点这个 1 分钟中枢也扩展成 5 分钟中枢了

图 195

上方的关键点位，前面也早说了，就是 4391 点，这点位必须有效突破并站稳，否则走势不能延伸为笔。

板块方面，还是前面说那几个：农业、化工、消耗品、环保新能源、军工、创投、奥运、重组等。如果黄金上 1000 美元，资源类的会短线爆发一次。高送的股票，因为大盘不配合，除权前没表现的，那么，表现可能就要到填权中了，例如这几天的 002202，就是一个典型例子。

扫地僧：实战经验：高送转的股票，如果除权前没表现，那么一般在填权后

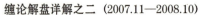

会有表现。

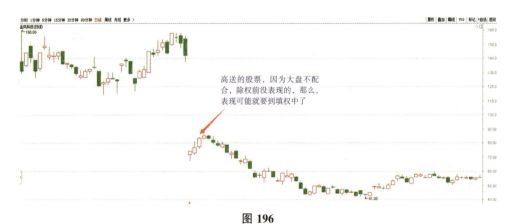

高送的股票，因为大盘不配合，除权前没表现的，那么，表现可能就要到填权中了

图 196

　　最近大盘多灾多难，往往要真动时，就突然冒点事出来，所有很多力量都被压抑了。但力量总要爆发的，就算这次再来一个突发的东西，不过为再下次的爆发积蓄能量，面包会有的。

2008 年 3 月

2008 年 3 月 3 日

站稳 4391，剑指 4695 点　（2008-03-03　15：22：53）

大盘今天终于按最通常的方式突破 4391 点，早上那本年度至今最衰股票中国平安并没有把大盘再次引向下跌，而外围股市的大跌走势也没产生大的影响，究其原因，是我们自己内部基本面有了一些更大的支持，抵消了相应的影响，使得大盘的突破终于如愿。

技术上，早上的回跌刚好形成 5 分钟中枢最后一次的一线段，这样，a+A 的走势的 a 可以完美地进行线段盘整的分解，而 A 刚好是 9 个线段的最基本形式。当然，由于真正的第三类买点并没有出现，所以，大盘依然有重新回到该中枢震荡的可能。

扫地僧：这里缠师将 5 分钟中枢的起点移位，使得中枢更清晰。

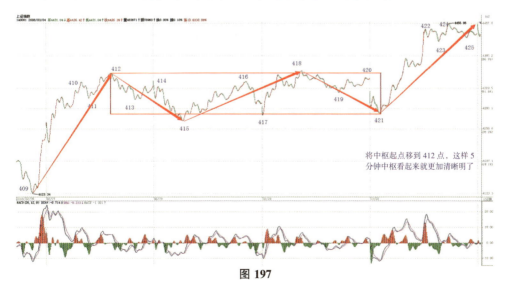

将中枢起点移到 412 点，这样 5 分钟中枢看起来就更加清晰明了

图 197

目前最大可能对应的基本面情况就是两个：①外围市场继续大幅度下跌；②那最衰股票周三继续顶风作案，通过大规模增发计划。

所以，大盘能否最终站住 4391 点，在基本面上必须注意这两个因素。

由于今天已经突破 4391 点，那么在周线上，一个底分型已经出现，而这底分型要延伸为笔，必须有效突破 4695 点，这也是中线行情能否展开的最终关键。

技术上的描述在 N 天前已经给出，按最正常的情况，这 MACD 的再次红柱子将使得大盘重新回到 0 轴附近，这对应着对 4695 点的冲击，最终站住 0 轴，突破 4695 点并有效站住，将展开真正的行情。

当然，这一切能否最终实现，需要这段时间基本面的配合，只要基本面没有重大变化，这一切都将按部就班去实现。

扫地僧：这个剧本缠师也是满怀期待，但最终还是没能实现。

图 198

个股方面，本 ID 已经把该说的都说了。你看看本 ID 的那些股票，600737 就不说了，化工股里的 600078、600319；农业股 000998、创投 600635 等都很无耻地创出 6124 点以来的新高，显然，只要行情继续延续，很决就有更多的新高，这就不用说了。

当然，你完全可以不搭理本 ID 的股票，你可以按本 ID 提示的板块去找，例如环保新能源，说过无数次了，现在的股票软件都会有相应的分类，在里面随便找找，都能找出不少好股票，你看今天这板块中有多少涨停的？

扫地僧：当天环保股里的菲达环保（600526）、龙净环保（600388）、远达环保（600292）、创业环保（600874）和中原环保（000544）都涨停了。

这世界，就算有面包，也要自己去吃。如果连自己去吃都懒，要人喂着吃，这种人不被市场所消灭，那真是怪事了。

2008 年 3 月 4 日

增发再成行情杀手 （2008-03-04 15：18：09）

昨天说了，大盘由于没有出现真正的第三类买点，技术依然可以跌回原来4331 点中枢，基本面上的相应配合就是平安通过增发。不过，今天一开始的消息面，已经等不到明天平安的开会了，深发展的增发传闻使得大盘立刻转折向下，一举实现再回原来中枢的壮举。

扫地僧：在关键时刻，基本面、消息面的分力也对走势有重要的影响。

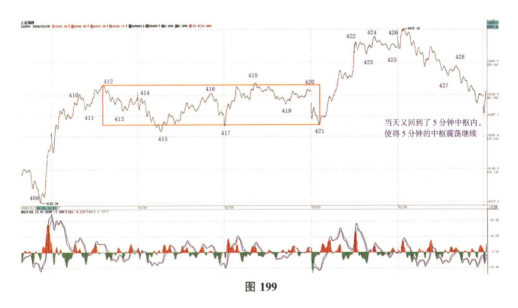

图 199

看来，金融股都是穷疯的一群，从平安到浦发，已经 N 次把行情给搞砸了。这些引进所谓国外战略投资者的玩意儿，都喜欢成为行情"杀手"，在最关键的时候来一下。浦发没补下跌缺口又再次探底，这市场的态度已经很明确了。

显然，现在最大的变数依然是明天平安的会，但按现在的情况，通过的可能性极大，这样对大盘的冲击有多大，大概不难估计。

现在的大盘，典型的冰火两重天，本 ID 一直强调的题材股，一直热火朝天，但这些垃圾金融股整天捣乱，确实让人讨厌。而这些垃圾金融股又老高的，又要

抢钱，谁都没兴趣接他们的盘，但这些玩意儿又带指数，所以，就只能继续冰火两重天了。

当然，最干脆的做法，就是把金融股全砸死算了，砸一个惊天动地的，把本ID一直强调的关于增发的新规则给砸出来。让里面出逃的资金都团结到题材股的大旗下来，只要个股，不要指数，指数自己一边玩去。

所以，现在还在金融股里挣扎的，就早投降早解脱，看看题材股，大盘跌那么多，已经走出多大的行情？

当然，等所有人都投降了，这金融股又可以成为新的攻击对象了，8228，一样的游戏。

现在的操作很简单，如果你一直在题材股里混的，其实大盘的每次下跌都是洗盘，等大盘开始回头，题材股就又再次新高，反复折腾，如此而已。所以，就算大盘再次探底，不过给了又一次回补买入的机会。

扫地僧：一点实战经验，当处于题材股行情时，大盘的每次下跌对题材股来说都是洗盘，等大盘开始回头，题材股就会新高。

今天提一个口号：7、8元是金，12、13元是银，20元以上都是垃圾。你看本ID说的那些股票，说的基本都是10元以下的，600737现在30多元了，说的时候是8元，600635现在20几元，还送了股，说的时候是送股前的5元，这在那30只股票里几乎都是，这就是一个很好的选股思路。

真正的大牛股，基本都是个位数起步的。所以，现在就是要去找那些个位数的明日之星。

不管平安能搞出点什么，大盘是否再被击毁一次，等待的都是机会，下跌就是爹，送钱来的。

扫地僧：实战经验，大牛股，基本都是从10元以下起步的，低价股永远是出大牛股的摇篮。

2008 年 3 月 5 日

选股首先要讲政治 （2008-03-05 15：16：02）

今天平安顶风作案成功都在预料之中，不过尚先生关于将严查巨额融资的表态，暂时抵消了平安闹剧的影响。由于平安方面肯定要粉饰太平，所以一定会对自己的股票进行护盘动作以争取管理层的通过，所以，平安的走势将逐步稳定甚至会对大盘短线产生支持。

技术上，一个标准的线段下跌类背驰后回到最后一个类中枢形成新的1分钟中枢，因此，该中枢的最终演化决定大盘短线走势。大点的角度，原来 4331 上下的 5 分钟震荡依然没有被破坏，因为第三类卖点没出现。

扫地僧：两天的下跌又是一个线段类背驰，然后当天反弹形成一个 1 分钟中枢，而且当天的反弹又弹回到了前面的 5 分钟中枢内，使得 5 分钟三卖没有出现。

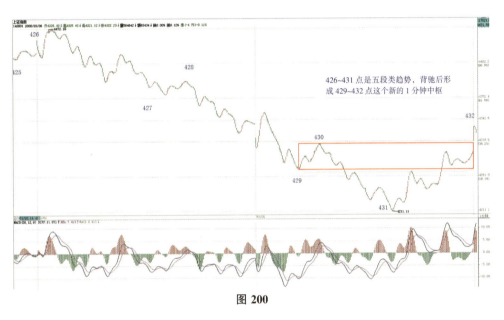

426~431 点是五段类趋势，背驰后形成 429~432 点这个新的 1 分钟中枢

图 200

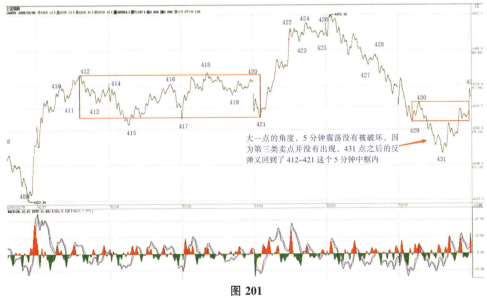

大一点的角度，5 分钟震荡没有被破坏，因为第三类卖点并没有出现，431 点之后的反弹又回到了 412~421 这个 5 分钟中枢内

图 201

今天最重要的是，MACD 的红柱子依然保持，所以，只要该中枢的震荡不被破坏，大盘逐步好转的机会还是极大的，毕竟平安的事情告一段落，但是，平安顶风，会有很坏的示范效应，所以，大盘可能还要不断受到类似消息的影响，最终解决问题，还是要靠管理层切实落实他们公开场合的承诺，严查巨额融资，而且一定要相应的法规保障。

虽然大盘不断反复，但本 ID 一直强调的农业、创投、化工、环保新能源、消耗品等等，都一直很无耻地走出强劲行情，今天依然新高不断。连那调味品这两天都可以连续涨停，为什么？因为本 ID 选股讲政治。

单独的个股行情，当然可以乱搞，但最终大资金，大的安排，对一个板块进行至少中线运作，如果不讲政治，那肯定有大麻烦。

你看本 ID 布局的那些板块，都是国家的经济发展的方向，今天的报告中，温先生都把创业板当成今天经济工作的重要任务，这是什么？这就是政治。至于农业，一年 5000 亿元的投入，环保新能源，经济发展的最重要方向，这一切都决定了这些板块的无限生命力。

来这里时间长的都知道本 ID 从来不买贵股票，因为本 ID 当然不可能给人抬轿子。而所有的大牛股，都是从低价开始的。本 ID 说 20 以上是垃圾，并不是说 20 元以上就没机会，但那些机会是第二、第三、第四中枢以后的机会，为什么在个位的时候不买？

现在，就是要介入那些新的中线未启动的股票，下一个中线大板块是什么？是医药。为什么？因为医疗改革将逐步进入启动，这是一个长期有效的题材，所以那些低价的医药股，将是极为值得关注的。

注意，一个板块的大资金布局不是一天就完成的，所以，你可以先关注，毕竟短线最有力的还是那些已经启动的板块。那么，如果要快赚钱，就要在那些已经启动的板块中找补涨的，一旦前期没怎么动的股票，有新资金介入，并且技术上要相应地买点，那当然就可以介入了。

扫地僧：要赚快钱，就必须要抓热点板块，从已经启动的板块里找补涨的，尤其是前期没暴涨过，近期有明显资金介入，而且有技术上买卖点的股票。

目前，农业、创投都挖掘得差不多了，正在主升浪阶段。而化工、环保新能源等，热度还没有太猛，所以，可以寻找好的介入机会会相应多点。这一切，关键自己要去寻找，例如本 ID 前几天说调味品，就两只股票，你还选择不出来，那就没什么可说的了。

至于高送配，这属于短线题材，只要行情稳定启动，肯定要表现的，只不过是除权和填权的分别而已。

2008 年 3 月 6 日

缠中说禅　2008-03-06　15∶13∶00

技术上，原来 4331 点上下的 5 分钟中枢震荡依旧，但 4391 点依然不能站住，因此，这里的反复依旧如此。站住 4391 点才有攻击 4695 点的本钱，目前，这依然需要努力中。MACD 的红柱子依然保持，但回拉的力度相当有限，使得夭折的风险完全不能忽略。

所以，短线 4391 点依然是最重要的位置，这位置上冲没力都必然导致强力的回拉，这点是超短线操作必须注意的。

扫地僧：4391 点是日线底分型的高点，依然强调这底分型的高点要首先站稳，当天只是高点冲到 4391 点上方后但又迅速回落下来，依然是 5 分钟的中枢震荡。

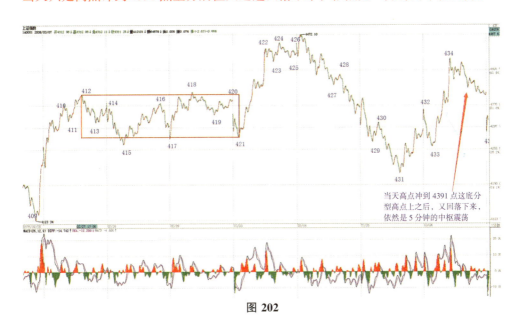

图 202

个股方面，虽然在平安带动下，指标股有所表现，但都力度有限，而且追高动力没有，暂时很难有持续性走势。从政府工作报告中，很明显地，指数期货并不是今年的工作重点，至于证监会的一厢情愿，这在去年年底他们企图抢闸推出时本 ID 已经给予痛斥。指数期货这种事情，哪里是一个小小的部级单位可以决定的？所以应该摆正自己的位置，别给市场制造错觉。

本 ID 的观点一直明确，今年希望见到三件事：①创业板推出；②印花税降低；③指数期货难产。从目前的形势看，完全实现的可能性依然极大。

今天涨幅上，依然是中低价股的天下，只是板块出现轮动，农业、创投等休息，奥运、消耗品中的造纸启动，这都是很正常的板块轮动。总之，还是要跟踪有潜力的板块，如果技术过关，可以参与其中的轮动；如果不行就算了。

注意，轮动操作一定是把热的冲高时抛，然后吸纳有启动迹象的潜力板块，而不是去追高，如果这个节奏把握不好，还是别操作了。

中线上，如果这次红柱子放大后不能有效站到 4695 点上，甚至连 4391 点都站不住，那么，大盘再次破位并不是什么天方夜谭。再次提醒，今年的操作，一定是折腾式的，不要想着单边不回头的操作。

扫地僧：实战经验：轮动操作是把过热的股票冲高卖掉，吸纳刚启动的，不追高。过热的就是整个板块都在高度亢奋，并且整体涨幅过大，而刚启动的只有板块龙头刚走出来，整体板块还没大涨。

2008 年 3 月 7 日

缠中说禅　2008-03-07　15：12：32

今天的大盘，勉强继续保持原来 4331 点上下 5 分钟的震荡，但所有股票都有了疲态，股票这东西都要有点连贯性的，经常被一些无聊的突发性事情干扰，那就不仅仅是审美疲劳的问题了。

扫地僧：股票要想走出一波行情，需要一个稳定的市场环境，通常说的"指数搭台，个股唱戏"就是指这个道理，不能总被利空消息袭击，使得指数连台子都搭不起来，那么个股的行情发展就会收到干扰，难以走出好的行情。

如果反复冲击 4391 点都不能站稳，每次刚上去就出些幺蛾子，那么，大盘再次探底就成为必然的选择。现在，给大盘的时间不多了，如果下周初还没有起色，那么再下探甚至破底都不是什么奇怪的事情，毕竟现在离 4123 点也就一步之遥。

扫地僧：就是因为 5 分钟的中枢震荡已经太久了，再震下去就要扩展成 30 分钟的了，迟迟不能突破上去，那么多头里必然有一部分叛变的，对大盘的压力就会加大。见图 203。

当然，无论大盘怎么走，暂时都可以看成是原来那大的 30 分钟的震荡。中线上，一个很切实的问题是，如果"两会"开过后还没有什么上去的动力从基本面角度给出？那么，一次狠跌的过程砸出大的空头陷阱可能就是一个很正常的选择了。

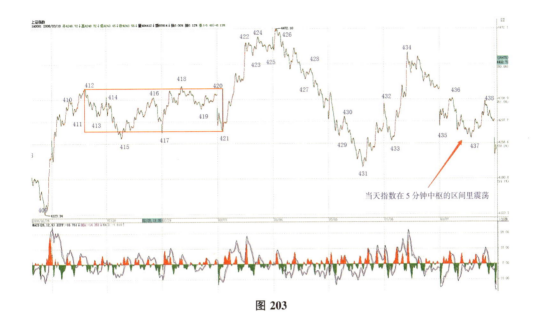

当天指数在 5 分钟中枢的区间里震荡

图 203

扫地僧：而中线上，基本面/政策面是决定中线方向的重要动力，"两会"过后，如果没有什么政策支持，那么这动力自然就不存在了。

大盘可能面临的最坏的情况就是，这里反复折腾不出结果，然后创业板出来，热钱都跑过去，这里变成一座围城，无聊地在几百点的空间上耗上 N 个月甚至一年。这种情况并不是不可想象的。

当然，现在给多头的时间还有，多头还有反击的机会，就算创新低，也不是世界末日。现在的问题是，如果一些根本性的问题不解决，就算盘住了，那么上涨的理由呢？难道上涨就为了给平安之流去表演？上涨的空间如何打开？这需要基本面的支持，而这基本面现在又在哪里？

2008 年 3 月 10 日

缠中说禅　2008-03-10　15：15：31

技术上，上周已经说了，本周初没东西出来，大盘破低并不是什么奇怪的事情。周五那 1 分钟中枢有极大的可能成为新的 1 分钟下跌的第一个中枢，今天早上那微弱的反弹构成该中枢的第三类卖点。

扫地僧：当日大盘破了 2 月 26 日的低点 4123 点，当天上午的一个微弱反弹刚好构成昨天形成的 1 分钟中枢的第三类卖点。

（扫码获取更多学习资料）

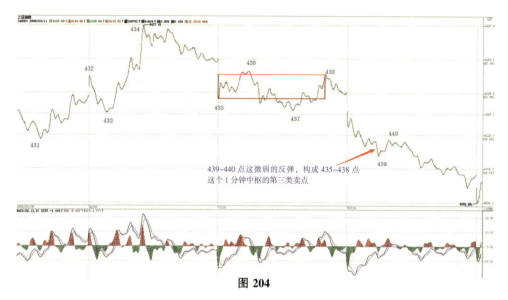

图 204

　　当然，由于资金大量从大盘股抽离，让那些自以为是的大盘股自己牛去，自己"圈钱"自己玩去，因此，反而成就了中小盘题材股行情的延伸，这中小盘股至少胃口没那么大，而且也更好在各层面上控制。大盘下跌，不过给这些股票一个洗盘或打压吸纳的机会。

　　鉴于目前这么滑稽的氛围，资金只能以更大的投机去获取更大的利润。大盘股的圈钱投机竟然如此堂而皇之，那么，大中小资金也可以这么玩，选择各自适合的投机品种，让市场继续分裂，让题材投机的风暴来得更猛烈，这只能是还想在场里折腾的资金唯一的选择。

　　今天，大跌，认购权证一反常态地暗潮涌动，就是这种新的投机行为一个很好的序幕。而今天，又有不少中低价股开始有新资金注入，借指数跌而潜伏进入，本来就是很正常的事情。

　　一句话，让"投机"来得更猛烈些。这种游戏当然不适合所有人，没这种投机细胞的，就小板凳看着，等基本面有根本改变再说。有的，当然睁大眼睛，发现一切可投机的机会，选择最适合自己的去投机，劫一票换一地。资金需要收益，资金很饿，总不能一季度没完就不干活吧。

　　请明白一个最简单的道理，现在那些所谓的黄金股、绩优股、高价股，不过也是从垃圾股的垃圾价起来的，上去了就摆阔"圈钱"？那就让它们都死去吧。能制造你们，难道就不能从现在的垃圾里搞出黄金来？

　　题材都是人造的，股票都是人炒的。没人，什么都白搭；有人，有什么不能创造？

2008 年 3 月 11 日

回补周线缺口引发反弹 （2008-03-11 15：22：15）

今天，所有人都盯着那被多空双方惦记了 N 个月的 4062 点上的周线缺口，结果，抢跑的不少，造成还差 1 点没补完。当然，对于短线来说，这并不特别重要。技术上，那 1 分钟的下跌也形成了，目前唯一需要确定的是，第二个中枢是直接第三类买点反弹上去，还是把 a+A+b+B+c 的 c 给走出来再标准背驰上去。

扫地僧：这是 2007 年 7 月 23 日留下的跳空缺口。

图 205

由于当天尾盘收上去了，站在了第二个 1 分钟中枢的上沿附近，所以是有可能出现第二个中枢的三买而反弹上去。

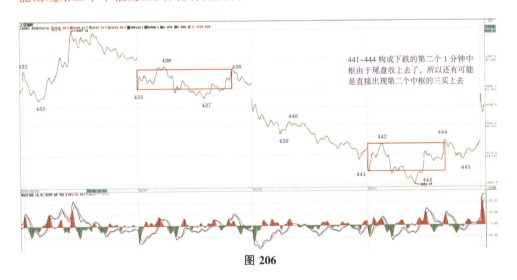

图 206

前面，已经有两个类似的低点，今天的低点，基本在前面两个低点的连线上。现在，大盘有初步的倾斜三角形的形态出现，但关键是这两个低点连线不能被破掉。

扫地僧：当时出现了向下倾斜的三角形，但最终还是跌破了。

今天的低点，基本在前面两个低点的连线上。现在，大盘有初步的倾斜三角形的形态出现，但关键是这两个低点的连线不能跌破

图 207

由于这次下跌只是 1 分钟级别的，对于原来的 30 分钟震荡并不能制造真正的破坏，所以，站在 6124 点下来的 30 分钟下跌角度，真正的背驰并没有出现。当然，盘整背驰也可以制造低点，然后在第三类买点地直接上去，但这需要后面的确认，在确认之前，震荡的格局是不会变的，也就是说，一旦上冲无力，唯一正确的选择，就是把今天抄底进入的退出。

扫地僧：因为是 1 分钟级别的离开，那么对于 30 分钟级别的中枢来讲，是次次级别的离开，不是次级别离开，而中枢的破坏必须是次级别离开次级别返回不进中枢的第三类买卖点的出现，所以这个 1 分钟的离开并不会对 30 分钟的震荡造成破坏。

后面，最坏的情况，当然是反弹后形成 5 分钟下跌的第一个中枢，然后继续跌破前两个底点的连线，最后形成真正的 30 分钟背驰（当然，如果美国 1987 年那种极端情况，背驰是不会有的。）

扫地僧：最后确实是反弹后形成 5 分钟下跌的第一个中枢，然后继续跌破前两个低点的连线，不同的是并没有形成真正的 30 分钟背驰。

最好的，就是继续 30 分钟的震荡。因此，对短线走势的大体格局，应该有一个清醒的技术把握。

个股方面，你看，一反弹，冲在前面的基本都是 10 元上下的所谓垃圾股票，以及前期强势的板块：创投、农业、军工、消耗品等。所以，市场的资金分布格局并没有变化，这种情况要维持相当长的时间。

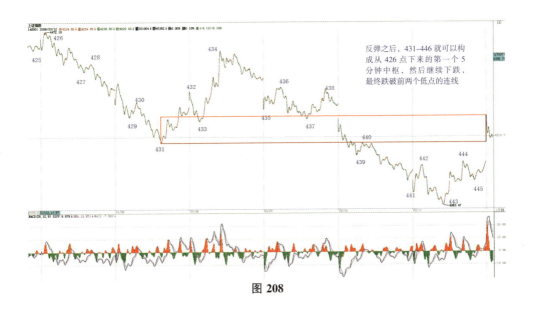

反弹之后，431-446 就可以构成从 426 点下来的第一个 5 分钟中枢，然后继续下跌，最终跌破前两个低点的连线

图 208

2008 年 3 月 12 日

缠中说禅　2008-03-12　15：20：52

至于技术上，昨天已经说得很清楚。今天的走势，并没有脱离昨天的那 1 分钟中枢，而这中枢后，是走 1 分钟的 c 段，然后构成 5 分钟中枢，还是直接就扩展成 5 分钟中枢，没有任何实质差异。

最大的问题就在于，如果这 5 分钟中枢是一个 5 分钟下跌的第一个中枢，后面面临的短线压力就极为巨大了。

当然，这是最坏的情况。而是否如此，让市场自己去选择。

扫地僧：笔者对缠师的这种分解持有不同态度，先看图 209。

图中，如果下跌是从 426 点开始，那么显然 431~446 肯定构成了 5 分钟级别的中枢，如果下跌只从 434 点开始，那么由于 446 点也高于了 437 点，所以 435~438 点这个中枢与 441~444 点这个中枢发生了扩张，5 分钟级别的中枢也可以形成，因此，此时 5 分钟中枢已经形成。关注微信公众号"扫地僧读缠札记"，回复"历史数据"可以获得大盘 1 分钟和 5 分钟的历史 K 线数据。

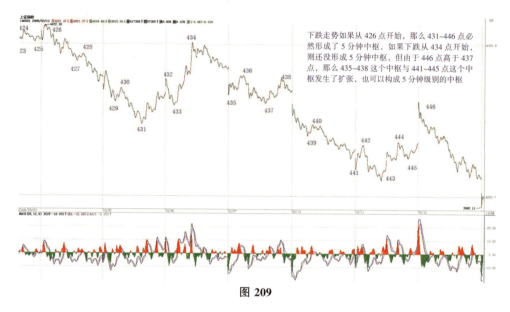

下跌走势如果从 426 点开始，那么 431~446 点必然形成了 5 分钟中枢，如果下跌从 434 点开始，则还没形成 5 分钟中枢，但由于 446 点高于 437 点，那么 435~438 这个中枢与 441~445 点这个中枢发生了扩张，也可以构成 5 分钟级别的中枢

图 209

2008 年 3 月 13 日

信心危机引发多杀多 （2008-03-13 15：18：28）

反复强调，现在已经是信心问题。信心危机下，今天引发多杀多，4000 点成了纸糊的。不过，下午关于 3G 的利好引发联通快速上涨冲击涨停，使得大盘不至于收得过分难看。

当然，这多杀多走势一旦出现，意味着短线的底部将逐步来临。不出现多杀多，底部是不会出现的，市场就是这么残酷。每一轮行情，甚至是反弹，都需要一些"断胳膊断腿"来垫背。

但是，现在的基本面极为微妙：①平安的事情没有结果，这是一个"大地雷"；②"两会"结束没有特别的东西，将引发新的信心动摇；③管理层以及经济面的现状，使得大资金不敢真正介入。

所以，短线反弹会有的，中线真正的企稳，还需要诸多的配合。

现在，也有些股票有新资金介入，例如那些新股，离发行价不远的，都有新资金开始关照；此外，3G 题材能否成为新的热点，这对大盘短线有一定意义。

操作上，还是那个原则，进入后一看上冲困难就要坚决退出，不能恋战。至于没这技术的，本 ID 一直给出一个最好的选择，就是小板凳。

中线上，技术上最大的机会就是 6124 点下来 30 分钟下跌结束后的那次强力反弹，但由于基本面的诸多乱象，这最终的结束的方式可能会比较复杂。目前，最后一个 5 分钟下跌依然没有形成，都是 1 分钟级别的。这在技术上意味着：①暂时只能形成 30 分钟的盘整背驰；②后面还有更大的下跌是以这 5 分钟级别为形式的。

至于选择哪种情况，让市场自己去选择。

扫地僧：此时缠师依然认为最后这段下跌依然是 1 分钟走势，如果下跌从 434 点开始，且不考虑扩张，那么是一个 1 分钟下跌趋势，而且当天形成第三个中枢，那么问题的根源就在于下跌是从 426 点开始还是从 434 点开始。

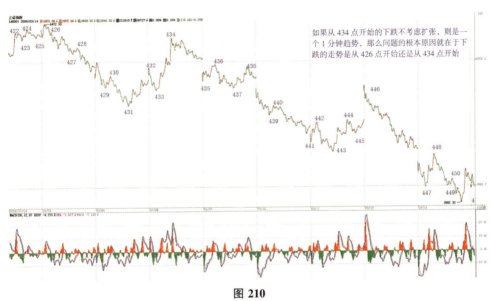

如果从 434 点开始的下跌不考虑扩张，则是一个 1 分钟趋势，那么问题的根本原因就在于下跌的走势是从 426 点开始还是从 434 点开始

图 210

2008 年 3 月 14 日

缠中说禅　2008-03-14　15：12：11

技术上，现在在 4000 点下又搞出一个 1 分钟中枢，也就是这次 1 分钟的下跌已经有 3 个中枢了，一般来说，这意味着短线的反弹随时会出现，但这反弹若只能在 4000 点上下形成一个 5 分钟中枢，那么，后面一旦演化成 5 分钟下跌的第一个中枢，其压力可想而知。至于这个 1 分钟下跌结束制造的反弹是背驰还是盘整背驰产生的，本质上没多大差别。

下周，"两会"结束，这又是一个考验信心的时刻。如果没有什么特别的消息，那么，那些还傻乎乎希望"两会"有点什么的人，又要信心动摇了。现在，一个很大的问题，如果市场格局还是这样，那么每次反弹只会让信心丧失者不断出逃。

扫地僧：缠师认为 434 点下来依然是 1 分钟趋势，当天是处于第三个 1 分钟

中枢的震荡。

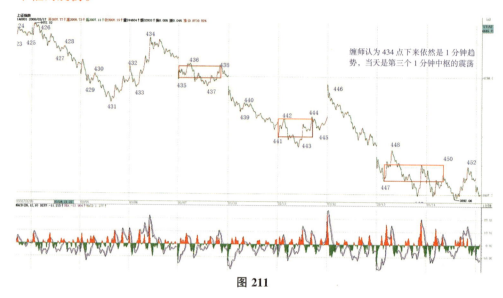

缠师认为 434 点下来依然是 1 分钟趋势,当天是第三个 1 分钟中枢的震荡

图 211

2008 年 3 月 17 日

多杀多蔓延加速短期底部来临 (2008-03-17 15:17:29)

画饼救不了市场信心,同样拉中石油粉饰也不行,这顺理成章地导致多杀多蔓延,不过,这反而导致短期底部的加速来临。

今天,如前期所说,那些对会议还有冀望的人终于也杀出来了,当然,现在还缺一些死多头去献出"胳膊"和"腿",没有这些"胳膊"和"腿",大盘的反弹是不会有力度的。

现在,就纯粹探讨技术上的问题,不说那些已经反复说过的东西。看看下面 6124 点下来的 60 分钟图,大的走势就一目了然。这次下来,目前只走了 4 个线段,连一个 1 分钟的中枢都没形成,注意,这是 60 分钟图上的 1 分钟中枢。

扫地僧:注意,这里缠师想表达的是在 60 分钟图上,由三段重合构成的中枢,由于以前在 1 分钟图里,三段重合的中枢是 1 分钟中枢,所以这里提到的是 60 分钟图上的 1 分钟中枢,而并非真正意义上的 1 分钟中枢。见图 212。

显然,一个标准的跌法,就是这第 5 线段中,有 1 笔对 3 进行反抽,形成一个类的第三类卖点,然后再破底,一旦当下满足区间套,那么真正的底部就可以精准定位。

不过,现在这对 3 的反抽笔还没有出现。因此,下面的反弹的性质,就是对

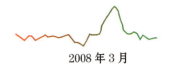

图 212

3 的反抽，如果形成类第三类卖点，那么是最好的；如果又上去了，那么证明 3、4 这个类中枢的震荡依旧，后面还要折腾。

所以，我们说的短线反弹在技术上是超级明确的。各位看，4 的位置对应的 MACD 刚好在 0 轴，也就是被这压住上不去，然后再次破位，这是很标准的走势。

扫地僧：以 60 分图上对 3 的反抽笔作为短线反弹的技术依据，笔者认为有点牵强，技术上，不如看 1 分钟图，这个下跌趋势目前正在离开第三个中枢，而这趋势迟早结束，从而引发一个 1 分钟反弹，这个理由更有说服力一些。

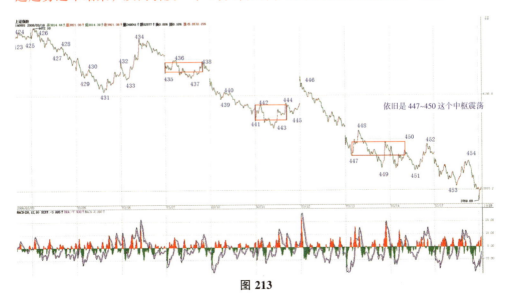

图 213

　　一般来说，看粗略的大趋势，可以用大图，例如中石油，看日线图，48下来连一个线段都没走完。现在，很有机会走这线段的第四笔。

　　扫地僧：中石油日线上，如果严格按照笔的划分，其实只有一笔，但缠师认为已经有了三笔，即将出第四笔，在大级别图里，对笔的定义没必要那么严格了，因为精度已经比较低了，此时严格分笔的意义不大。

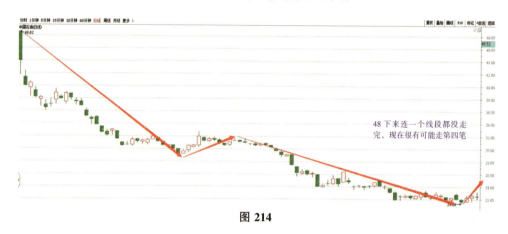

48下来连一个线段都没走完，现在很有可能走第四笔

图 214

　　所以，对这个反弹，我们就有了一个很明确的把握了。具体的，可以针对具体个股去操作。不过这反弹点的更具体的定位，必须结合小图来继续寻找，大图只是给一个大概的轮廓。

　　明天的新闻发布会很可能是引起震荡的一个时间，如果期间没有什么值得关注的东西，震荡后继续会有新一批人杀出，等这批人也杀出来了，这盘就有点意思了。

　　现在，市场需要的是更多的"断胳膊断腿"，即使基本面不会有任何东西，也可以技术地折腾一把，但要技术地折腾，那就还需要更多的"断胳膊断腿"。

　　再说得明确点，如果基本面没有干货，那么反弹都只能是技术性的，这需要更充分的杀跌才有反弹的空间；所以，现在的市场选择前提很明确，就是有干货还是没干货。

　　扫地僧：实战经验，没有基本面做支撑的反弹只能是技术性的，那需要更充分的杀跌才有反弹空间。

2008 年 3 月 18 日

今天尾盘开始买入股票　（2008-03-18　15：16：32）

　　很多人好像很想知道本 ID 的操作，今天可以公开宣告，今天尾盘，本 ID 开始买入股票。

每天的走势，其实本 ID 都描述得很清楚，例如昨天已经说得很清楚，今天将有对记者会绝望的再杀出来，而记者会期间是一个震荡，这都在今天的走势中很明确地反映了，看看记者会后那杀跌，难道不是吗？

本 ID 就等这批人杀出来了，这批人杀出来后，所有有幻想的人的幻想都破灭了，这时候，如昨天所说，这大盘就开始有意思了。

所以，本 ID 今天尾盘开始买入、回补第一批股票。

扫地僧：当天并没有出现趋势背驰的买点，相反，当时还没有背驰出现，缠师买股票的主要理由是有杀跌盘出现了，有人杀跌、割肉，那么技术上就给反弹打开了空间，这就是昨天解盘里提到的经验。

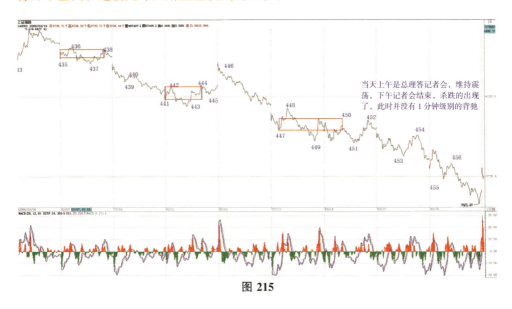

图 215

但，这个杀跌过程，很有可能会演化出极端非理性的情况，所以，资金大的，可以用分批建仓，震荡操作的方法。也就是，有足够的底仓后，保持这部分仓位不动，其他资金震荡操作，把建仓成本降低下来。

对于小资金，你可以根据技术图表找到更精确的买点。但大资金是做不到的，而现在，对于大资金来说，从今天尾盘最低点开始建仓，已经可以了。

扫地僧：由于大资金无法一下子买完，所以没法依据小级别的买卖点来操作，这也是为什么缠师在当天没有出现小级别买点的情况下也要买入股票的原因。

本 ID 多次说过，今年到处是井，井可能是坟墓，也可能是机会，关键看你

的水平，这次这井操作好了，收益少不了。本 ID 更反复说了，今年的操作是体力活，必须来回折腾，那种死拿股票的人等单边上涨的就等着去死吧。难道不知道本 ID 去年年底就告诉你，今年绝大多数股票都是年阴线或长上影吗？

如果你没来回折腾的本事，本 ID 一早给你最好的归宿，就是小板凳。如果你自以为自己的水平可以不小板凳，结果给市场戏弄得鼻青脸肿的，那么就好好去学习这成语：自知之明。

建仓的股票，依然是低价股，而且短期跌幅最好超过 40% 的，这是最好的玩弄对象了，好好去寻找。

好了，逐步进入可以开始干活时间段，有本事的就开始抄家伙，没本事的，就继续坐小板凳。

2008 年 3 月 19 日

3775 点决定反弹能否延续 （2008-03-19　15：21：35）

我们现在只是纯技术性地探讨走势，那么，3775 点能否站稳将决定大盘反弹能否延续。今天一大早高开后回试是一个次佳的买入机会，为什么？看看 60 分钟图就知道，这刚好构成底分型。而 3775 点，刚好是这底分型的上边沿。

扫地僧：因为预期是走 60 分钟向上一笔的反弹，所以 60 分钟底分型的上沿就是关键。

图 216

如果你明白这技术上的问题，那就会很放心地在早上第一个小时回试时买

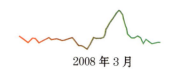

2008 年 3 月

入，很多股票当时还曾砸出比昨天更低的位置，例如 000938，而收盘是涨停的。

这里，必须有一个纠正，上页图上绿箭头所指位置其实已经足够构成一笔，而这笔没有回到 4431 点上，刚好构成类第三类卖点。所以，现在的大盘走势很简单，直接拉回图中 3 的位置，还是在这里折腾出一个线段来。

由于目前还没有出现明确的区间套，不能完全确认从 4 下来的这下跌就一定走完，而单纯从 60 分钟图看，这显然构成了一个背驰段，只是这背驰段没有得到区间套的精确定位去确认。不过，按通常的情况下，最终回拉图中 3 的位置是必然的事情，唯一需要选择的，是完美地完成区间套，还是就此直接上去了。

而这一切，3775 点是一个关键，为什么？因为这决定了早上第一小时构成的那底分型能否最终延伸为笔，如果笔都不能延伸出来，那当然需要再探底去完成区间套的完美构造。

扫地僧：缠师认为这里至少要折腾出线段，或者直接回到 3 点的位置，但实际上，后面的反弹非常弱，两个目标都没有达到。原因就是这个 60 分钟的底分型上沿压根没站稳，也没延伸出笔。

个股方面，一反弹就知道，低价股和题材股依然是最有活力的，这种弹性十足的股性，具有最好的操作性，要好好珍惜。再说一次，今年是低价与题材的天下，但一定要知道，没有单边，只有折腾，而折腾，来回短跑，产生的利润一点都不会比单边的少。

2008 年 3 月 20 日

2008 年行情再展望 （2008-03-20 11：13：56）

抱歉，由于一西南地区上市公司的股权收购问题需要和法院和银行接触，下午可能等不到收盘就要去开会，所以今天的解盘和后面的帖子都没有了。现在用昨天写好的一个行情展望替代，要把握大的方向，请好好研究。

今天的大盘其实也不需要再解盘，由于 3775 点不过，自然就是继续原来的趋势，而浦发和中石油给了一个恐吓性洗盘的机会。但可以明确地说，目前已经处在宽幅的底部区域里，任何一个洗盘，都给题材股一个轮动的机会。

扫地僧：当天开盘后没多久就跌破了昨日低点，因此 60 分钟向上笔夭折，此时按照缠师的分解，已经是 1 分钟下跌趋势里的第四个中枢。见图 217。

看看，今天创投的持续，奥运的崛起，这都十分明确。有时间恐慌、骂街，好不如好好去选择布局，看看 N 多人骂的"天鹅"已经两个涨停了，有时间还是看图选股去，市场不是靠嘴生存的。

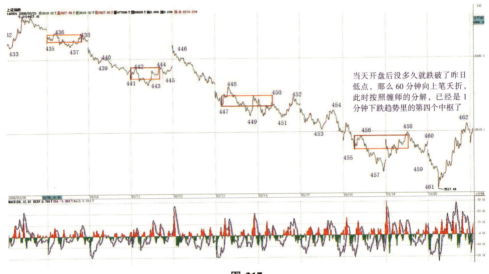

当天开盘后没多久就跌破了昨日低点，那么 60 分钟向上笔夭折，此时按照缠师的分解，已经是 1 分钟下跌趋势里的第四个中枢了

图 217

2008 年行情再展望

去年 12 月，本 ID 给出了今年行情的展望，当时的结论，依然都成立，而且很多都正在验证之中。由于今年一季度还没过去，所以最终结果如何，还不能下结论，但有些已经成为定论了，例如，关于今年落"井"机会多多的论断，经过这 3 个月，大概都应该有所感受了。

由于没有需要修正的地方，所以，本 ID 还是按原展望的思路根据新的情况进行进一步的拓展，给出一些更精确的提示，以方便后面三个季度的操作。

原展望中，本 ID 给出今年的节奏应该是扬抑大扬大抑，目前，扬抑这个节奏已经走出来，4778~5522 点的"扬"以及其后的"抑"构成了整个一季度行情的节奏。有人可能认为，4778~5522 点算不了扬，那是被前两年的单边上涨思维所迷惑了，在大调整走势中，这种级别的反弹已经足够"扬"了。

5522 点，是 6124 点下来的 600 点，3600 点的 1/6，这是一个值得关注的点位节奏，如果该节奏继续保持，那么 4922 点就是中线一个强的压力点。而 4778 点刚好是 6124 点下来的 1345 点，3600 点的 3/8，因此，下一个低点，最值得关注的是其两倍的位置，也就是 6/8 的位置，相应是 3424 点，如果没有特殊的全球性崩盘事件，该点位上下最终形成"抑"的底部的可能性极大。

扫地僧：这些计算比较简单，核心的问题是，为什么以 3600 点作为基数？在江恩理论中，360 就是一个重要的时间周期，依据就是圆的一周是 360°，而缠师在

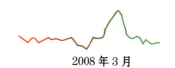

这里是将 360 没有作为时间周期的基数，而是作为空间上计算支撑、压力的基数，这并非是缠师的独创，站在长周期上，以 360 作为基数来预测压力和支撑，其本质也是时间周期的计算，因为在江恩的时间周期里，30 年是一个重要的时间周期，共有 360 个月，那么如果以每个月 N 点的速率来预测支撑压力，其实就是以 360 作为基数来计算，所以 360 无论作为时间周期还是空间基数，本质是一样的，同构的。

可以断言，在这轮从 5522 点开始的"抑"走势结束后，将迎来原展望中所说的第三个节奏："大扬"，这"大扬"的概念在于，这段走势的幅度，一定大于 4778~5522 点的"扬"。

为了更准确地预言这个"大扬"走势，我们必须先回到原展望中的另一则预言，就是今年至少两度见年线，第一次是喜剧，第二次是悲剧。显然，这喜剧和悲剧都在一季度中全部上演了，由于浦发银行突然增发的影响，第一次破年线后的向上喜剧，只延续了不到 10 天，然后第二次破年线，展开了后面的悲剧，其中的 3 月 4 日，是最终确认年线不能有效回拉上去的日子。

但由于年线目前依然保持向上的走势，所以，后面这个"大扬"走势必然展开一次对年线的再度反击。一个很重要的技术信号就是，一旦年线走平后，大盘如果还不能重新回到年线上面，那么，一旦年线转头向下，那才是真正的大调整的开始，所以，前面，从某种程度上说，只是大调整的预演阶段，因为毕竟年线还没有转头向下，一旦紧接着的"大扬"走势不能在年线转头前重新站住年线向上攻击从而带动年线继续上扬，那么，其后的"大抑"走势，将让一季度的"抑"彻底失色。

扫地僧：实战经验：当年线开始走平要拐头时，如果还不能重新回到年线上方，那么一旦年线转头向下，那才是真正的大调整。反过来也一样，这也是为什么缠师说过做第一次突破年线后回抽年线不破的股票的原因。见图 218。

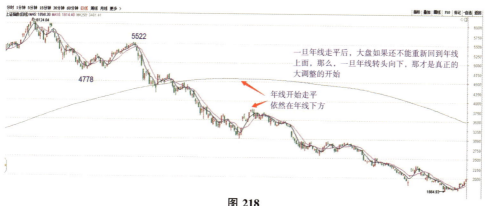

图 218

即使紧接着的"大扬"走势能重新站住年线并向上攻击，从而使得年线转头的时间推迟，由于目前的月线 MACD 刚刚死叉，在这种技术条件下，硬向上攻击的结果，最好是制造一个 MACD 的双头走势，而其后对应的，依然是更大幅度的下跌。MACD 双头后的杀伤力，有点技术常识的都应该不陌生，而且这是月线上的，其杀伤力与时间长度可想而知。

从最直观的技术上说，下一轮真正的大行情，必须等到月 MACD 回到 0 轴附近才有可能展开，期间都是一些小打小闹的走势。

扫地僧：一波牛市之后，月线的 MACD 死叉，要想有下一轮行情，必须等月线 MACD 回到 0 轴附近才有可能展开。例如 2015 年股灾之后，见图 219。

图 219

1999 年的行情也是在 1997 年牛市结束后，月线 MACD 回抽 0 轴后开启的。见图 220。

基本面上，其实也完全支持以上的技术走势分析。由于目前的估值完全是按前两年的高增长为背景的，而且依然达到很高的水平，一旦经济走平，这些高估值就完全没有支持的空间，赢利水平的大幅度下降在可预见的范围内，因此，目前那些所谓绩优股票，都有极大的中长线业绩压力，目前的价格都过度偏高。

而且，世界经济的经验告诉我们，大的商品投机潮过后，总会一地鸡毛，而美国经济的问题，远未到解决的时候，这些外部的定时炸弹将随时把经济繁荣的幻想炸裂，而真正的调整压力，在那时才会真正显现。

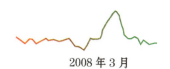

月线 MACD 回抽 0 轴
后开始新的一波行情

图 220

扫地僧：实战经验，大的商品投机潮过后，无论是期市、股市还是经济，都会萧条。

极有可能，我们将要开始面对一个大的世界经济大调整的困难局面，而我们现在的经济结构，由于丧失了太多做大做强的机会，绝对已经不足以独善其外了。因此，后面的困难可能会超出现在一般人的想象，因为历史的经验告诉我们，真正可怕的调整压力，是经济基础方面产生的，而我们现在极有可能将面临如此的危机。

个股方面，在原展望中已经明确指出，就是题材股、各类题材的反复炒作，将是今后很长时间的主题。而在大的调整市道中，历史经验反复证明，低价题材是永远不败的主题。由于目前的资金量，即使在大的调整中，炒作些低价题材永远是富裕的，所以，只要有投机性资金存在，这就是不死鸟，一有机会就要起飞。

一句话，在今后很长时间内，市场都将是长跑选手的坟墓，短跑选手的天堂。

站在 20 年的角度，这次的调整，依然是超级大牛市中的一个中继性调整，但 20 年的前提是，你能熬过这个冬天，否则，20 年的超级大牛市，对于你来说，毫无意义。

2008 年 3 月 21 日

3780 点，短线生命线 （2008-03-21 15：29：38）

昨天 11：00 就给出的帖子已经给予各位最充分的提示了。众所周知的技术

习惯，只要在3%的范围内，都可以认为目标位触及有效。本ID给出的目标位置是3424点，而昨天的低点已经在其3%的范围内，因此，就此上去，已经在技术上十分完美。而昨天，本ID用恐吓性洗盘给出昨天早上的技术实质，这个提示已经足够明确，如果没反应，本ID也没办法了。

现在，当然不能说大盘就没有再次探底的可能，但大盘底部至少有一只脚是落地了，现在唯一需要探讨的只是这底部是独脚的还是双脚的甚至是多脚的。而决定这一切的，就是这3780点，这是60分钟新的底分型的上沿位置，只要站住这个位置，那么，至少在60分钟图上，将延伸出向上的笔，而这意味着这反弹是独脚的。

扫地僧：还是强调的底分型高点能否站稳的问题，这是能否延伸出笔的重要参考。

图 221

技术上，30分钟的MACD刚好在0轴上受阻，因此，只要下周初能站住3780点，那么这0轴也就会被突破，从而带动60分钟的向0轴冲击，对应这走势上将往上再上攻一段。

当然，如果站不住3780点，30分钟MACD就会出现0轴受阻再回跌的形态，对应着大盘当然就要再次探底了，所以，从这个角度更说明了3780点的重要性。

由于目前的日线上已经出现底分型，而上边沿在3941点，因此那个位置，是决定大盘反弹的级别能否扩展的关键位置，一旦站住那个位置，重新回到原来60分钟3~4的类中枢就不成问题了。

扫地僧：这里缠师将分型和MACD回抽0轴两个技术点相互辅助，是一个非常好的技巧，可以总结如下：

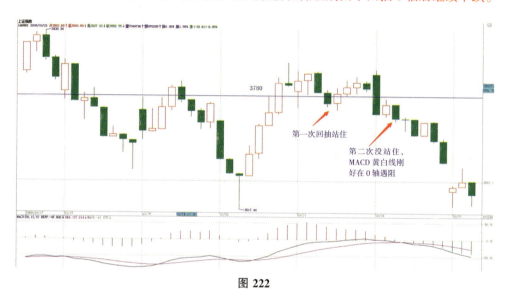

（1）本级别底分型出现后，以底分型的高点为参考。

（2）在低级别图中看 MACD 黄白线的回抽情况，如果能站稳底分型高点位置，则 MACD 黄白线也将回到 0 轴上方，否则就会在低级别图中回抽 0 轴后继续下跌。

图 222

个股方面，还是本 ID 一路给出那几个板块在轮动，最近中小钢铁的走强，是因为重组的预期，这更说明，重组的挖掘是一个长期有效的主题。目前，还是小盘低价更有优势，你看，同样的题材，天鹅就比国电强。为什么？就是因为盘子小，国电 30 多亿元的盘子，要敲动起来当然难度要大点、要慢点。

扫地僧：当天围绕下跌的最后一个 1 分钟中枢震荡出了 5 分钟级别的中枢，从下图中 455 点开始至少有 9 个 1 分钟线段重合了。见图 223。

2008 年 3 月 24 日

3780 生命线失守再次探底　（2008-03-24　15：16：13）

上周五已经超级明确地说了，3780 点是短线生命线，站不住就再次探底。今天早上，跌破 3780 点后两次反抽上不去，确认跌破有效。然后 14：00 那标准的第三类卖点成立后，跌幅明显加大。一切都极端技术化。

扫地僧：当天开盘后就直接下跌并跌破了 3780 点，然后就是两波回抽和一段回抽都没回到 3780 点上方，那么，这技术压力就很明显了。见图 224。

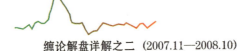

当天围绕下跌的最后一个1分钟中枢，震荡了5分钟级别的中枢，从455点开始，至少有9个1分钟线段重合了

图 223

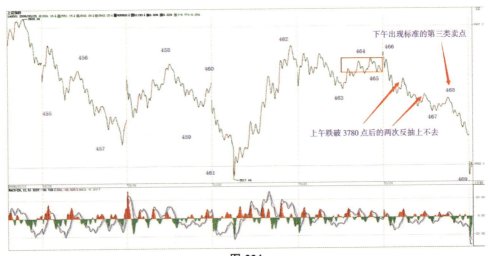

下午出现标准的第三类卖点

上午跌破3780点后的两次反抽上不去

图 224

如果你没把握住这先卖等回补的节奏，那就恭喜你，你又要坐一次电梯了。当然，看到3780点失手，或最晚在第三类卖点跑掉的，那么就已经成功把上周抄底地了结，白花花的银两等待下一个买入的机会。

不过，由于目前已经在中线底部的震荡区域里，因此，每次震荡后沉淀一定的底仓是完全可以的。这就要根据每人的资金量决定了。

如果你上去不舍得跑，破技术位也不舍得跑，把股票当宝贝，那建议你还是小板凳吧。现在的大盘，依然杀机重重，这样的心态，只有死路一条。

　　个股方面，上一次强调的是短线下跌 40% 以上的中低价中小盘股，例如，已经 4 个涨停的天鹅就是最典型的例子。下一次，依然是这种股票，但注意能有双底支持的，而且一定要有新资金介入迹象，也就是放量后有一个缩量站住的。

　　扫地僧：天鹅是 000687，当时叫保定天鹅，连续 4 个涨停。这里还提到了一个熊市时的选股思路：短线下跌 40% 以上的中低价中小盘股，最好是有双底支持并且有新资金介入迹象。判断新资金介入的一个现象就是放量后有一个缩量站稳。

图 225

　　周末有人吹嘘绩优股，但本 ID 依然要说，题材才是真。低价、重组、题材是今年不变的主题。

2008 年 3 月 25 日

缠中说禅　2008-03-25　15：09：37

　　今天的大盘依然是中低价题材股的天下，个股方面，已经有很多按捺不住了，但只要大盘不能真正走出底部，这些个股行情的延续性就有问题。

　　技术的角度，超短线的关键位置在 3616 点，一旦再次有效跌破，那么破底而下就基本成为必然的选择。

　　上面的位置，还是和前面的分析一样，首先要面对的是 3780 点，这点不有效突破，大盘依然只能在底部徘徊。

　　明天，超短线，最简单就看 5 分钟的 MACD，现在刚好站在 0 轴，明天如果能从此来起，那么将带动 30 分钟的 MACD 再次冲击 0 轴，对应大盘将有一个向上冲击的过程。如果这种局面出现，一定要注意 30 分钟 MACD 是否又在 0 轴受阻，一旦出现，应当把今天买入的择机退出。

　　但对于大资金，应该把适当筹码进行沉淀。大资金必须是成本不断降低而筹码不断增加的动态建仓，这是一个基本的原则。

　　扫地僧：当天有一个线段类趋势买点 471 点，466~471 点是五段趋势类背驰，由于是离开了 5 分钟中枢，但力度并不大，所以后面必然有返回中枢的至少 1 分钟的三段回抽。

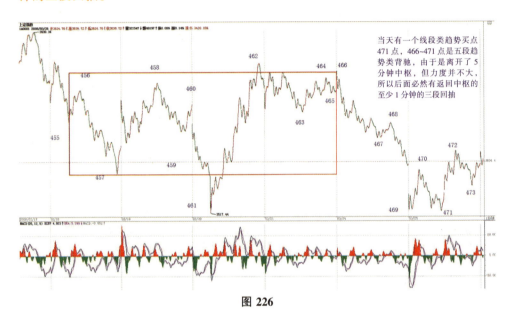

图 226

2008 年 3 月 26 日

3616 点，短线关键　（2008-03-26　15：15：26）

　　昨天让各位注意 5 分钟 MACD 站稳 0 轴后上攻的情况，结果今天早上走出一个标准的盘整背驰，红柱子小于前面一组，而也只带动了 15 分钟 MACD 回拉 0 轴受阻，因此其后的回落就理所当然了。

　　扫地僧：5 分钟图里看这个盘整背驰比较明显。见图 227。

　　在 1 分钟上，466~471 点是围绕 5 分钟中枢的震荡，五段类趋势背驰后又回到中枢内，474 点出现盘整背驰，然后震荡回落。见图 228。

　　当然，如果你看不懂图，看到 580989 突然启动，也知道大盘要回头了。580989 春节前就给了各位一个最基本的原则，0.6 为中枢，只要好好把握这个原则，你能赚多少钱算都算不过来了。不过，现在收盘已经到 0.8 附近，已经远离中枢，后面就是风险极大的阶段了，所以，今天没介入的，一定不能介入。该权

出现盘整背驰

图 227

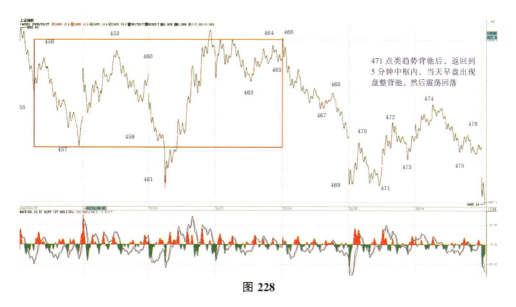

471 点类趋势背驰后，返回到
5 分钟中枢内，当天早盘出现
盘整背驰，然后震荡回落

图 228

证今天在 0.7 上下一个小级别背驰后回到次级别中枢形成大级别的中枢，因此短线 0.7 上下这个中枢是对比关键，后面的上涨是否形成背驰，就以这个中枢为基准了。

注意，权证是高度投机活动，而且很明确告诉各位，这是 580989 最后一大行情，毕竟还有 2 个多月就到期。

扫地僧：因为认沽权证有对冲作用，所以每次大盘要下跌时，认沽权证基本都会冲动一下，可以作为反向指标。580989 是 6 月 13 日到期，在 5 月底到 6 月初还有一波拉升，最高涨到了 1.3 元。

图 229

之所以再说 580989，是请各位留意，上次 580989 从 0.4 下启动，对应了大盘一次快速的破位，这次是否重演，关键看昨天就说过的 3616 点。

现在的问题就是平安，平安没说法，游资只能投机，谁怕谁呀。投机的好处在于，把短线资金的货给震出来都跑去诸如 580989 之类上，这样，中线的建仓也顺利了。今天，很多新板块已经暗潮涌动，即使有再杀跌的过程，也是这些板块最好的介入时机，好好珍惜吧。

580989 就看戏，看如何让你目瞪口呆，如何让最后的贪婪者套在高高的山上永不超生。

2008 年 3 月 27 日

破发竞赛宣泄市场情绪 （2008-03-27 15：17：41）

今天的走势，昨天已经说得很清楚了，就是上次 580989 从 0.4 下启动时的翻版，那次同时带动了大盘的破位，这次如出一辙。各位可以对比一下上次的走势，后面的走势是否继续一样，这是一个很值得关注的问题。

扫地僧：上次 580989 爆发是在 1 月 28 日，爆发当日大盘大跌，之后横盘三天后见短线底，这次是 3 月 27 日爆发，当天大盘也是大跌，震荡了 4 天后见到短线底。

图 230

如果走势继续一样，那么惯性下探后，大盘会再次回到破位前的平台。3424 点的位置，由于有 3% 的确认空间，所以目前并不能说这位置就被有效跌破了。当然，这位置如果跌破，那么，下面真正有效的位置就是 2500 点了。记得当时本 ID 把震荡空间定到 2500 点时，有人觉得本 ID 夸张，现在看来一点都不夸张。

至于破发走势制造的破发板块，从纯投机的角度，将蕴藏着一定的市场机会，不过这需要的操作水平以及政策敏感度比较高，没这水平的不一定要关注板块。

580989，昨天说得很明确，0.7 上下的短线中枢是关键，今天冲高后马上 30% 回头到这中枢，显示的这中枢的强大威力，同时也证明，这次的上冲只是一个中枢，是一个盘整类型，后面的波动就看这个中枢的第三类买卖点问题了。

注意，580989 是最后一波害人行情，一般人一定要远离。

扫地僧：权证的波动非常大，这个高点是一个小转大下来的。

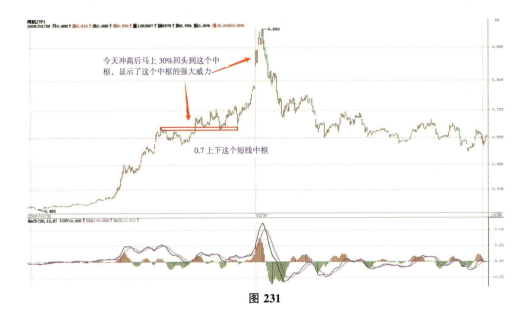

图 231

当天虽然大跌，但从 474 点开始也走出了五段类趋势背驰。

图 232

2008 年 3 月 28 日

3424 点初显威力 （2008-03-28 15：12：27）

N 周前的再展望，本 ID 给出了这轮下跌最可能的 3424 点的下跌结束位置，6124 点下来的 2700 点，3600 点的 3/4，而第一次的 4778 点，刚好是 3/8，今天这个位置初步展现其威力。

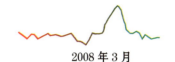
注意，一个最基本的技术常识，任何技术位置都有一个上下 3%的允许空间。由于这世界上脑子有水的人太多，所以必须再说一次。例如，上次从 4778 点开始的反弹，本 ID 说结束的位置在 900 点，3600 点的 1/4 处，也就是 5678 点，最后结束的位置在 5522 点，完全在 5678 点的 3%空间内，但有些人为了没有最终到 5678 点祥林嫂了一个月，这是什么人？自己没常识，却还要满大街告诉所有的人，这世界多的就是这种人。这种人不死，市场哪里还有天理？

而昨天也说了，和上次 580989 在 0.4 下启动那次一样，引领大盘破底后，大盘最终又再次回到破底前的平台，今天的走势证明，这太阳底下，新鲜事并不多。

但一定要更注意的是，由于今天的上扬甚至不足以在日线上制造一个底分型，而今天上扬受到诸多传闻的引诱，一旦这些传闻下周没兑现，就不排除又有一个杀跌回试的过程。因此，3424 点最终能否成为底部，现在根本没有任何最终的结论，必须采取灵活的策略应付，而不是一根筋。

超短线的角度，3499 点是关键位置，一旦站不住，再次探底就不可避免。当然，只要能站住 3499 点上，那么行情就有希望，因此该位置极端重要。

扫地僧：3499 点是 30 分钟的底分型高点。

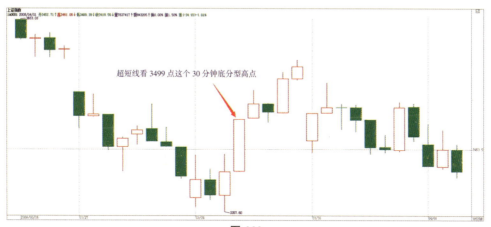

超短线看 3499 点这个 30 分钟底分型高点

图 233

超短线可以看下周初，5 分钟 MACD 是否最终演化为红柱子不能再伸长而比前一柱子面积小的情况，对应着 15 分钟 MACD 的 0 轴能否被突破，一旦不行，肯定要回试诸如 3499 点这样位置的支持。当然，高明的并不需要等 3499 点真跌破再走。

对于小资金，原则已经多次说了，就是抓准机会咬一口，一看不能延续就先跑。这次从 5522 点下来，用这个原则抄了无数次底，都能按技术把钱赚了又先

跑出来，就证明，下跌其实没什么大不了的，关键你能折腾，折腾好了，下跌一样是天堂。

扫地僧：熊市里做反弹，就是背驰处买入后，一看不能延续就必须要先跑，而且从这一段时间的解盘来看，反弹的时间都不长，也就是1~2天的时间，所以熊市里的操作级别不能太大，要快进快出。

当然，前面说了，对于大资金，现在折腾时一定要注意沉淀筹码，大资金和小资金不同，小资金1秒就可以把仓位建好，大资金可没这本事，因此必须有沉淀筹码的动作。注意，从5522点下来，本ID直到最近才给出大资金需要沉淀筹码的要求。为什么？因为以前离底部还远，所以根本不存在沉淀筹码的问题，而到了目前的位置，就算3424点最终不能底部，下面的也不过是空头陷阱了，对于大资金来说，根本不算什么，所以，现在开始沉淀筹码，完全对头。

扫地僧：当天出现了五段类背驰后引发了一段反弹。

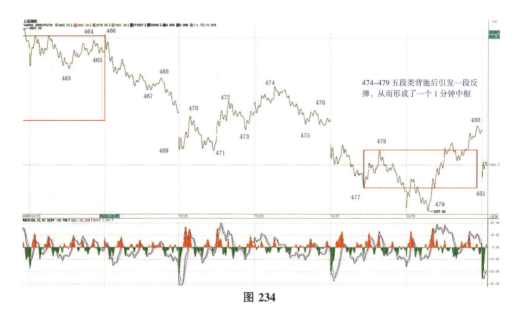

图 234

2008 年 3 月 31 日

3499 点继续决定短线命运 （2008-03-31 15：16：35）

在上周都比较兴奋时，本ID已经明确说，一旦传闻不兑现，又是一轮回试。至于给出的3499点，更成为今天震荡的中心，尾盘最终也没站住。

扫地僧：如昨天解盘里所说，3499点是30分钟底分型高点，当天就是围绕

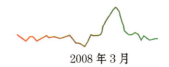

这个点位在震荡，震荡幅度逐步收窄，尾盘还没站上。

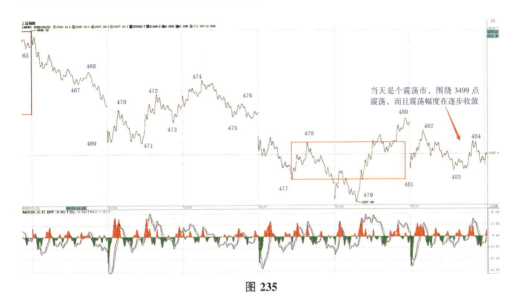

图 235

　　由于该位置今天是震荡中心，所以明天如果能站上去，大盘还有点戏，否则，继续探底就不可避免了。底部不是一天成的，今天显然已经比以前类似的情况走得稍好一点，显示已经有一点新资金介入并对此位置有一定的信心，否则，今天将是单边下跌。因此，明天的走势很关键，如果能回拉上去，证明新资金的信心还是比较足。

　　但是，多次说了，现在需要的是干货。没有干货，任何信心都会被磨掉。没有干货，谁说话都是废话，市场能领情吗？废话说多了，只能显示自己的无能，这点，有眼睛的人都看得清楚。

　　其他也没什么可说的，现在就是等待，今天是月线和季线收盘，有兴趣的自己去看看，中线形势有多恶劣。这里不起来，季线上就有极大机会形成向下的笔，这意味着什么，自己想去。

　　扫地僧：季线上，出现了很严重的顶分型，顶分型右侧的 K 线是最低的，而且收盘还在最低点附近，收在了 5 季线下方，而且这个季度下跌幅度很大。

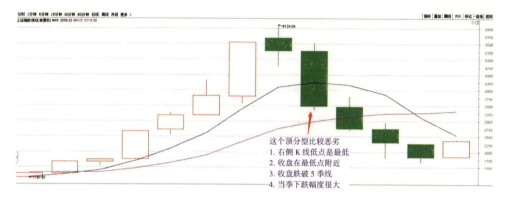

图 236

现在主管金融的人，其办事风格是十分怪异的，这点，本 ID 有太多了解了。该来的没来，也只好这样了。

因此，对非系统性风险，要有时刻的提防。对于散户来说，咬一口就跑，有机会再咬一口，这是最好的策略。

2008年4月

2008 年 4 月 1 日

下一个短线机会又将来临 （2008-04-01 15：16：38）

别让本 ID 看不起，每次短线，本 ID 都把最后的走人位说得一清二楚，就像这次的 3499 点，今天早上连续冲了两次不行，就开始大幅度下行，如果你这都看不明白，还是去孔男人那里吧，你这样的水平在这里只有丢人的份儿。或者就自知之明一点，在自己额头上写好永不短线，因为自己无能。

扫地僧：3499 点还是前几天提到的那个 30 分钟底分型的高点，当天早盘连续两次冲击都失败了，然后出现一波杀跌。

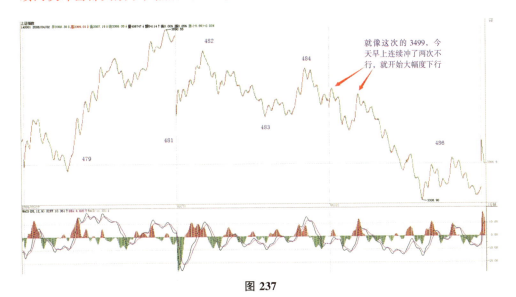

图 237

最鄙视那些自己没本事，又要怀疑别人的人。你没本事短线不代表短线在下跌中就不行，为什么每次本 ID 都能顺利出来？按本 ID 最后的位置，如果你没更

大的本事，你哪一次不能出来的？

现在，有本事的人将要干什么，就是马上迎接新的短线机会。这机会在破底后很快到来。其实，很多股票，回跌 10%~20% 后，今天尾盘就可以回补，特别是资金大的。

现在，一个标准的下降通道，到下轨就可以短线，如果破下轨加速，那就要放爆竹了，大的反弹马上就在眼前，这都是最基本的技术常识，有什么难度？

扫地僧：一个实战经验：当股价加速突破通道，一般就是陷阱，向上突破是多头陷阱，向下突破是空头陷阱，这是最基本的技术常识。

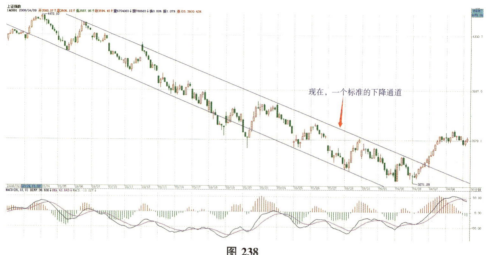

现在，一个标准的下降通道

图 238

这世界，只能靠自己的本事，求别人救你，有可能吗？本 ID 早说了，绝对不能依靠任何东西。这就是本 ID 从 1990 年开始的最大经验之一。

本 ID 越来越感觉到，本年度最大的赚钱机会越来越近了，让孔男人哀号去，求政府去，我们开始磨刀霍霍了。

扫地僧：求人不如求己，自己有本事，走遍天下都不怕，练就一身本事是最重要的。

2008 年 4 月 2 日

3462 点成短线关键位置 （2008-04-02　15：17：01）

今天，如期反弹，然后大幅度震荡。一般这种走势，最好就是进行对冲式操作，或者如昨天本 ID 所说，昨天尾盘就可以先介入。

现在，短线最关键位置在 3462 点，明白本 ID 的理论的，都知道在这位置为什么重要。今天下午冲到该位置，站不住，所以就出现大幅度震荡。但尾盘依然有资金再度介入，这样，这次反弹可以再来一次，高位出的下来又可以回补再来一次。

扫地僧：3462 点就是下降通道的上轨的位置。

图 239

同时也是 60 分钟底分型的高点位置（虽然只差一点，但十分接近了）。

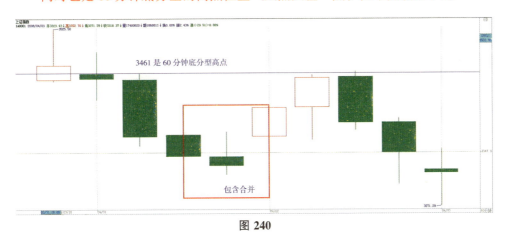

图 240

但下面，关键还是看 3462 点，只要再冲不过，那么大盘依然有继续破底的机会。短线就是要来回折腾，一看不行先回来，一看行了，甚至可以打点提前量，例如为了避开"T+1"，可以在前一天的尾盘。

扫地僧：实战经验：为了避开"T+1"，可以打一点提前量，在前一天尾盘

买，牺牲一点空间来换取第二天的安全。

个股方面，金融股已经率先走强，但这走强是否有延续性，是否能向地产、有色等蔓延，是行情能否延续的关键。题材股经过大洗盘，还会重来，但暂时以反弹为主。

2008 年 4 月 3 日

3462 点如期发挥神奇作用　（2008-04-03　15：24：59）

今天的走势大概出乎很多人的意外，但一定不包括本 ID 以及昨天看了本 ID 解盘的人。昨天的解盘很明确地告诉你要再来一次，请问，这一次爽吗？

昨天，更说了金融向地产或有色等蔓延的问题，今天，那聪明人的表现，请问爽了没有？有人昨天说，不是题材股吗？但难道这些云铝中铝不是本 ID 股票池子里的？50、60 元跑的，20 元下买点回来，难道有罪呀？简直病得不轻。

兵无常形，如果要走一波本年度最大级别的向上走势，中字头不启动怎么可能完成？题材股当然要继续，但一波完整的行情，就是一、二、三线的轮动次序，这不最简单的道理，有什么可说的？

扫地僧：当天中国铝业涨停。也提到了一个实战经验：一波完整的行情，必然会有一、二、三线股票的轮动，否则只能算是结构性行情。

当然，这一切暂时还只是蓝图，因为实际的行情并没有走出来，暂时先当成反弹来干是比较靠谱的，一旦形势不对，反手狠砸，不亦快哉？

扫地僧：任何的上涨都是由反弹发展而来，反弹时一旦发现形势不对，一定要及时撤退，尤其是在熊市中，毕竟真正的反转只有一次，其余都是反弹。

显然，昨天说的 3462 点，今天起了明显的作用，大盘最终在该点位前停下步伐。由于今天搏消息的比较多，所以尾盘小跳让人出来也是应该的。

下周是很关键的一周，因为日以及周是否能底分型，就看这了。当然，短线这一切，都可以简化为 3462 点能否有效站住的问题，一旦能站住，这些分型都不成为问题了。

个股方面，注意一线股的轮动次序，注意新资金流向。另外，如果周一没消息，注意回杀力度，如果力度不大，反而证明这行情真有戏了。

今天的走势图，超级技术化，留一个作业：13：30~14：00 这段时间具体什么的技术意义，为什么一站住某位置后，就马上出现大的突破，向上攻击 3462 点？

扫地僧：作业题见图 241。

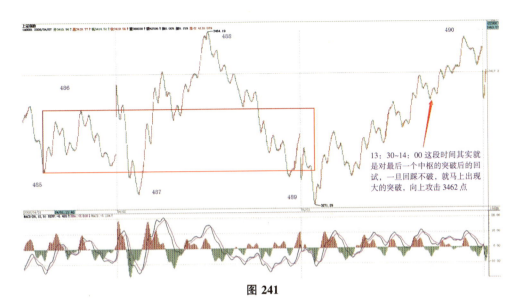

13：30~14：00 这段时间其实就
是对最后一个中枢的突破后的回
试，一旦回踩不破，就马上出现
大的突破，向上攻击 3462 点

图 241

13：30~14：00 的回抽，其实就是对最后一个 1 分钟中枢的回抽确认，一旦
成功马上出现大的突破，攻击 3462 点。

而当天的低点其实还是一个 5 分钟级别的背驰点，如 30 分钟图所示：

图 242

红框是 5 分钟中枢，1~3 是围绕该中枢的震荡，3~4 是离开，4~5 返回不碰中枢
形成三卖，之后 5~6 的力度小于 3~4，同时 3~6 的力度小于 5 分钟中枢之前的下跌力
度，这就是一个标准的双重区间套背驰买点。如果要更精确，5~6 的内部见图 243：

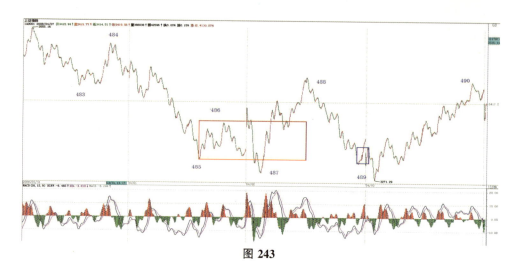

图 243

482~487 点是一个五段趋势下跌，之后 485~488 点形成 1 分钟中枢，488~489 点形成盘整背驰，其力度比 484~485 点的力度弱，并且 488~489 点内部也是一个盘整背驰，所以，可以说当天的低点是一个多重的区间套买点。

2008 年 4 月 7 日

3613 点成中短线关键位置 （2008-04-07 15：21：25）

大盘今天突破短线关键位置 3462 点后一马平川，60 分钟上 N 个月来第一次延伸出向上笔走势，显然了大盘的短线强势。

周五解盘已经特别指出，如果周末没消息而大盘反应并不过烈，反而证明大盘行情真有戏了，今天的走势恰好证明了这一点。个股方面，中驴为代表的有色继续驴性大发，但要注意，这次启动的板块，都是回弹 20%~30% 左右进入调整，例如地产、金融等，因此，有色能否改变这局面，暂时是有疑问的。

扫地僧：缠师的原话是：如果周一没消息，注意回杀力度，如果力度不大，反而证明这行情真有戏了。

这个判断的逻辑是这样的：没有消息说明没有突发性的分力出现，回杀力度不大则说明向下做空的分力不大，当周五出现大涨后，还能保持强势，就证明大盘行情真有戏。

现在，3613 点已经成为中短线关键位置，因为这位置是否突破决定大盘能否延伸出日线上的向上笔，而今天的走势，由于已经突破 3555 点，因此，周线上形成底分型的可能性极大，除非在本周内出现再破底。因此，中线上，我们一直预言的本年度最大行情成立的概率已经越来越大。

扫地僧：近期的解盘中关键的点位基本都是分型的高低点，3613 点是当天的高点，也是日线底分型的高点。

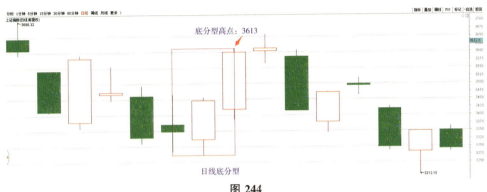

图 244

当然，最安全的做法还见一步走一步，只要 3613 点攻击不破，就可以先对筹码进入相应调整，以应付后面的震荡走势。

虽然本 ID 一早就明确 3424 点附近将出现中线底部，但真走出来，我们反而要冷静。不能在操作上留下遗憾。而且，如果真是中线底部，在真正突破之前，洗盘震荡还少不了，所以，一定要按图作业。

上周的问题，只和 60 分钟的底分型相关，3396 点，突破后延伸出笔，这样经典的案例，请多研究。

扫地僧：分型的高低点是能否延伸出笔的重要参考位置，可以看到，日线上 9 号的高点，刚好是跌破 3613 点后反抽 3613 点而不能突破，引发大幅下跌，使得日线向上笔失败。60 分钟图上，这个突破后延伸出笔的案例如下：

图 245

在 1 分钟图上，当天盘中两个明显的低点就是两次成功的突破后的回抽确认。

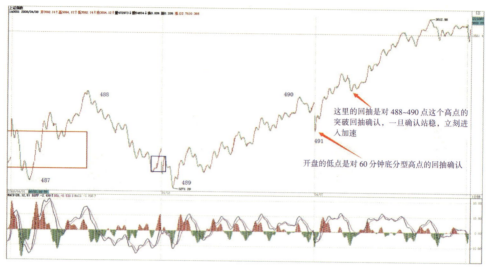

图 246

2008 年 4 月 8 日

3613 点如期发挥神奇作用 （2008-04-08 15：19：39）

昨天给了短线的关键位置 3613 点，今天全天就是围绕着震荡，连收盘就在 3612.5 就知道，该点确实如期发挥了作用。

现在的问题很简单，站得住 3613 点，就继续上攻，否则就出现一个大的调整。所以，本周看着该点就可以了。

扫地僧：1 分钟图中，当天有一个五段趋势背驰，然后形成 1 分钟中枢，该中枢的中间位置刚好也在 3613 点附近，所以该中枢能否站稳也是关键。见图 247。

个股方面，板块轮动加速，现在问题的关键是轮动后首先调整的板块能否再次启动。能，那大盘就肯定有戏，否则至少要调整一下。

目前，整个次序大致是地产、金融、有色、券商，然后今天是所有几乎大的题材都动了一下，创投、农业、三通、环保等，因此，后面还是要看金融地产能否再次启动。

当然，一些小板块的轮动还会继续，但对于大局，这些都没多大的意义。行情，关键要看大角度。

扫地僧：实战经验：反弹时，首先调整的板块如果能再次启动，反弹行情将延续，否则还要继续调整。板块轮动要看大的角度，也就是大的板块，小板块的

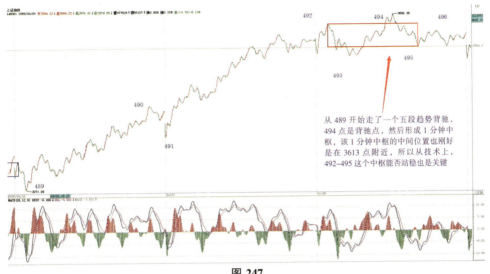

从 489 开始走了一个五段趋势背驰，494 点是背驰点，然后形成 1 分钟中枢，该 1 分钟中枢的中间位置也刚好是在 3613 点附近，所以从技术上，492~495 这个中枢能否站稳也是关键

图 247

轮动对大局没多大意义。

大家应该注意到，本 ID 最近一直只用给级别的分型统一进行分析，其实就是想告诉各位，你把一招真学会了，绝大多数的问题都能解决，这就是示范，请把这次整个探底到回升的整个过程好好研究，课程等这个示范以后再写。

扫地僧：简单的一个分型技巧，如果熟练掌握运用，也一样能操作好，关键是精通！

2008 年 4 月 9 日

3613 点威力尽显 （2008-04-09 15：16：57）

今天的走势极端技术化，前面已经明确说了，只要站不住 3613 点，就要再次探底。今天低开后，在 60 分钟刚好跌破顶分型的下边，早上那标准的回抽，极端显然地上不了 3613 点，因此确认这对顶分型下边的跌破是有效的，因此后面的下跌就顺理成章了，为什么？因为向下要形成笔。

扫地僧：这里是日线和 60 分钟的分型配合，60 分钟出顶分型，回抽不能站上日线底分型的高点，于是就意味着 60 分钟要走下跌笔了。见图 248。

而早盘的回抽为什么说上不了 3613 点，就可以在 1 分钟图中找到答案：因为有盘整背驰。见图 249。

现在的走势很显然了，向上的笔后形成向下笔的调整，也就力度最大那种调整，因此，后面在向下笔结束前，都不适宜再度介入。但一旦向下笔结束，就又

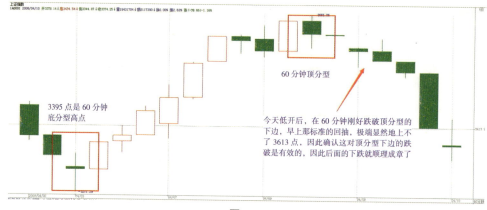

3395 点是 60 分钟底分型高点

60 分钟顶分型

今天低开后，在 60 分钟刚好跌破顶分型的下边，早上那标准的回抽，极端显然地上不了 3613 点，因此确认这对顶分型下边的跌破是有效的，因此后面的下跌就顺理成章了

图 248

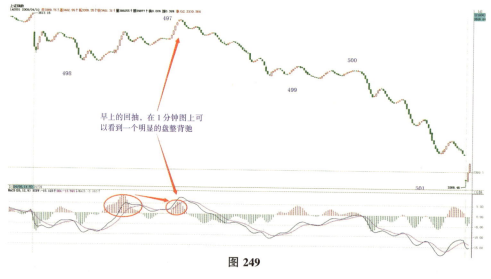

早上的回抽，在 1 分钟图上可以看到一个明显的盘整背驰

图 249

有一次美妙的短差机会。

各位，看到没有，就用一个简单的 60 分钟分型结构是否延伸为笔，我们就能完全把握这样的走势与相应的退出，现在，我们只需要等待新的买点出现，如此简单而已。

个股方面，昨天已经明确说了，只要地产不能重新启动，就有问题，今天万科等的走势，一个标准的短线多头陷阱，因此，引发回跌再正常不过了。

当然，就算有真行情，也需要大的洗盘，但是否洗盘还是继续下跌，其实根本不重要，我们只关心下一个买点，把走势肢解了进行操作，我们不废那个脑子。

让脑子有水的人继续争论是否有真的行情，他们负责争论，我们负责挣钱，

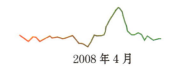

还有精力的，今晚继续加班看球。

扫地僧：对近期反复讲到的分型操作做个简要总结：

（1）确定当前笔的方向，等待反向分型出现。

（2）当分型出现后，顶分型的最低位置和底分型的最高位置就是最重要的参考位置，能否站稳决定了能否延伸出反向的笔。

（3）对这参考位置的回抽能否成功需要在小级别里找相应的买卖点。

2008 年 4 月 10 日

3533 点成短线关键位置　（2008-04-10　15：25：06）

网络超级慢，登录就用了十几分钟，什么写东西的心情都没有了。随便说两句。

今天，又一个完美的短线机会，60 分钟的底分型成立，而 3533 点成短线关键位置，所谓的关键位置，就是站上去，大盘将继续延续反弹，也就是 2 次探底结束；站不住，就必然再次探底，而且破底的机会极大。

今天，煤炭、券商、滨海等甚至创出本次反弹的新高，这是好现象，证明至少有部分资金是勇敢做多了。现在，指数上要有大突破，还是要看金融、地产、有色等，不过先有板块裸奔起来，绝对是好现象。

思维要改，今年的行情不会是一条直线的，底部也要震荡个 N 回才爽的，不明白这点，就痛苦去吧。

注意节奏，自然就爽。

扫地僧：昨天是形成 60 分钟顶分型，当天又出现了 60 分钟底分型，但该底分型的高点位置比较高，想站稳比较难。

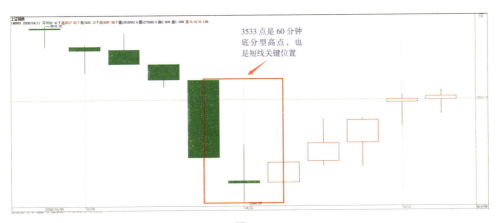

图 250

当天的反弹是由一个线段类背驰引发的，497 点的下跌是一个五段趋势背驰，之后引发一个 1 分钟级别的反弹，该 1 分钟反弹的中枢是 504~507 点。

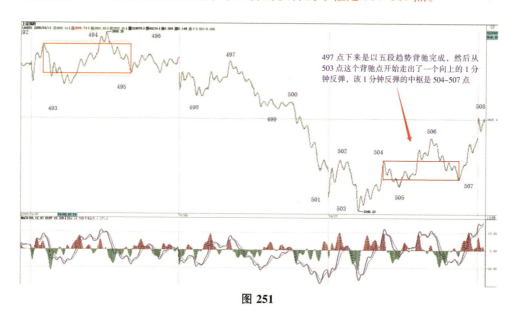

图 251

2008 年 4 月 11 日

周底分型成立令 3840 点成中线关键 （2008-04-11　15：10：56）

本周折腾，最后的结果还是把周底分型给折腾出来了，该分型的上边在 3840 点，因此，该分型是否最终有效，延伸为向上笔，或者最终失败，只构成中继型，3840 点就成了周级别的关键位置了。

今天，大盘全天在昨天所说的 3533 点下震荡，显示大盘不强，信心不足，大概是周末的心理压力，因此，下周初，就看这 60 分钟级别的关键位置能否突破，不行，就再次探底。

日线级别的对应位置在 3613 点，因此，3533 点、3613 点、3840 点，给出了一个市场运行的密码，由此，超短、短、中的走势都完全把握了。

个股方面，板块继续轮动，但力度有所减弱，现在，只要金融、地产等不再次动起来，大盘就不会有大戏。

扫地僧：60 分钟、日线、周线的顶底分型分别指出了超短线、短线和中线的关键位置，不同级别的操作就可以参考这三个关键位置。当天是一个震荡市，下图中 509 点是 1 分钟三买，510 点是三买后转为盘整背驰，全天一直在 3533 点下方运行，不强。

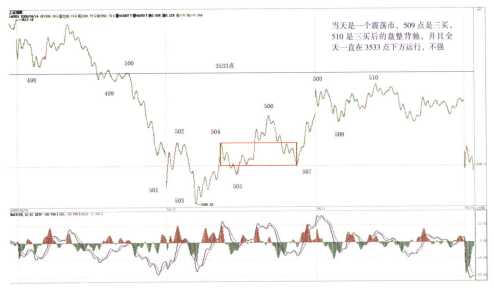

图 252

2008 年 4 月 14 日

又一短线机会扑面而来　（2008-04-14　15：22：10）

现在这种行情，本 ID 一早就给出两种唯一的策略供不同水平的人选择，一是小板凳，二是短跑运动。本 ID 之所以天天在这里给各位练习短跑，就是假设你有这水平。否则，坐小板凳的过来看看就可以。

现在，继续和各位练短跑，如果你没这水平，就一边晾着，咱不带你玩儿。

已经明确说了，3533 点上不去破底的机会就大大的，所以，今天的走势其实没什么可奇怪的，而且早上连续三次冲高都补不了缺口，如此肾亏，你还能假设这大盘今天不是 ED 男？

不过，这样的下跌，只是让又一次的短跑机会扑面而来。不管是用背驰还是分型，都很快出现标准的图形。其实，对于一点货都没有的，今天尾盘就不妨在水底捞点。

扫地僧：早盘三次冲高都无法回补缺口，这就是盘面的语言，而且跳空缺口也使得 1 分钟上的下跌没有背驰。1 分钟图上，510 点下来的走势其实可以看作一个三中枢的趋势，尾盘出现背驰。

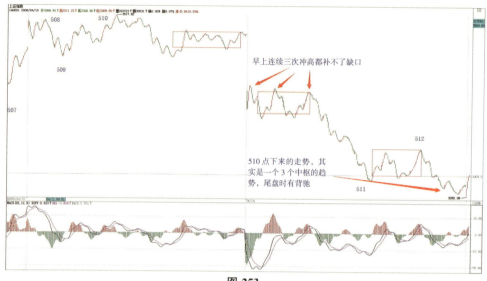

早上连续三次冲高都补不了缺口

510 点下来的走势，其实是一个 3 个中枢的趋势，尾盘时有背驰

图 253

注意了，中线一定要看好地产板块，前几天本 ID 已经说了地产搞了一个多头陷阱，因此，这几天的大跌很正常，否则就不叫多头陷阱了，现在的关键是，地产是最早启动的，这次下来是第二买点的清洗，还是新一轮的下跌，对大盘具有极大的中线指引意义。当然，同样的包括金融股。

平安那破事一直不出来，对大盘就是一个大的压制，它不出来，大盘就不可能真正走起来，这点也是必须注意的。

注意，短跑就是冲刺就完事，千万别搞成长跑。

扫地僧：实战经验，最早启动的板块进入调整时，一旦新低则意味着新一轮的下跌。

2008 年 4 月 15 日

如约反弹，3311 点成短线关键 （2008-04-15 15：14：35）

这扑面而来的感觉如何？

你看透市场以后，反弹不过就是一个 419 点的约会。今天，昨天的预约如约而来，4 根 60 分钟线，前三根构造分型，确认后，第四根突破分型上边，3311 点成短线关键位置，一切就是本 ID 理论的活教材，你说有什么可说的？

注意，只要 3311 点回试站住，那么反弹继续，否则就结束，如此简单。

扫地僧：60 分钟分型代表超短线，所以这底分型的高点 3311 点就是超短线

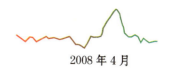

的关键位置。

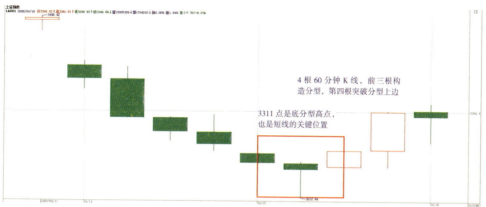

图 254

而这个反弹其实是由一个 5 分钟级别的类盘背和 1 分钟盘背的区间套引发的，下图中 510~515 点这个 1 分钟下跌走势的力度小于 496~503 点这 1 分钟下跌走势，形成 5 分钟类盘背，而 510~515 的内部很明显是一个 1 分钟级别的盘整背驰，其中 511~514 点是中枢。

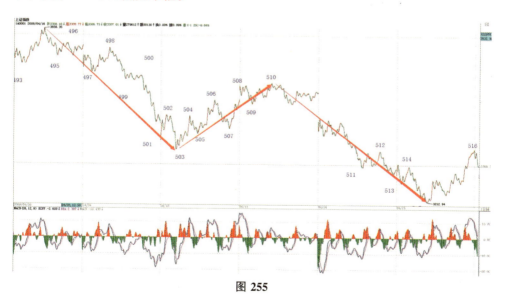

图 255

短跑的感觉如何？感觉是跑出来，干出来的。爽是需要真枪真刀来的。本 ID 这里没有花架子，只有白花花的银两通过技术抢劫回来。

个股方面，创投继续，券商由于可以直投，其实也已经是这个概念了。后面就看能不能轮动起来，房地产能不能止住来个大反弹。另外，新能源、环保、农业等是长线大题材，一定是有机会就会被折腾的。

个股只要能轮动起来，这反弹就能持续。至于中线大盘，过几天有心情再和各位分析，总之，已经在最后的空头陷阱中了。

2008 年 4 月 16 日

CPI 让多空有了再次较劲的理由　（2008-04-16　15：15：02）

今天，大盘全天和 CPI 震荡较劲，而震荡的中心就是昨天说的短线关键位置3311 点。而最终得到的数据，多空双方都能从中找当适合的说辞，空方自不必说了，而多方看到 CPI 月环比的回落，当然也有了说道的地方。

其实，最终怎么选择，一点儿都不重要，今晚，各大报纸、专家就会将这些数据分析烂了，但这对实际操作没用。

扫地僧：对于一个消息，每个人的解读都不同，无论怎样解读，最终都是要落到操作上，而这些操作就会反映到当下的走势上来，那么不如就直接分析当下的走势，因为这是所有人经过自己解读后，最终落实到操作的结果，直接分析这结果比分析别人怎么解读更有效。

我们不当专家，我们只当赚家。面对这种围绕关键点位震荡，还没有决定方向的走势，最笨的方法当然就是等关键点位出现第三类卖点之后走，但这确实太无聊了。以前已经多次说过，这种操作其实十分简单，就是在震荡高位利用盘整背驰抛掉，下来不破位就回补，千万别浪费这震荡的短差机会。注意，这样必然是半仓操作，如果真破位，下来不回补就是，然后把半仓也扔了，这样效率最好。

当然，还有一种是最干脆的，就是震荡高位先走了，等真正重新站住关键位置出现第三类买点再介入，这是最安全又有效的做法，就不费心去预测最终是否站住了。

我们的操作，一定要用操作的眼光而不是争论的眼光，来市场是为了赚钱而不是为了表现自己的聪明。

扫地僧：实战经验：震荡高位利用盘背卖掉一半，下来不破位再回补，如果破位就全卖掉。最安全有效的是震荡高位全走掉，然后等关键位置附近出现三买时再买回来，这样就不用费心去预测能否跌破和站住关键位置了。比如当天的大盘，在下午时就出现了一个盘整背驰的卖点 520 点，卖出后，尾盘在 3311 点附近又有一个线段内部的趋势背驰，这时完全可以回补回来，这样短差就做出来了。

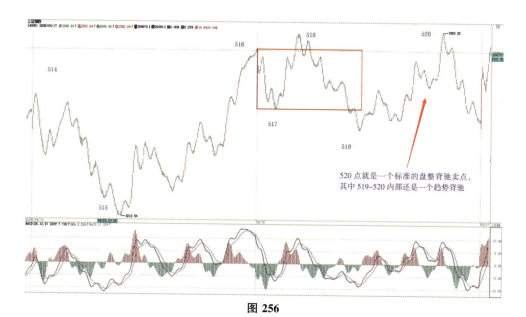

520 点就是一个标准的盘整背驰卖点，
其中 519~520 内部还是一个趋势背驰

图 256

明天，就看这 3311 点的第三类买卖点问题，如果你已经有正确的操作了，那这就没有任何操作问题了。

2008 年 4 月 17 日

破底再给短线机会　（2008-04-17　15：05：56）

3311 点站不住，自然就要破底，这没什么可说的，但这就又成就新一轮 419，一个新的短线机会又到面前。

今天，有点脑子的资金都云集到某新股中抢东西，但这反而搞到盘子乱了。明天很关键，就看里面的各种势力会不会互相拆台了。

现在，破底并不是什么坏事，破底反弹再破底再反弹，节奏把握好了，一样赚钱。中线只能等基本面的明朗，不明朗，谁都没有当炮灰的兴趣。

其他没什么可说的，看图操作就是。

扫地僧：昨天尾盘接回后，当天开盘一波反弹之后立刻下杀，跌破 3311 点，其后有一段反抽，该反抽刚好在 3311 点附近完成，内部是个标准的趋势背驰，这就是跌破并且反抽不上，说明是有效跌破，因此，这个反抽的高点就是清仓走人的最佳时机。

221

（扫码获取更多学习资料）

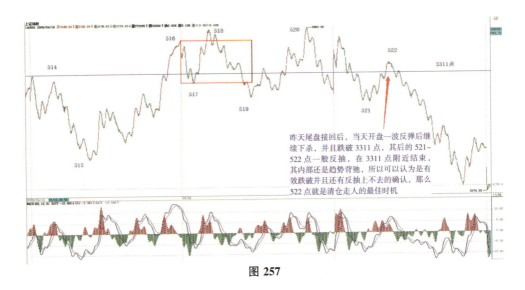

昨天尾盘接回后，当天开盘一波反弹后继续下杀，并且跌破 3311 点，其后的 521~522 点一般反抽，在 3311 点附近结束，其内部还是趋势背驰，所以可以认为是有效跌破并且还有反抽上不去的确认，那么 522 点就是清仓走人的最佳时机

图 257

2008 年 4 月 18 日

后市纯技术分析展望 （2008-04-18　15：24：59）

今天是典型的逼宫行情，中石油破发，使得所有人觉得该干的事情给干了，但这种希望把管理层的政策弄出来的想法，显然有点太天真。

由于 60 分钟底分型没有被构造出来，所以短线出击的时间必须继续看图等待。

扫地僧：其实当天有形成底分型，但这底分型不明显，而且后面指数不断下移，连底分型中间 K 线的高点都站不上，这样的底分型也可以暂时忽视。

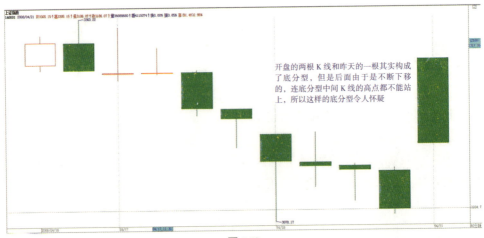

开盘的两根 K 线和昨天的一根其实构成了底分型，但是后面由于是不断下移的，连底分型中间 K 线的高点都不能站上，所以这样的底分型令人怀疑

图 258

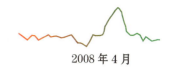

　　最近大盘在本 ID 前期所指出的 3424 点上下反复震荡，持续了相当长的时间。由于目前的基本面完全不配合，因此有力度的行情一直不能真正走出来，只能维持一种弱市震荡的局面。这种震荡的局面，最终的结局无非两种，就是逐步震荡走强然后寻机向上突破，或者就是干脆再狠砸一个空头陷阱，快速下跌后进而迅速回拉重新回到该震荡平台蓄势走强。

　　扫地僧：实战经验：震荡下跌的局面最终的结局有两种，第一种是逐步震荡走强然后寻机向上突破，形态上经常表现为圆弧底。第二种是狠砸一个空头陷阱，快速下跌后再迅速拉起，这就是常见的背驰形态。

　　无论市场最终采取何种选择，最终在根本意义上，不过都是要以目前的平台为基准展开新的行情。因此在这共同点上，反而说明了目前平台的技术意义。现在需要探讨的是，该平台最终确认后走出的行情的级别问题，因为，实质上，根据最严格的技术分析，还存在三种可能的走势变数。

　　上海指数，从 6124 点开始，共出现两个不同级别的有技术意义的反弹。第一级别是 4778~5522 点的所谓跨年度行情，而第二级别是那次在年线附近进行争夺的走势，具体的范围是 4195~4695 点。因此，这三种可能的变数就是：①第二级别力度的反弹；②第一级别力度的反弹；③超第一级别力度的反弹。

　　扫地僧：4478~5522 点的行情，历经一个半月，是个 30 分钟级别的走势，4195~4695 点的行情，历经半个月，是个 5 分钟级别的走势。事后看，反弹行情的级别也就是三种可能的第一种，第二级别力度的反弹，也就是个 5 分钟级别的反弹。

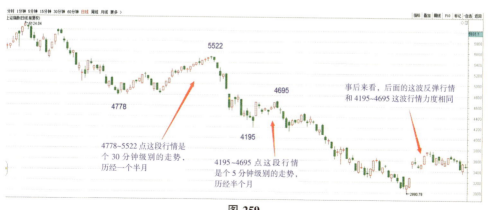

图 259

　　显然，这三种反弹的力度是逐级加大的。最弱的就是第一种情况。由于从 4695 点开始的下跌到目前已经进入尾声，因此，其后至少要出现第一种的情况反

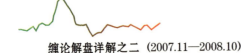

弹。而在目前基本面上，国家对市场已经完全受制于所谓 CPI 情结。因此，资本市场被当成最终牺牲品的可能性是极大的，一旦这种基本面继续成立，那么，大盘只出现第一种情况反弹的可能性就极大了。

扫地僧：从 4695 点开始的下跌因为处于背驰段，所以说已经进入尾声。

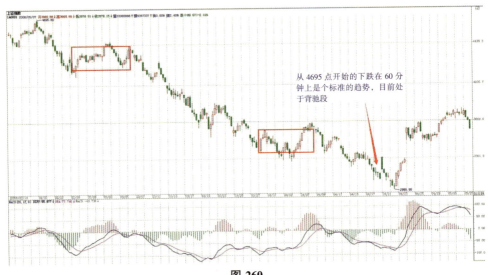

从 4695 点开始的下跌在 60 分钟上是个标准的趋势，目前处于背驰段

图 260

也就是说，后面，我们首先可能只会迎来第一种情况的反弹，其后依然有进一步的下跌去制造新低的必要。而只有当那次新低制造后，大盘才可能出现第二种或第三种情况的走势。至于这个新低的范围最终出现在 2500~2700 点内甚至更低，都不是一件太奇怪的事情。

其实，以前已经明确说过，上海指数的走势完全可以参照深圳成分指数的历史走势。我们之所以能在去年提前指出 6100 点的大顶，除了上海指数本身的分析外，一个很重要的原因，就是因为深圳成分指数的历史走势在 1996~1997 年就出现从刚破 1000~6100 点的历史性走势，该走势与上海这次的走势吻合具有极大的可能性，而事实上，这种吻合最终就变成了事实。

深圳成分指数的历史走势从 6100 点开始快速回落到 3000 点以下，和这次上海的走势又出现惊人的指示作用。因此，上海的走势最终跌破 3000 点，站在这种历史走势值得关注的对照上是完全合理的。

当然，历史走势的对照并不一定都完全成立，但从目前的情况看，最终成立的可能性越来越大。特别这次，和上次的情况在基本面上完全一样，上次是所谓的亚洲金融风暴，政府为应付之，只能把资本市场当成牺牲品。而这次的所谓的次级贷款，都是外围因素引发内部压力，最终的政策选择也是牺牲资本市场，所以，这一切，都成为很容易理解的事情了。

扫地僧：历史有时也会惊人的相似，但作为参考就好。深圳成指在 1996~1997 年的走势见图 261。

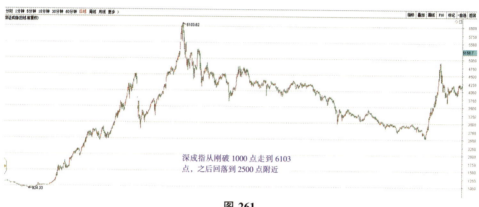

深成指从刚破 1000 点走到 6103 点，之后回落到 2500 点附近

图 261

注意，目前理解当下的资本市场，一定要彻底明白政府最终抉择中资本市场一定会被当成牺牲品的必然性，这种必然性在前面已经详细分析过了，这是理解当前资本市场的关键所在。

从目前的基本面看，出现第三种情况的可能性不大，而第二种可能性还是有的。上次，深圳通过两年的调整后才出现第三种情况的走势，如果你相信历史，那么，要出现第三种可能性的走势，怎么都需要一年的时间。

当然，分析在本质上涉及预测，并没有任何 100% 准确的可能，而实际的操作，一定要根据市场的最终选择进行，不能把分析与预测当成市场本身的走势，而后者才是操作所能真正依据的。

扫地僧：所有的分析预测，都不过是在提前写剧本，但要落实到具体操作，必须是依据当下市场的选择，用当下市场的走势来印证你的分析和预测，而不是用你的分析预测来操作。当天市场有一波反弹，但还没有形成 1 分钟中枢，尾盘低点没新低，也没有五段趋势出现。

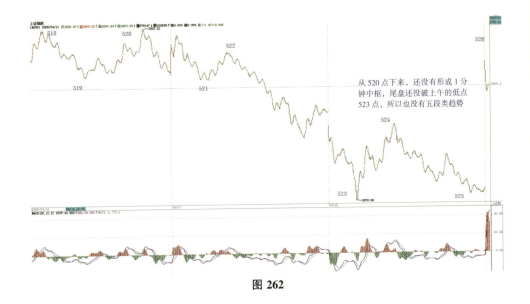

从 520 点下来，还没有形成 1 分钟中枢，尾盘还没破上午的低点 523 点，所以也没有五段类趋势

图 262

2008 年 4 月 21 日

多头版"半夜鸡叫"闹剧收场　（2008-04-21　15：09：38）

显然，周五的逼宫兵临 3000 点，给管理层足够的压力。但现在的管理层，有点葛朗台的味道。把自己兜里那点货都当宝贝了，总想用最小的代价把市场给打发了。因此，一个最没实质内容但又用"半夜鸡叫"模式过度包装的闹剧就此上演。

对此，本 ID 真是无话可说，各位大爷，为什么总是要低估市场的智慧？大爷们口袋里有什么货色，市场里的人用指甲都能算清楚，又扭捏什么呢？

不是市场不给管理层面子，而是太自以为是是必须受到嘲笑的。

当然，由于管理层已经有点压力了，所以，不排除他们来点什么组合拳，因此，过度做空已经面临风险，向下的博傻游戏也要开始小心。

市场玩的就是心理，不管对象是谁，看穿了对手自然上上下下操作自如。

技术上，短线看，今天还折腾出一个小的底分型，能否成立就看 3189 点了。

操作是双面的，可以先买后卖，可以先卖后买，可以先卖后买再卖，关键是看图操作，不要凭自己的情绪。

另外，盘面上一定要注意是否有领涨板块出现，没有这，就像今天，肯定没戏。

扫地僧：这个底分型和 18 日的底分型类似，都很弱，刚形成底分型后就又回落下去。

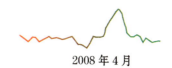

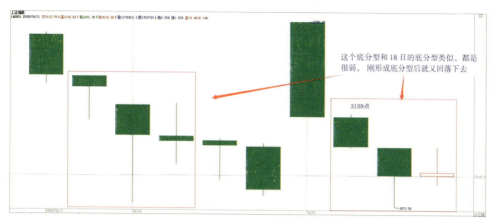

图 263

当天高开低走，形成了一个 1 分钟中枢，全天也是围绕该中枢震荡。

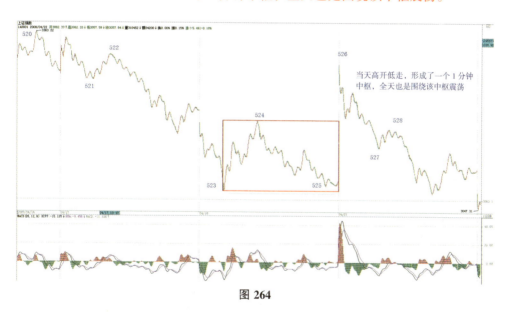

图 264

2008 年 4 月 22 日

小分型顶起大反弹 （2008-04-22 18：20：45）

注意，晚上本 ID 有重要公告，请留意。

扫地僧：当晚，缠师写了《本 ID 的癌症在下午得到最权威的医学确认》，向大家公布了患癌的消息，敢于直面生命，这是何等的勇气！

今天，60 分钟图上出现的小底分型顶出了一个大反弹，3085 点的突破确认了分型的成立，后面就是回试能否站住最终形成向上笔的问题。

由于今天的涨幅都是最后一小时造成的，因此，明天早上就很关键了。最机械地就看 3085 点，而中线关键看 3305 点。

扫地僧：当天的反弹在技术上是一个 1 分钟级别的盘整背驰构成，下图中 526~531 点与中枢前 520~523 点比较，力度有背驰，15 分钟图上看得更清晰。同时 526~531 点内部还是一个五段趋势背驰，这是一个标准的区间套买点。

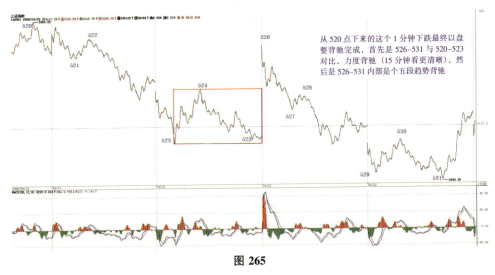

从 520 点下来的这个 1 分钟下跌最终以盘整背驰完成，首先是 526–531 与 520–523 对比，力度背驰（15 分钟看更清晰），然后是 526–531 内部是个五段趋势背驰

图 265

15 分钟图如图 266 所示。

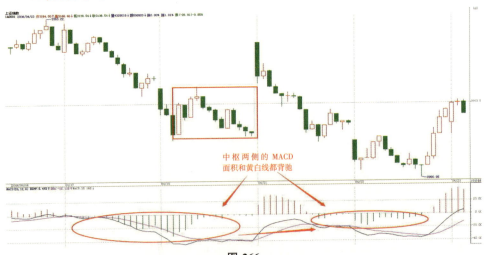

中枢两侧的 MACD 面积和黄白线都背驰

图 266

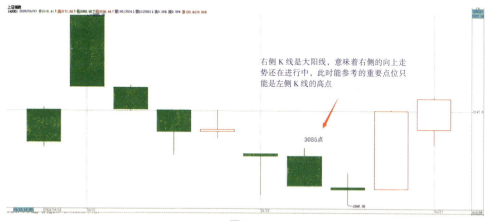

缠师说 60 分钟上突破 3085 点确立了底分型，能站稳该点就是能否形成向上笔的关键，这和前面提到的站稳底分型最高点（包括右侧 K 线）有所不同，这种情况往往在右侧 K 线是大阳线的时候，因为右侧 K 线是大阳线，意味着右侧的向上走势还在进行中，此时能参考的重要点位只能是左侧 K 线的高点。

右侧 K 线是大阳线，意味着右侧的向上走势还在进行中，此时能参考的重要点位只能是左侧 K 线的高点

3085点

图 267

3305 点则是日线底分型的高点，也就是昨天的高点，1 分钟图里的 526 点。

个股方面，金融股，包括银行证券继续走强，这证明长线资金依然坚定认为 3300 点下的空头陷阱性质，而现在很关键的就是房地产股了，如果能从前期的空头转为多头，则多头成功的概率就大了去了。

政策方面，今天把王大先生也给逼出来了，这次的逼宫行情，骗到了筹码，又把政策冲了冲，效果是显然的，但还是缺少干货，这才是行情迟迟不大动的关键。

2008 年 4 月 23 日

纯技术化的走势如期遭受 3305 点考验 （2008-04-23 17：58：56）

昨天分析给出 3085 点与 3305 点，结果今天走势就在这两点演绎。早上对 3085 点的回试确认极端教科书，下午，最后半小时一直在 3305 点关前徘徊。

显然，突破 3305 点，那行情的性质将升级，而不破，那就要出现震荡，因此操作上以此为标准就很容易了。

个股现在普遍回暖，而有些板块已经逐步有中线强势特征，只要真有领头的，行情就有戏。

太多就不谈了，看图操作。

大略看了各位昨天的留言，谢谢了，本 ID 会认真面对的，有空会把相应的事情一一记录，就如同一个股票的操作记录。

扫地僧：顶底分型的高低点确定了中、短线各自的参考位置，看盘时就有了明确的参考，那么盘中对这参考位置的突破、回抽就是重要的看盘内容。

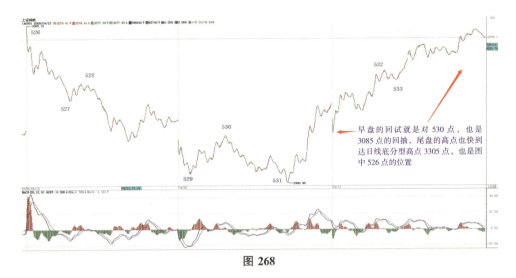

早盘的回试就是对 530 点，也是 3085 点的回抽，尾盘的高点也快到达日线底分型高点 3305 点，也是图中 526 点的位置

图 268

2008 年 4 月 24 日

普涨后注意板块分化 （2008-04-24　15：15：00）

干货的力量，今天全面呈现。市场不是没有资金，而是没有信心。信心来自干货，有了干货，就有了冲击的能量。

扫地僧：当天国务院批准证券交易印花税从千分之三降到千分之一，这也是缠师一直期盼的政策，也就是本篇里提到的干货。

不过，任何事情都不能昏头。今天是普涨，所有前期压抑的发泄，因此，行情能否真正健康地展开，关键是其后的分化，强势领涨板块的继续走强，这才是长远之计。

扫地僧：实战经验：普涨性的反弹之后，关键是分化，强势领涨板块要能继续走强，反弹行情才能持续健康地展开，也就是"龙头"不能倒。

前面说过，券商由于能直投，所以是真正的创投股票了，而这次减税，肯定对成交量有大的提升，这板块在前期提示后，依然值得关注，不过追高就没必要了，因为毕竟会有一次洗盘的过程。

另外，这次行情的性质，前面也说过，肯定大头的天下，一般的题材股，暂时只能小打小闹。所以一、二、三的节奏，大概会表现得比较明显。

注意领涨板块之间的轮动节奏，以及向二、三线的蔓延节奏。

当然，从纯操作的角度，我们不能一味看好，饭要一口口吃，短线的关键位置在 3656 点，站住继续上，否则进入震荡。

扫地僧：当天市场高开后，一直是震荡，并未形成 1 分钟级别的中枢，3656 点是周线底分型的高点，由于当天收盘距离该位置很近，所以构成短线的关键位置。

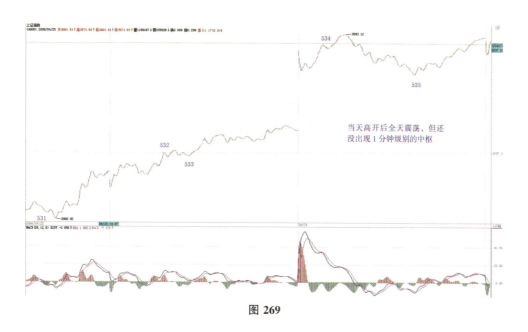

图 269

2008 年 4 月 25 日

3656 点如期发挥神奇作用 （2008-04-25 15：15：22）

大盘如此气势汹汹，结果还是在本 ID 一早提示的 3656 点上被迎头痛击而出现跳水，显然，大盘因此将进入震荡，该震荡平台如果最终只能出现第三类卖点，那么大盘甚至有再次探底的可能。

扫地僧：当天在形成一个 1 分钟中枢之后，刚好在 3656 点附近出现了盘整背驰，下图中 537~538 点的力度明显背驰，并且该线段内部也是一个标准的趋势背驰，形成区间套的卖点。见图 270。

大盘没什么可说的，站住 3656 点，继续大鱼大肉，站不住，就改吃咸鱼青菜，如此而已。

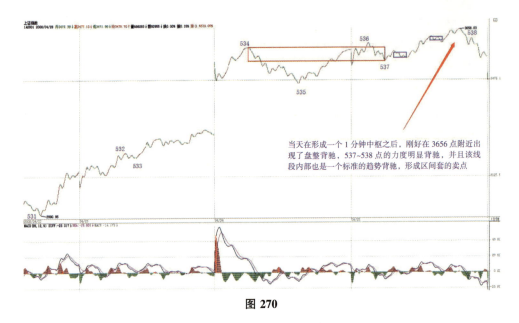

当天在形成一个 1 分钟中枢之后，刚好在 3656 点附近出现了盘整背驰，537~538 点的力度明显背驰，并且该线段内部也是一个标准的趋势背驰，形成区间套的卖点

图 270

证券板块继续如所说的强势，显然，这是领头的，只要该板块中线继续走强，那么问题就不大。短线会有震荡。

扫地僧：实战经验：只要领头板块中线继续走强，那么行情就没问题。比如 2018 年 10 月中下旬的反弹是证券板块领头的，后面大盘创了新低，但该板块并没新低，还有了第二波、第三波，那么市场问题就不大，中线继续走出了一波行情。

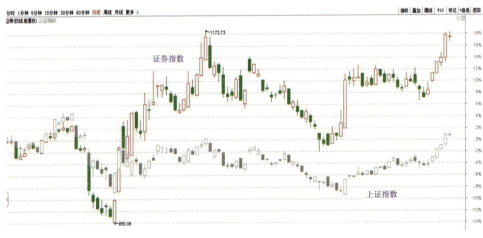

图 271

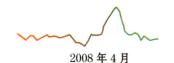

个股如所说的出现分化，好好观察调整中有新资金介入的，一旦还有新一波，这就是黑马了。

另外，本 ID 极端鄙视那些拿本 ID 的病到处招摇的，这些不配做人。人的尊严，就在生命的残酷中的从容，整天鬼哭狼嚎，把一个帖子贴上几百上千，还是人吗？

人，就要人一样站立。感谢各位的关心，你们的药方等等都感谢了。不过，本 ID 下周会因此而开始讲授中医的，这也是战胜疾病的一种方法。

2008 年 4 月 28 日

3656 点的神奇捍卫技术分析的尊严　（2008-04-28　15：06：21）

很多一知半解的人，说什么技术分析没用，那么请问为什么本 ID 多次事先指出的位置都神奇地逆转了大盘？就像这次的 3656 点，事先给出，其神奇作用是在基本面强烈变动下发生的，结果怎么样？这两天的走势很无耻地很不给所有人面子地捍卫了技术分析的尊严。

很明确地说了，站住 3656 点，继续大鱼大肉，站不住，就改吃咸鱼青菜，所以，各位就开始吃咸鱼青菜了。什么时候才可能再大鱼大肉？很简单，等 60 分钟的向下笔完成。

日线上，3656 点使得一个向上笔完成了，要在继续延伸，关键还是要重新站住 3656 点，因此该点已经有了日线级别的技术意义。日线关键看 5 日线，只要能站住，回探就在可接受的范围内。

扫地僧：3656 点是周线底分型的高点，由于短期上涨过快，使得指数与 5 日均线距离较大，虽然当天指数下跌 2.33%，但仍然在 5 日均线上方。

图 272

从高点 538 点下来，当天形成一个 1 分钟中枢，尾盘没破中枢，但明天就要时刻关注有没有盘背买点了。

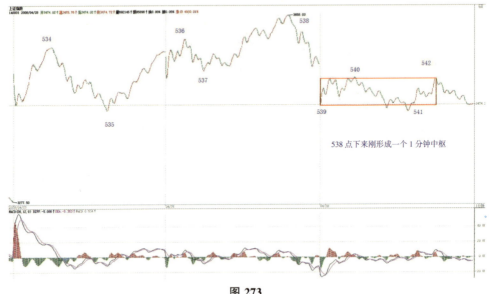

图 273

个股上，注意强势股回调时是否有资金承接而有第二波的机会。另外，调整时，老题材股会趁机活跃。

扫地僧：实战经验，调整出现时，老题材股会趁机活跃。

2008 年 4 月 29 日

5 日线支持产生震荡 （2008-04-29 15：02：13）

3656 点是大盘的抉择点位，其下的一切震荡本质上都没多大意义。

当然，如果 5 日线震荡失败，那么大盘将确立进入向下笔，调整压力将加大。

个股，强者恒强在证券中表现明显，所以一直强回调介入机会。但现在关键看大盘，如果调整加大，就要注意相应风险。

扫地僧：当天依旧是围绕 539~542 点这个 1 分钟中枢的震荡，早盘低点构成中枢震荡买点，546 点是中枢震荡的卖点。

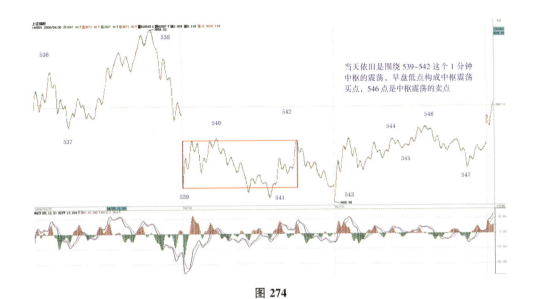

当天依旧是围绕 539~542 这个 1 分钟中枢的震荡，早盘低点构成中枢震荡买点，546 点是中枢震荡的卖点

图 274

2008 年 4 月 30 日

3840 点成中线关键 （2008-04-30 15：17：52）

当然，题目成立的前提是 3656 点突破的有效，这必须是节后前三天的表现决定。节后越强势，大盘反而越不用担心；反之，大盘该强不强，就要小心陷阱了。

扫地僧：由于上周的周 K 线包含了前面三根，所以周线底分型的高点就向前看一根 K 线，那么中线的关键就是向前一根 K 线的高点 3840 点。

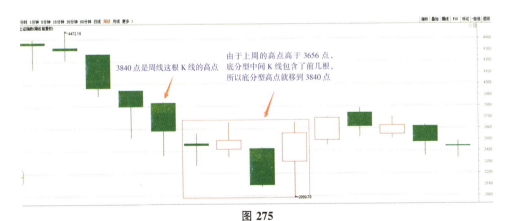

3840 点是周线这根 K 线的高点

由于上周的高点高于 3656 点，底分型中间 K 线包含了前几根，所以底分型高点就移到 3840 点

图 275

当天的走势非常强，只有一段上涨，迅速摆脱了下方的 1 分钟中枢。

235

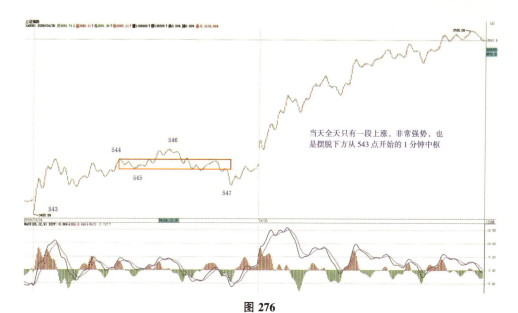

图 276

2008 年 5 月

2008 年 5 月 5 日

走势趋弱，小心震荡 （2008-05-05 16：54：42）

今天，上攻力度明显趋弱，以板块补涨为主，所以，大的震荡风险已经开始积聚。3840 点的中线意义已经早说过，注意该点位上下表现。

扫地僧：当天出现了上涨 1 分钟趋势的第二个中枢并且顶出了趋势背驰的第一类卖点。

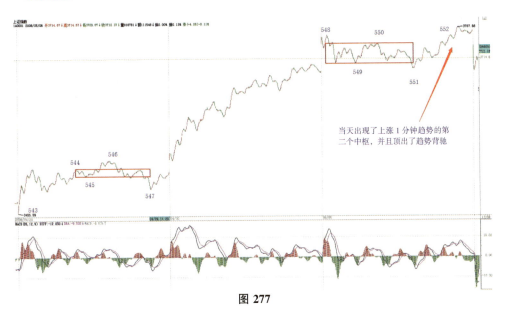

图 277

此外，还有一个实战经验：当"龙头"板块不再表现，以补涨板块表现为主时，往往预示这大级别的震荡调整。

2008 年 5 月 6 日

大盘如期震荡 (2008-05-06 13：25：02)

大盘如期震荡，没什么可说的。

扫地僧：当天是一卖之后的震荡调整，554 点是第二类卖点。

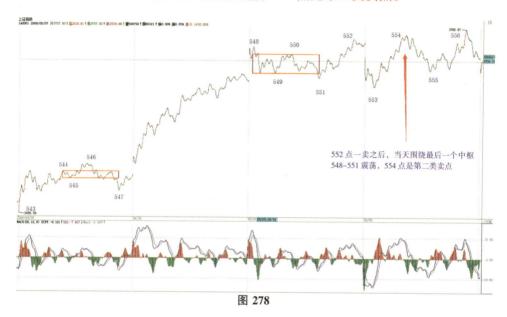

552 点一卖之后，当天围绕最后一个中枢
548~551 震荡，554 点是第二类卖点

图 278

2008 年 5 月 7 日

该强不强小心陷阱终被验证 (2008-05-07 15：06：22)

节前已强调，节后该强不强小心陷阱，而周一又再次提醒，因此今天的走势完全在预料之中，现在中线很简单，还是看 3656 点，强弱分水岭，站不住甚至不排除二次探底。

暂时可以把操作先以 3656 点附近新中轴震荡打短差。

扫地僧：当天是一个只有一段的下跌趋势，那么上涨的 1 分钟趋势结束后跟了一个下跌的 1 分钟趋势，其中盘中在 3656 点处有两次支撑，但最终还是被破掉了。

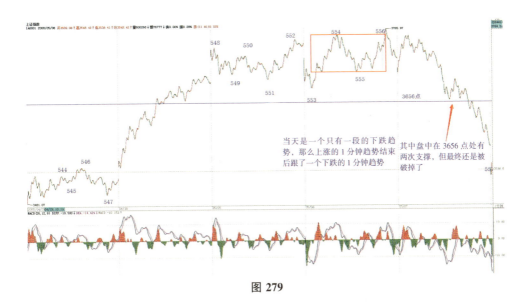

当天是一个只有一段的下跌趋势，那么上涨的 1 分钟趋势结束后跟了一个下跌的 1 分钟趋势

其中盘中在 3656 点处有两次支撑，但最终还是被破掉了

图 279

2008 年 5 月 8 日

3656 点上下的艰苦选择 （2008-05-08 14：45：00）

　　3656 上下的重要意义已经反复说，至于如何选择，根本没必要预测，只要保持如此市场节奏，那就 3656 点下跌不动就买，之上或附近涨不起就抛，不断短差。

扫地僧：当天低开后震荡上行，尾盘逐渐震荡至 3656 点。

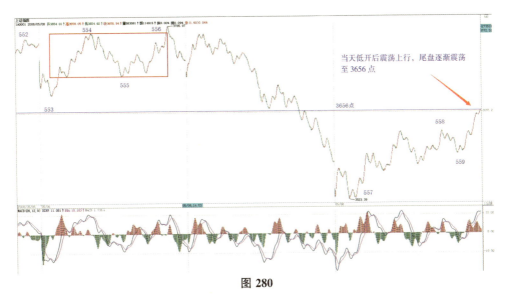

当天低开后震荡上行，尾盘逐渐震荡至 3656 点

图 280

2008 年 5 月 9 日

瞎猫撞上了死耗子 （2008-05-09 08：46：29）

大盘最近无须多说，就 3656 点的中枢震荡和第三买卖点问题，明白这一总格局，就一切随心了。

一直到凌晨 3 点多，本 ID 犯了一个错误，进行了"放血"操作，结果使得 3840 点的冲击失败，重新回到 3656 点震荡。这个错误比较严重，使得这次瞎猫撞上了死耗子的机会有夭折可能，现正在修复。但人为因素要打折扣，但努力是一定的。

扫地僧：缠师这里暗示其在前几天进行了减仓操作，大约就是 5 月 6 日，大盘出现 1 分钟级别趋势背驰时。

当天就是在围绕 557~560 点这个 1 分钟中枢做震荡，560~561 点离开中枢并出现段内背驰（五段趋势背驰），561~562 点的反弹又回到中枢上方 3656 点附近。

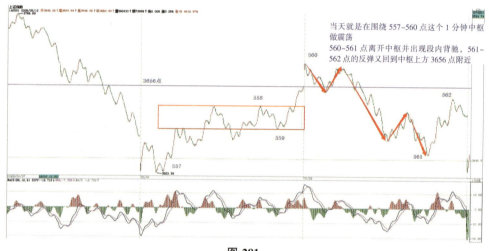

图 281

2008 年 5 月 12 日

为地震死难者默哀 （2008-05-12 20：59：13）

在如此灾难面前，本 ID 那点小病又有什么值得一提的。

保重。

扫地僧：当天是 2008 年"5.12"地震，缠师寥寥数语对此大灾难表示哀悼。

从当天起，一直到 2008 年 6 月 3 日，缠师由于一直在忙着看病的事情，没有发表任何关于股市的内容，这是一段缠师解盘上的真空期，本人依旧按照中枢、走势和分型的角度来对这段真空期解盘。

当天技术上依旧是中枢震荡，562~563点离开中枢并与560~561点这段力度比较有背驰，之后再反弹至3656点附近。由此可见，3656点在短线上的参考价值非常大。

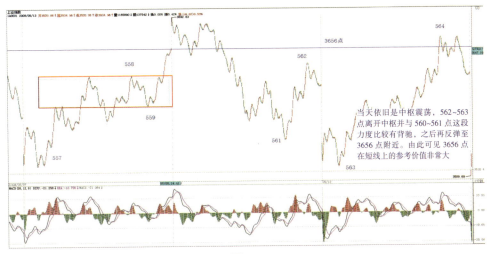

当天依旧是中枢震荡，562~563点离开中枢并与560~561点这段力度比较有背驰，之后再反弹至3656点附近。由此可见3656点在短线上的参考价值非常大

图 282

2008 年 5 月 13 日

扫地僧：当天又从3656点附近跌落下来，这样从高点下来的1分钟走势扩展出了5分钟中枢，3656点依然没能站上去。

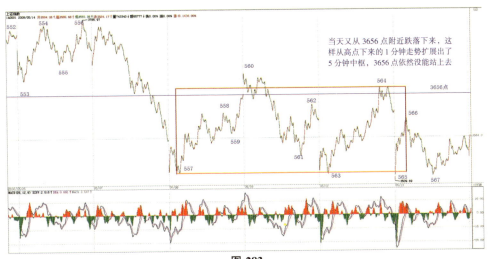

当天又从3656点附近跌落下来，这样从高点下来的1分钟走势扩展出了5分钟中枢，3656点依然没能站上去

图 283

缠论解盘详解之二 （2007.11—2008.10）

2008 年 5 月 14 日

扫地僧：5 分钟级别的中枢震荡依旧，当天又回到了 3656 点附近。

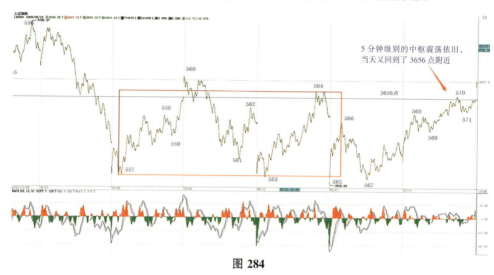

图 284

2008 年 5 月 15 日

扫地僧：567~574 是围绕 5 分钟中枢的次级别震荡，其中 570~573 点构成 1 分钟中枢，574 点是盘整背驰卖点，同时根据多义性，567~574 点与 556~557 点对比，力度明显减弱，尾盘再次跌破 3656 点。

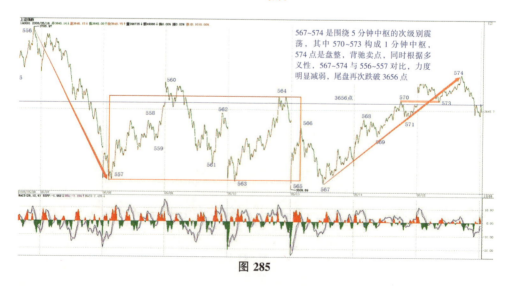

图 285

2008 年 5 月 16 日

扫地僧：当天跌破 3656 点后连续三次反抽都以失败告终，此时已经预示走势即将走弱。

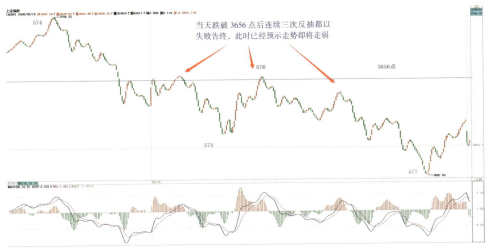

图 286

2008 年 5 月 19 日

扫地僧：579 点是一个盘整背驰买点，由于 580 点高于 575 点，所以并不构成第三类卖点，依然是围绕 575~578 点这个 1 分钟中枢的震荡，并再次试图回抽 3656 点。

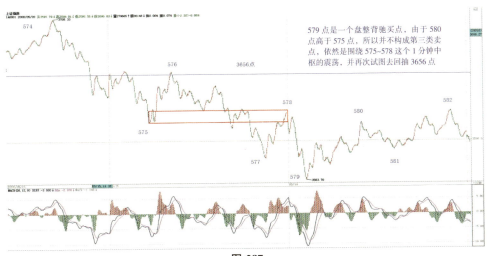

图 287

短线上，当天的反弹高点并没站上 60 分钟底分型高点，后市仍不乐观。

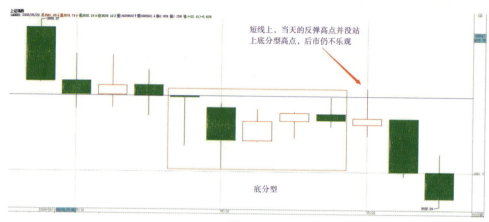

图 288

2008 年 5 月 20 日

扫地僧：当天早盘的上冲还是被 3656 点压制，之后就进入了跳水式的下跌，最终跌破了前面 5 分钟中枢。

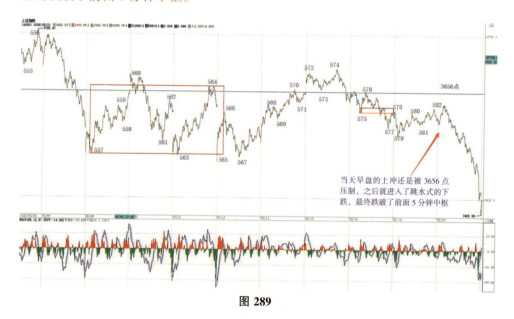

图 289

周线上 3656 这个底分型高点一直是近期盘面的重要位置，最终没能站上，周线向上笔失败。

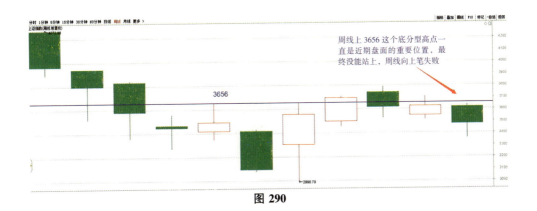

图 290

2008 年 5 月 21 日

扫地僧：从 582 点大幅下跌之后，开始进入震荡，下午在对早盘高点的两次回抽确认后快速反弹，早盘高点同时也是 60 分钟底分型中间 K 线的高点，60 分钟底分型出现。

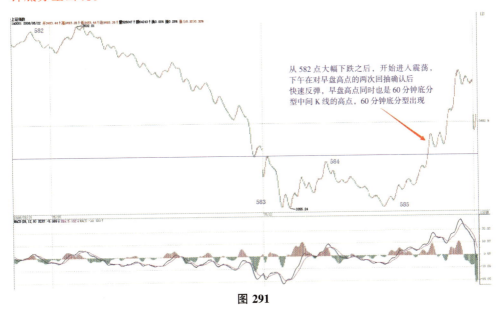

图 291

尾盘还突破了 60 分底分型左侧 K 线的高点，那么短线就看这底分型高点 3538 点能否站稳。

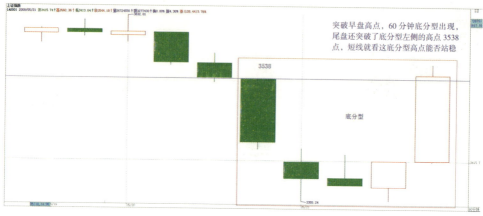

突破早盘高点，60分钟底分型出现，尾盘还突破了底分型左侧的高点3538点，短线就看这底分型高点能否站稳

3538

底分型

图 292

2008 年 5 月 22 日

扫地僧：当天先形成了一个 1 分钟中枢 586~589 点，然后围绕该中枢震荡，高点依然不能站上 60 分钟底分型高点 3538 这个短线重要位置，尾盘开始回落。

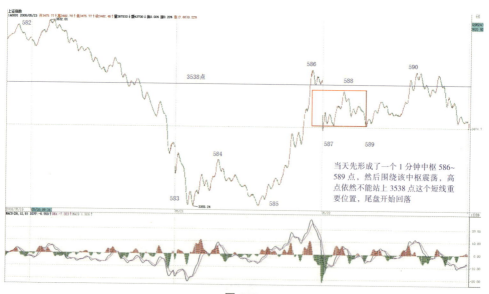

3538点

当天先形成了一个 1 分钟中枢 586~589 点，然后围绕该中枢震荡，高点依然不能站上 3538 点这个短线重要位置，尾盘开始回落

图 293

2008 年 5 月 23 日

扫地僧：当天依旧是围绕 1 分钟中枢的震荡，两次回抽 3538 点都以失败告终。

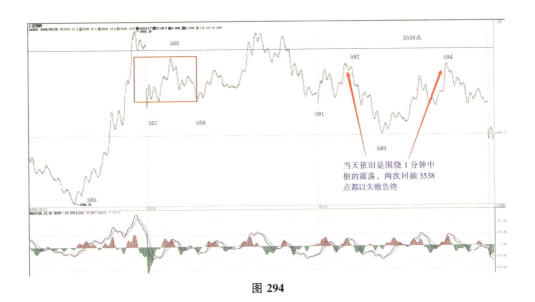

图 294

2008 年 5 月 26 日

扫地僧：多次站不上 60 分底分型高点 3538 点，最终的结果就是当天低开低走，又回到了 60 分底分型低点附近。596 点还是 591~594 点这个 1 分钟中枢的第三类卖点。

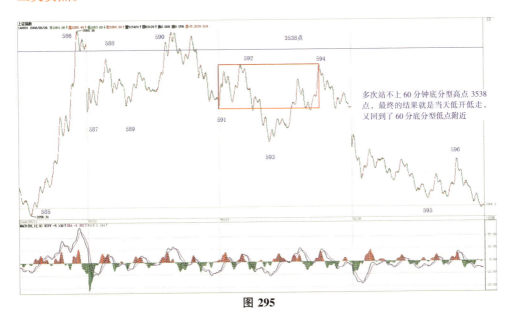

图 295

2008 年 5 月 27 日

扫地僧：当天形成第二个下跌的 1 分钟中枢之后出现背驰。

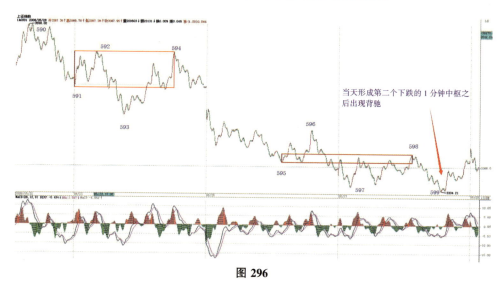

图 296

同时也跌破了 60 分钟底分型的低点，新的 60 分钟底分型呼之欲出。

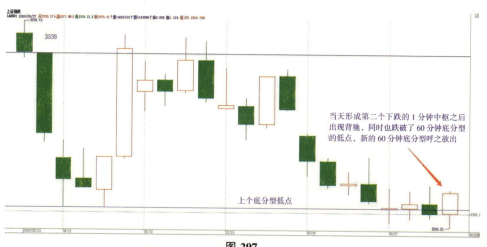

图 297

2008 年 5 月 28 日

扫地僧：599 点趋势背驰之后，上午在最后一个中枢附近震荡整理，然后开

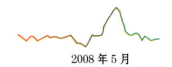

始突破拉升，又回到了下跌 1 分钟趋势的第一个中枢内。

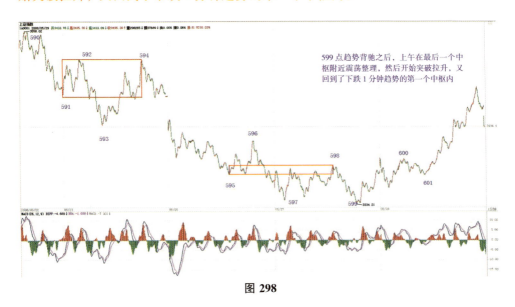

图 298

60 分钟底分型形成，底分型高点是 3393 点，而且当天日线底分型也形成了，日线底分型左侧 K 线高点是 3444 点，当天收盘点位略高于 3444 点，那么此时短线应该看 3444 点能否站稳。

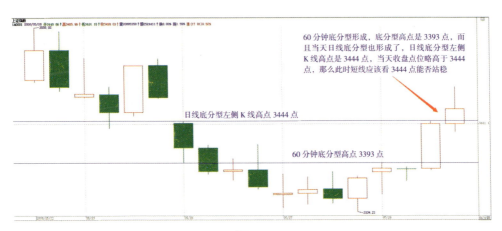

图 299

而且 3444 点在盘面上也有技术表现，就是下午开始上冲时，有三次试探3444 点，并最终成功突破，突破之后还有一个回踩确认，很有技术性。

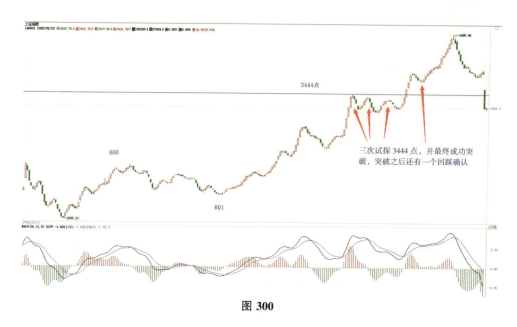

图 300

2008 年 5 月 29 日

扫地僧：大盘在昨天冲高后，开始进入震荡，两次回抽 3444 点，但最终还是跌破了。

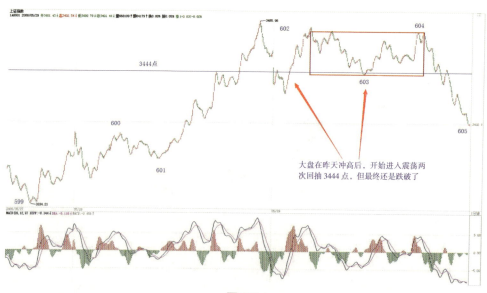

图 301

2008 年 5 月 30 日

扫地僧：3444 点依然是当天争夺的主要焦点，上午和下午各有两次回抽该点，但最终都失败了，可见该点位的有多重要。

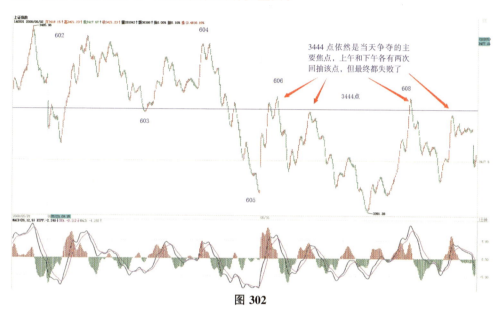

图 302

2008 年 6 月

2008 年 6 月 2 日

扫地僧：当天继续震荡，依然是围绕 3444 点的争夺，上午两次受到压制，然后突破，尾盘的回抽又在 3444 点处受到支撑。

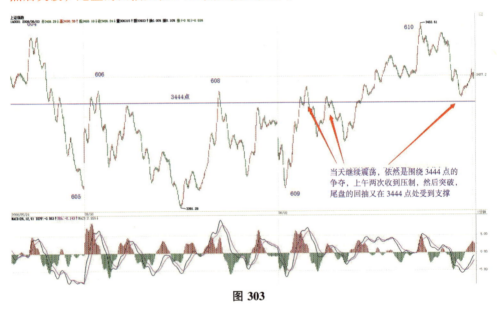

图 303

2008 年 6 月 3 日

缠中说禅　2008-06-03　12：13：16

至于股市，没什么可担心的，现在已经走得超级完美，一直顺着 60 天线调整，一旦再站上本 ID 一直强调的分水岭 3656 点，就直接上 60 天线，行情就可以发动了。最近注意一下布林通道，不排除先破再立，深挖井才可以广积粮。

扫地僧：3656 点是周线的底分型高点，也是中线的重要参考位置。

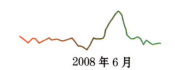

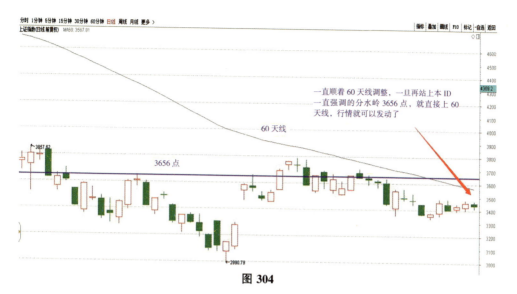

图 304

当时日线的布林通道处于收窄状态，随时可能向上或向下变盘。

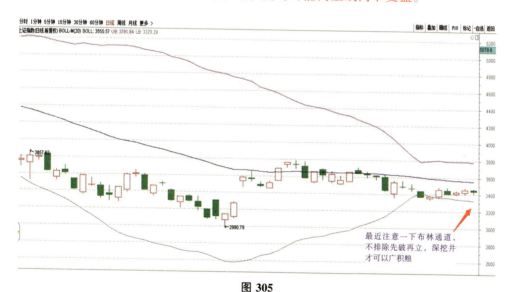

图 305

对于短线，依然是看日线底分型的上沿 3444 点，当天依然是对 3444 点的争夺，上午跌破之后，有三次回抽，最终还是没能站上。见图 306。

从这几天的解盘可以看出，3444 点这个日线顶分型高点在短线上是多么重要，短短几天时间，该点位形成了 4 次支撑，10 次压力。见图 307。

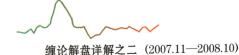

图 306

图 307

2008 年 6 月 4 日

缠中说禅　2008-06-04　15：14：21

前两天乌鸦嘴了一把，让各位注意布林通道，小心最近先破位，现在，最坏的情况是走最后一跌，破 3000 点而下，如果大盘足够肾水，那么也可能皆大欢喜一把，双底而起，后面就是如此这般了，散去吧。

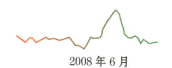

2008 年 6 月

扫地僧：多次站不上 3444 点，当天出现了大跌，低点又回到了日线底分型的低点附近，日线向上笔基本夭折。

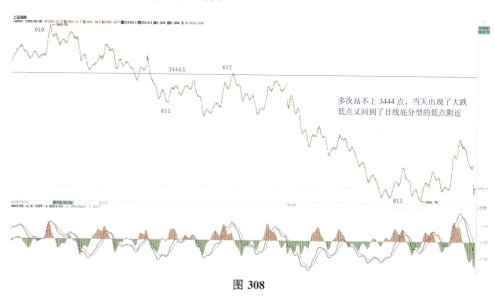

多次站不上 3444 点，当天出现了大跌
低点又回到了日线底分型的低点附近

图 308

2008 年 6 月 5 日

缠中说禅　2008-06-05　09：41：51

昨天还说到股票的事情，本 ID 的观点十分明确，确实现在暂时没有跌破 3000 点的理由，而且，由于这次下探没有拉出长阴线，证明下跌力量不足，大盘有足够理由在缺口上方站住，直接回头向上。但是，有时候考虑问题，不一定要这么不留余地，特别是今年，中国历史有一个 32 年周期的小循环规律，而今年正是最多事的一年循环点。因此，今年那些神秘的、特没预兆的事情特别的多，谁敢保证，你下一秒不会出现些幺蛾子事，特别是今年，一出就是全国性质的，世界比我们想象的神秘，多考虑点，没什么坏事。

扫地僧：实战经验，长阴线代表了下跌力量很大，原因在于长阴线意味着无法形成中枢，或者中枢级别非常小，中枢级别越小，代表了反抗的力量相对就越小，那么就意味着下跌的力量十分强大。见图 309。

610~615 点构成五段类趋势，615 点是趋势背驰点，并且 615 点跌破了上一个日线底分型的低点，使得日线的下跌笔继续延续。见图 310。

有了一分钟线段类背驰，那么超短线上，反弹就参考 60 分钟底分型的高点 3374 点。见图 311。

255

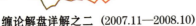

缠论解盘详解之二（2007.11—2008.10）

（扫码获取更多学习资料）

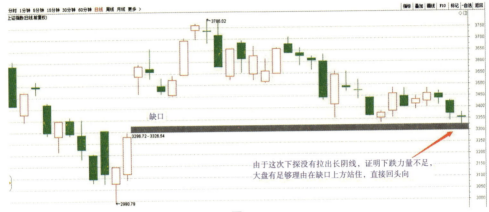

由于这次下探没有拉出长阴线，证明下跌力量不足，大盘有足够理由在缺口上方站住，直接回头向

图 309

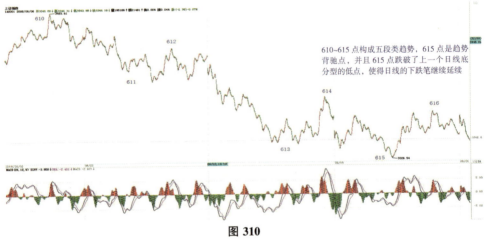

610~615 点构成五段类趋势，615 点是趋势背驰点，并且 615 点跌破了上一个日线底分型的低点，使得日线的下跌笔继续延续

图 310

底分型

底分型高点 3374

图 311

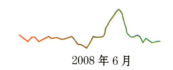

2008 年 6 月 6 日

缠中说禅　2008-06-06　09：52：47

请注意，以后解盘，没什么特别的，都放到当天文章里，免得像以前，打开博客满眼都是解盘，本 ID 不介意这里的人多少，草深三尺最好，但那些光知道股票，把本 ID 这里当成无聊的股票博客的，是走错地方了。光懂得股票的最终不过都是死路一条，来这里也是多余的。

另外，本 ID 对股票的评论，都是提点性质，并不承诺你什么。例如，本 ID 无数次说过，今年一定是短跑运动，如果你爱电梯，那谁都救不了你。本 ID 自己今年的操作，经常持一股票就两三天，到目前为止，持有时间最长的大概就是证券类的，这本 ID 强调过无数次了，但也是不断来回折腾类型，什么时候会傻拿着？

本 ID 每次反弹都把最后走的位置说好了，记得这次是多少点吗？3656！就算你没勇猛到 3656 点上盘整顶背驰走，那么有效跌破 3656 点还不走，那能怪谁呢？现在大盘爱到多少点是多少点，反正缺口上能站稳，咱们就再进去折腾一把，站不稳，就让它见越南盾去吧！

如果来这里这里久，连这么简单的问题都搞不明白，那还是回火星比较安全，中国的股市好危险呀，火星安全点。

扫地僧：熊市里只能做短线反弹，级别不能太大。在缺口上站稳需要出现一个稍大级别的背驰才能确定，由于昨天只是出现了一个五段类趋势背驰，级别太小，所以就看 60 分钟底分型的高点能不能站稳，如果能站稳，就可以折腾一把。

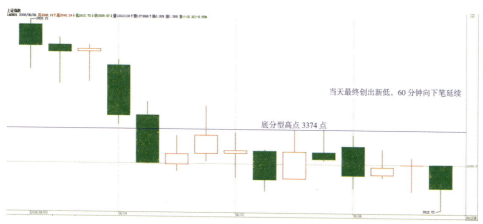

图 312

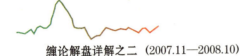

技术上，610~615 是五段类趋势背驰，之后选择了构筑更大级别中枢 615~618，然后继续跌破该中枢。

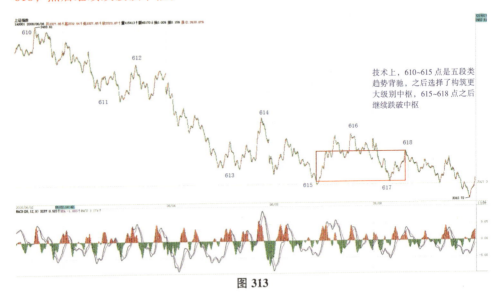

技术上，610~615 点是五段类趋势背驰，之后选择了构筑更大级别中枢，615~618 点之后继续跌破中枢

图 313

2008 年 6 月 10 日

缠中说禅   2008-06-10   16：40：36

这里首先把盘子解一下。在市场中，第一就要分清楚预测与操作的严重区别：预测是游戏，是茶余饭后的谈资；而操作是真刀真枪去干，是血与火的斗争。绝对的预测归根结底都是笑话，而非绝对的操作归根结底是死路一条。像这次，绝对的操作是怎么样，本 ID 早已反复说明：3656 点站不住走，3300 点缺口位置不回补可以回补筹码再短差一把，否则就让大盘越南盾去。这里，整个操作的设计是没有任何不确定的地方，都是绝对性的，这才能股票股票而不是被股票股票，而任何预测都只能永远在被股票股票的死路上轮回。

以上的话，反反复复说过无数次了，但如果不成为自己的自然反应，直接烙到骨髓心窝，是没用的，一定会经常犯糊涂。

那么，现在的操作就极端简单了，一个短线的机会在这轮下跌的背驰点上，然后必须看反弹是否能回补今天缺口，只要不能，一定要走掉，因为必然会有再次的下探去构成更好的机会；反之，如果能回补，就看回补后构成的中枢的第三类买卖点情况。这样的操作安排，完全是绝对性的，没有任何含糊的地方，如果你看不懂，觉得很迷糊，就请虚心把课程好好学，里面都有最数学化的精确定义。

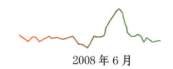

扫地僧：当天出现了大跌，技术上，610~615 点是五段类趋势背驰，之后构筑更大级别中枢 615~618 点，由于当天大幅下跌，因此没有背驰。

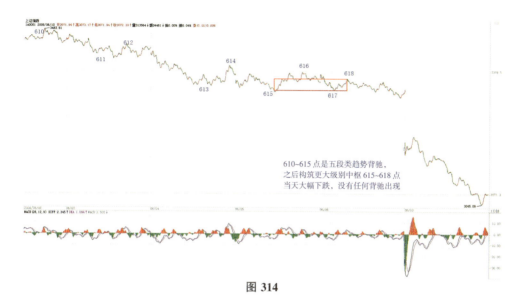

图 314

下一个短线机会就是等这个下跌的 1 分钟趋势结束，看其后的反弹能不能回补今天的缺口，也就是回到 615~618 这个区间。如果能回补，就看回补后构成的中枢的第三类买卖点，这里也隐含了一个实战经验：当"V"形反转或者出现大的跳空缺口被回补后，之后构成的中枢的第三类买卖点是决定方向的关键，这个中枢级别无须预判，因为第三类买卖点必然在该中枢之后产生。

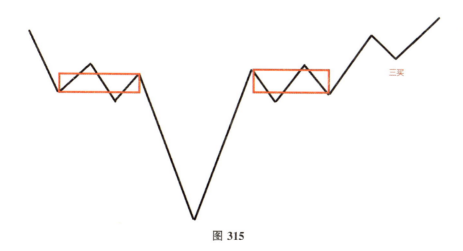

图 315

　　至于茶余饭后的预测性谈资，本 ID 也早就给出，就是一直强调的深圳成分指数的历史性轮回现象。本 ID 去年一大早就指出，上海指数很可能完全照抄上次深圳的整个走势，从 6100 点的高点到其后的回跌形态与结束位置，这个预测早就给出，这也是本 ID 为什么说 3000 点的这个反弹很可能后还有最后一跌的一个很重要的理由。如果一定要套用各位更熟悉的所谓波浪理论，那么从 6100 点下来，4778 点的反弹是第二浪，3000 点的反弹是第四浪，然后构成所谓第五浪的下跌，当然，波浪理论是很不精确的东西，这里只是因为各位可能更熟悉其中的语言，借题发挥一下。

　　扫地僧：缠师说的五浪见图 316：

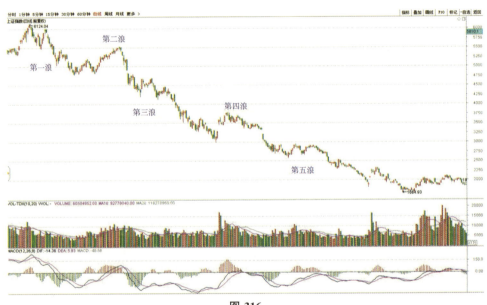

图 316

2008 年 6 月 11 日

缠中说禅　2008-06-11　16：25：48

　　先说大盘，今天的大盘走出一个小型中枢，由于没破底，因此这种盘整的能量有限，若能走出小的第三类买点，则有向昨天缺口方向攻击的进一步行动，否则将转化为大跌后的休整式盘整，后面还有进一步探底。即使是前面好的情况，由于昨天长阴杀伤过强，人心浮动，如果没有大的消息配合，最终将无功而返，再考验 3000 点。

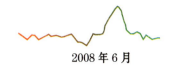

扫地僧：这个小型中枢是 1 分钟以下级别的，一般这种没大级别背驰的，要想转折，必须走出小级别中枢的三买，否则就耐心等待大级别背驰的出现。

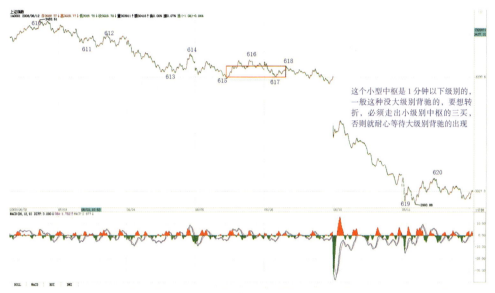

这个小型中枢是 1 分钟以下级别的，一般这种没大级别背驰的，要想转折，必须走出小级别中枢的三买，否则就耐心等待大级别背驰的出现

图 317

大盘要真正找到一个有效的支持，必须在周线上构造出一个标准的底分型，否则继续下探甚至大面积下探的风险将难以解除，而月线、季度线上，同样存在类似问题，中长线走势的压力，看看这几个周期的图形就一目了然。

当然，短线可以看日线分型的构成情况，一旦出现将有短线一定力度的反抽，如果特别心急的就看 30 分钟或 60 分钟，太短的就算了。个股方面，都要以短跑为主，现在的情况下，没有什么股票值得长期拥有的，本 ID 前面早说过，自己今年经常持一只股票就两三天，今年一定要多多 419，少想天长地久。因为今年的股票都是"追命僵尸"，一长一久就要"尸变吃人血"的。

扫地僧：由于当天创了新低，所以在日、周、月和季线上都不可能有底分型出现。做超短线的可以看 30 分钟或 60 分钟的底分型，级别不能再小了，否则当天出不去。60 分钟图里，当天也没有底分型，只有在 30 分钟图里出现一个底分型，但全天都没能突破底分型的高点。

缠论解盘详解之二（2007.11—2008.10）

（扫码获取更多学习资料）

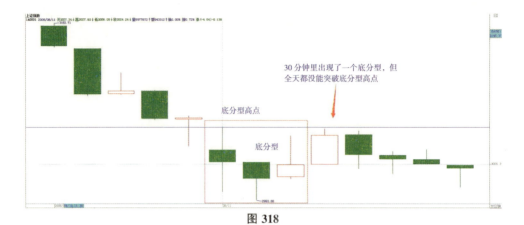

30 分钟里出现了一个底分型，但
全天都没能突破底分型高点

底分型高点

底分型

图 318

2008 年 6 月 12 日

缠中说禅　2008-06-12　15：23：31

至于股票的运行，在本 ID 的理论观照下同样是很科学的，该怎么样就怎么
样，没有任何含糊的地方。这几天一直没有出现有力度的反弹，而只要你看看 30
分钟以上图的 MACD，就知道这是理所当然的，因为真正大点级别的背驰根本没
出现，60 分钟上甚至连背驰段都说不上，这样怎么可能有大的反抽？

扫地僧：60 分钟图里，正处于中枢移动过程中力度最大的一段，MACD 无论
是面积还是黄白线都明显是力度最大，所以大一点级别的背驰根本不可能出现。

60分钟图里，正处于中枢移动过程
中力度最大的一段，MACD无论是面
积还是黄白线都明显是力度最大，所
以大一点级别的背驰根本不可能出现

图 319

262

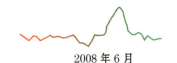
后面具体的走势，如果你真喜欢预测闹着玩，那也很容易，从 3786 点下来这最后一跌，显然要走出至少两个中枢，否则这还是前面中枢的震荡，就还不是最后一跌。那么。现在在 3300 点上有一个中枢了，因此，这一轮下跌要完成，最标准的走法，就是先反弹出第二个中枢，这个中枢的波动区间基本没可能回补缺口，然后再一次破位，形成真正的背驰。

扫地僧：从后面的走势可以看到，最终真实的走势确实和缠师这段描述吻合，在 7 月 3 日该级别的背驰出现。

图 320

当然，上面说的是两中枢的标准下跌情况，如果外围因素恶劣，出现多中枢的下跌，这也是理论所保证的，关键看第二个中枢第三类卖点后是否真正背驰，这在当下很容易判别。至于还有不破位，直接小级别转大级别的情况，那是第二个中枢出现第三类买点的情况，这种不常见的情况万一出现，都在理论的可观察范围内，所以还是有充分把握的。

扫地僧：实战经验：第二个中枢出现后，还有不破位的情况，那么这第二个中枢出现第三类买点是介入时机。见图 321。

技术上，从 618 点开始的下跌，走出了一个五段类趋势背驰，第二个 1 分钟中枢即将出现。见图 322。

（扫码获取更多学习资料）

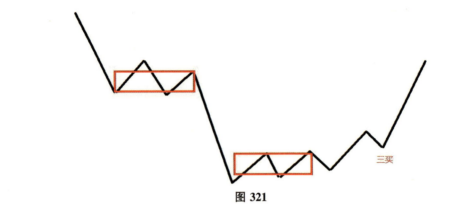

图 321

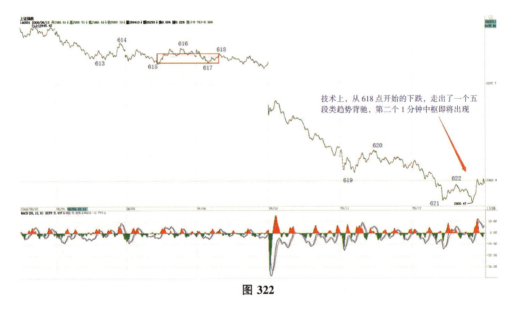

图 322

2008 年 6 月 13 日

缠中说禅 2008-06-13 16：11：04

先说大盘，其实该说的前几天都早说了，唯一可以补充的是 2524 点是 6124 下来的 3600 点，附近应该有强力的中线支持，如果 6124 点下来的第一段跌幅和这次的最后一跌相等，那么 1345 点的下跌位置大概就在 2430 点附近。因此，中线的强支持在 2500 点一带，是否最终跌到这个位置并不重要，关键是昨天说的下跌节奏，下周的首要任务，就是形成这轮下跌的第二中枢，否则，一切免谈。

扫地僧：缠师这段解盘是从两个方面来分析 2500 点一带有支撑，第一个方面是从周期的角度，因为 3600 是周期里重要的数字，所以从高点 6124 点跌下去 3600 点的话是 2524 点，刚好在 2500 点附近。第二个方面是从 6124 点开始的下跌，第一段跌到 4778 点，跌幅约等于 1345 点，从最近的高点（同时也是第四浪的高点）3786 点开始，下跌 1345 点的话等于 2441 点，也是在 2500 点附近，所以 2500 点是中线的强支撑。从事后的走势来看，这一波的下跌确实在 2566 点开始反弹，但遗憾的是一个稍大点级别的反弹后又继续下跌了。

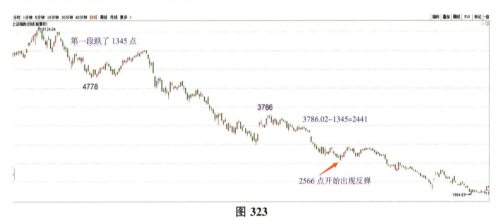

图 323

技术上，如期构筑了下跌的第二个 1 分钟中枢，走势依然很弱，下午向下跌破了中枢。

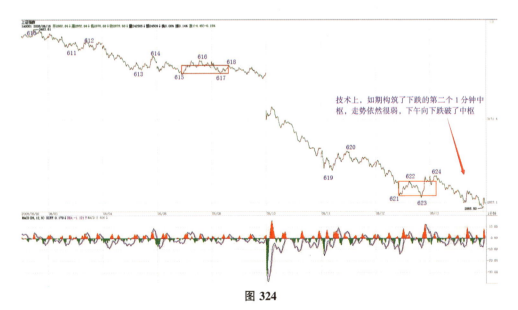

图 324

2008 年 6 月 16 日

缠中说禅　2008-06-16　12：49：59

至于这股市，该说的上周末已经说了，就好好操作这次小反弹，并为最后一跌的最终完成做好一切相应的准备。不过，一定要注意，由于 6124 点下来的第一段已经一定是下跌类型而不是一个中枢的盘整类型。因此，这最后一跌后的反弹也很难有太出色的表现，后面还有极大机会去面临一个更恐怖的锯齿型第二段的下跌，该怎么处理，各位就根据自己能力来设计了。

扫地僧：昨天解盘里缠师用第一段的跌幅来预判第五段的跌幅，今天这段话又暗示第五段的走势类型往往也会和第一段一样，所以可以得到一个实战经验：大的趋势里，第五段（最后一段）的涨跌幅度和走势类型（盘整或趋势）分别可以参考第一段的涨跌幅和走势类型。

图 325

626 点回到了中枢内，没有形成第三类卖点，因此只是围绕这第二个中枢的震荡，背驰段还没出现。见图 326。

2008 年 6 月 17 日

缠中说禅　2008-06-17　10：10：03

至于股市，2917 点是第一关，如果这都过不去，那么继续探底是不可避免的。过去了，才会有最后一跌第二个中枢成立的可能，至于 2976 点，则决定整个反弹的力度，概念十分清楚，好自为之。

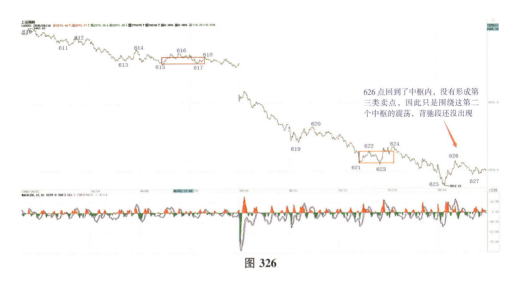

图 326

2008 年 6 月 18 日

缠中说禅　2008-06-18　08：04：09

昨天大盘上不去 2917 点，顺理成章就继续探底，现在，相应位置成了昨天的高点以及 2917 点，要大盘止跌，首先要站住昨天高点，而突破 2917 站住，意味着能延伸为笔，就这么简单。

不过大盘逼近 2700 点后，相对安全的反弹点将随时出现，因此请密切留意小级别的走势形成的区间套。

扫地僧：2917 点是 60 分钟底分型的次高点，也就是第一关，这都过不去，那么继续探底是不可避免的。

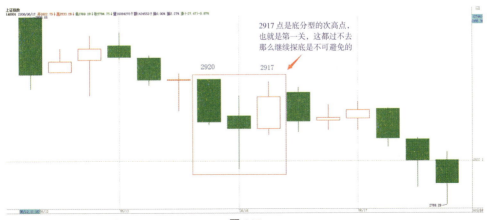

图 327

　　625~626 点是围绕第二个中枢的震荡，628 点没有回到中枢内，是三卖，并创出新低，现在已经进入背驰段。

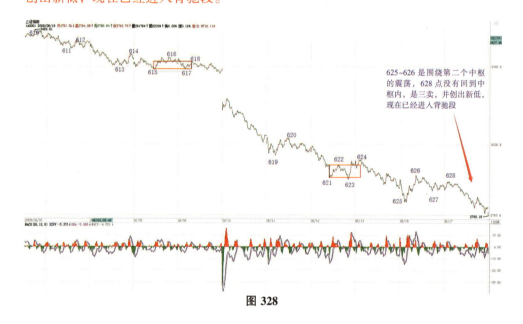

图 328

2008 年 6 月 19 日

缠中说禅　2008−06−19　08：11：01

　　至于股票，没有任何可能昏头的地方，逼近 2700 点，加上小级别的区间套，一切都顺理成章地展开了第二中枢的反弹，只要站住 2917 点并能继续满足笔的延伸条件，那么抄底进去的就可以继续保持，否则就要分批撤除。

　　注意，这里的节奏可不是站稳前天高点或 2917 点才进场，而是区间套成立就进场，反而是看是否站稳前面的位置决定是否出场。为什么这样，课程里说得很清楚，可是自找的。

　　扫地僧：这是缠师早上开盘之前发的，当天如期出现了 1 分钟级别的趋势背驰第一类买点。见图 329。

　　与此同时，当天形成了 60 分钟底分型，分型高点是右侧 K 线高点 2874 点。见图 330。

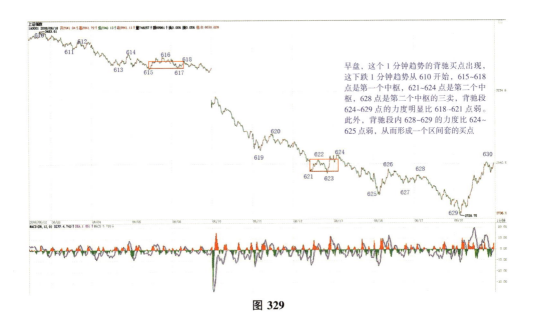

早盘，这个 1 分钟趋势的背驰买点出现，这下跌 1 分钟趋势从 610 开始，615~618 点是第一个中枢，621~624 点是第二个中枢，628 点是第二个中枢的三卖，背驰段 624~629 点的力度明显比 618~621 点弱。此外，背驰段内 628~629 的力度比 624~625 点弱，从而形成一个区间套的买点

图 329

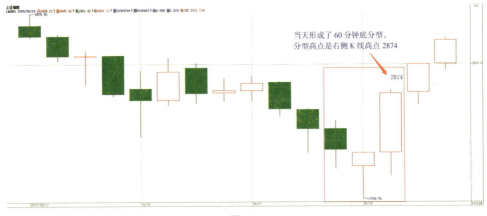

当天形成了 60 分钟底分型，分型高点是右侧 K 线高点 2874

图 330

2008 年 6 月 19 日

（无解盘内容）

扫地僧：2917 点是日线底分型高点，这是因为日线上前天和昨天的 K 线有包含，如下图所示，1 的高点是 2917 点，3 包含了 2，经过包含处理后形成新的 K 线，与今天的 K 线构成底分型，此时底分型高点是 1 的高点，也就是 2917 点。

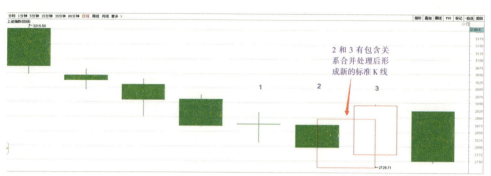

图 331

缠师还提到一个细节，那就是买入时要看小级别背驰，底分型高点是否站稳是决定要不要出场。

一买反弹了一段之后，当天又跌回去了，去构筑第二类买点。

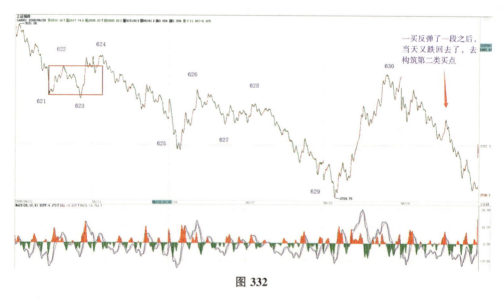

图 332

2008 年 6 月 20 日

缠中说禅　2008-06-20　21：37：15

至于股市，2917 点的威力，通过今天的高点就一目了然了。现在，暂时就是一个 2700~2900 点的大震荡，是否能由此构成真正的底部震荡，下周就有比较明确的答案，但要脱离这个震荡，2917 点还是关键。

扫地僧：当天破了新低，也就是这个 1 分钟二买比一买还要低，这是弱的征

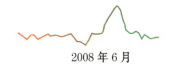

兆，二买后的反弹也刚好顶在 2917 点，之后又震荡回落。

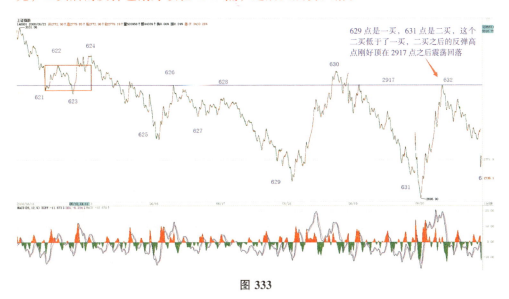

图 333

2008 年 6 月 23 日

缠中说禅 2008-06-23 18：52：18

股市没什么可说的，具体的判断已经多次说明，这里不妨再说一次：中线已经进入 6124 点下来大调整的最后阶段，当然也是最惨烈、最杀人的阶段，否则怎么会有大的反弹？短线，3700 点上下来的下跌进入第二中枢的震荡，一旦出现背驰，将宣告调整结束进而展开对 6124 点大调整的总修正过程，也就是一个超级大反弹。但必须指出，这个超级大反弹的高度并不一定令人满意，因为其形态一旦走出三角形，那么第一段的向上就是最大的幅度了。最坏的情况下，上次3300 点上的第一中枢就足以阻挡这个三角形的进一步向上拓展。这种以时间换空间的反弹当然是最坏的，却是不得不注意的，因为大跌后出现三角形的概率，在中线较大周期从来都不是罕见的。

扫地僧：这段话的描述见图 334：

最终，确实如缠师所预料，3700 点下来的下跌背驰之后，确实走出了一个三角形。这也是一个实战经验：大跌后出现三角形的概率，在中线较大周期里很常见。

技术上 629 点这一分钟一买之后，三段反弹到 632 点，从 632 点又开始走下跌的 1 分钟走势，并且在当天形成了第一个中枢 633~636 点。见图 335。

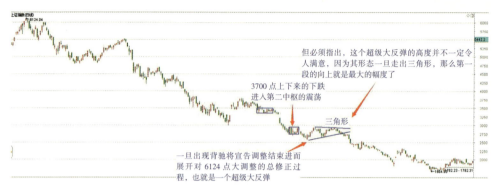

图 334

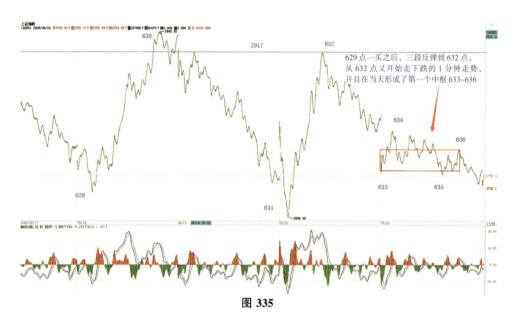

图 335

由于 1 分钟趋势背驰之后，只有三种可能：

（1）反趋势。

（2）最后一个级别的中枢扩展。

（3）更大级别的盘整。

反趋势已经排除了，剩下的只有中枢扩展和更大级别盘整，而 632 点开始的
1 分钟下跌将决定这两种选择到底是哪种。如果下跌很快结束，那么就是更大级
别盘整，否则就是中枢扩展。

2008 年 6 月 24 日

（无解盘内容）

扫地僧：当天依旧是围绕 633~636 点这中枢的震荡，上午有两个震荡低点，下午回到中枢上方。这下跌 1 分钟走势能不能完成，就看能否有效突破这 1 分钟中枢。

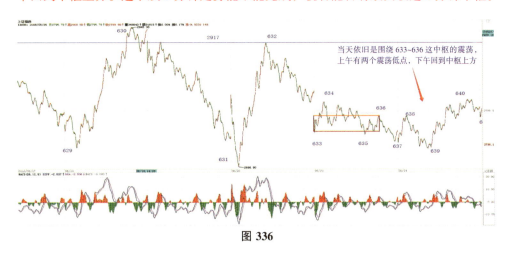

图 336

2008 年 6 月 25 日

缠中说禅　2008-06-25　18：47：38

股市没太多要说的，站在 2700 点上有所反弹，本就是最正常不过的事情。本周，纯技术上最大的任务就是高点能突破 2945 点以形成周的底分型形态，能高收当然是最好的，即使不行，只要本周不再破底，那这形态成立就是必然的。从时间上看，这可能性还是很大的，关键就是剩下两天，多头不要前功尽弃了。

扫地僧：周线上只要能突破上周高点 2945 点，就可以构成底分型。

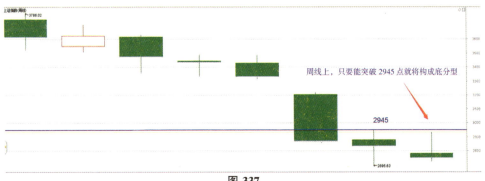

图 337

早盘对中枢的突破和回抽确认后就开始走出上涨的 1 分钟走势，注意，当早盘突破 640 点时就当下可以确认下跌的 1 分钟走势结束了，加上后面的回抽确认，盘面非常清晰。

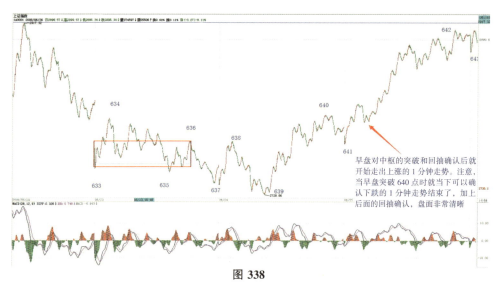

图 338

2008 年 6 月 26 日

（无解盘内容）

扫地僧：日线底分型的高点是 2921 点，这也是短线的关键位置，当天高点就被该位置压制。

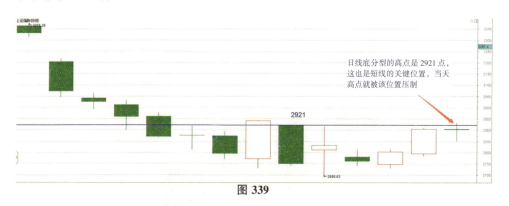

图 339

技术上，639~644 点刚好形成五段类趋势背驰，加上出现的位置还是在日线底分型高点 2921 点附近，那么出现调整是再正常不过的了，642~645 点形成 1 分

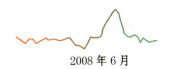

钟中枢后，646 点这盘背点再次在 2921 点附近出现。

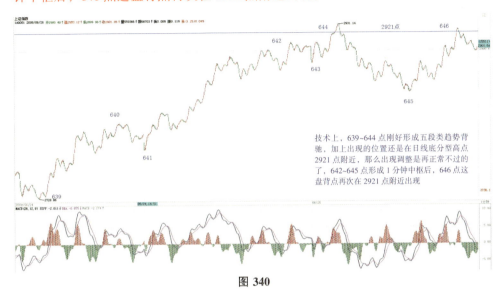

技术上，639~644 点刚好形成五段类趋势背驰，加上出现的位置还是在日线底分型高点 2921 点附近，那么出现调整是再正常不过的了，642~645 点形成 1 分钟中枢后，646 点这盘背点再次在 2921 点附近出现

图 340

2008 年 6 月 27 日

缠中说禅　2008-06-27　16：40：23

至于股市，2945 点破不了，继续中枢震荡，那是好事情，又给了一个短差的机会。你可能说，这短差你做不来，那做不来就小板凳，做不来还要做，什么后果，顺便找个医生问问就知道。

再说一次，今年开的是短跑运动会。更再次强调的是，中枢震荡的操作原则是，向上出现次级别甚至次次级别的顶背驰或盘整背驰先出来，反之，向下就是再进去了。如果你一定要和这个原则背着来以显示对本 ID 理论的厌恶，那本 ID 一点意见都没有。按照这个原则，你去看看所有的中枢震荡包括这一次，有哪次是有意外的？

扫地僧：实战经验：中枢震荡的操作原则是向上出现次级别甚至次次级别的顶背驰或盘整背驰先出来，反之，向下就是再进去了。注意，次次级别的背驰或盘背也可以。

644 点和 646 点两次挑战日线底分高点 2921 点失败后，当天又大幅下跌，所以，中枢震荡里，次次级别有背驰也要先出来，644 点就是五段类趋势背驰。

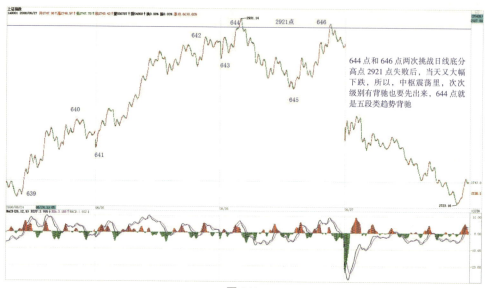

644 点和 646 点两次挑战日线底分高点 2921 点失败后，当天又大幅下跌，所以，中枢震荡里，次次级别有背驰也要先出来，644 点就是五段类趋势背驰

图 341

2008 年 6 月 30 日

缠中说禅　2008-06-30　18：16：51

今天大盘新底，在技术上是好事情，至少上两周的包含关系不用折腾了，本周能否成为真正底分型最下一根 K 线，关键就看再度起来后回试能否站住 2700 点。由于 2700~2900 点大致的中枢震荡走势依然，从短线的角度，今天的新低也不过就提供了一次底盘整背驰的介入机会。这种短线机会操作成功的关键就在于敢买敢卖，信号出现后不能犹豫，没这个反应速度，就不要参与，可以选择的可能还有两种：

（1）小板凳；

（2）主动买套，看好一个基本面绝对被低估的股票，分批介入，主动买套，然后再用每日波动把成本降低，这是中长线大资金唯一正确的做法。

扫地僧：熊市，要么空仓，要么就分批买入一个基本面绝对低估的股票，然后用每日短差的方式降成本，这是中长线大资金唯一正确的做法。

639~644 点是一个五段类趋势背驰，644~649 点又构成一个下跌的五段类趋势背驰，如果做短差，那么 200 多点的利润就可以做出来了。

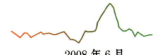
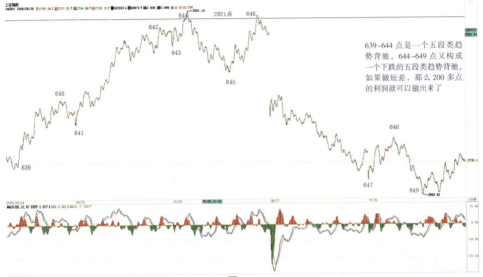

639~644 点是一个五段类趋
势背驰，644~649 点又构成
一个下跌的五段类趋势背驰，
如果做短差，那么 200 多点
的利润就可以做出来了

图 342

2008 年 7 月

2008 年 7 月 1 日

缠中说禅　2008-07-01　22：56：39

大概还有很多人关心市场的走势，其实现在市场的走势，在 N 周前已经明确说过，而市场也一直按部就班地走着。如果不明白的，就多看看课程，就知道什么是第二个中枢后再走背驰这种走势为什么是最标准的。现在，这种最标准的走势就如同教科书一样走着，看过本 ID 课程，都应该对这种按部就班的走势有所了解，所以本 ID 确实没有太多可说的。

当然，从最严密的分析角度，大盘当然有可能走第三个中枢，但这个前提就是这次按部就班的破底不能形成标准的区间套背驰，而这，只要看过本 ID 课程的，都应该能当下轻松判断，不构成任何的操作困难。

扫地僧：现在就是第二个中枢之后跌破走背驰段的时候。

图 343

这里，必须把理论上严密确认的最后一跌后最小的反弹幅度事先指出：按照本 ID 的理论，一旦这次的下跌最终完成，针对 6124 点下来的最低反弹理论确保幅度是必然回到 2990 点之上。换言之，只要这反弹以相应级别回到过 2990 点之上，那么，继续下跌下去，都是理论所允许的。

扫地僧：缠师认为 6124 点开始的下跌走了五段，目前处于第五段内，即将出现区间套的背驰买点，见图 344。

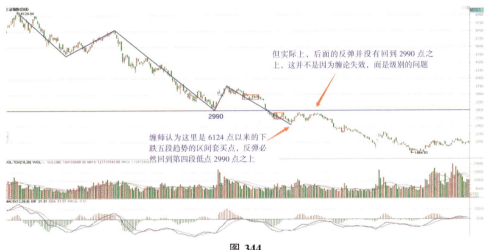

但实际上，后面的反弹并没有回到 2990 点之上，这并不是因为缠论失效，而是级别的问题

2990

缠师认为这里是 6124 点以来的下跌五段趋势的区间套买点，反弹必然回到第四段低点 2990 点之上

图 344

但最终后面的反弹并没有回到 2990 点之上，这看起来好像是缠论失效了，但实际上是由于显微镜精度的问题而造成走势分解有了差异，缠师自从生病之后就基本只看 60 分钟以上级别的 K 线图，对走势的分解并不像以前课程里那样精细，实际上从 2008 年 4 月 22 日开始的反弹到 2008 年 5 月 6 日那个高点只是一个 5 分钟级别的反弹（详细可以看当时的解盘和 1 分钟走势图），这日线第四段反弹的终点应该在 2008 年 6 月 2 日，这样从 4 月 22 日开始到 6 月 2 日，才够 30 分钟级别，从 6 月 2 日开始的下跌一直到 1664 底部是一个 30 分钟级别的趋势，见图 345。

注意，由于这里文科生理科生太多，对理论的严密性与实践中的经验性分别不清楚，因此本 ID 必须严重指出，除了上面的理论严密下的 2990 点的 100%确保幅度，还有一个实践中的经验性幅度，就是整个下跌的 1/3，这肯定不是 100%保证的东西，但实践中确认，一般都有 90%以上的准确性，因此，这个幅度，就是一个参考性的幅度，所以，本 ID 前面说，这个反弹基本可以回到 3700 点上，但这是在经验性的角度说的，而在本 ID 理论的确保性上说，只能说是 2990 点。

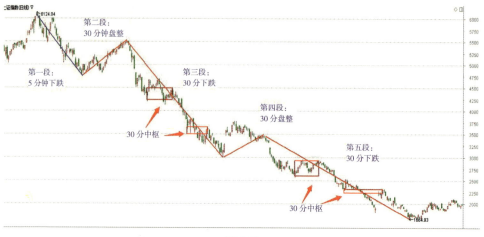

图 345

扫地僧：这里缠师也提到一个实战经验：大跌之后，第一波反弹的幅度是整个下跌幅度的 1/3 左右。从 6124 点的下跌，这次预计是在 2500 点附近出背驰，那么跌幅就是 3600 点，1/3 就是 1200 点，那么反弹的高度预计就是 2500+1200=3700 点附近。

本 ID 的理论就是几何性的，有 100% 的严密性，因此，上面的分别一定要清晰，否则就白学了。而在具体的操作中，是在 2990 点还是 3700 点，或者更高的位置再结束反弹，那是由最终反弹走势的内部结构决定的，而前面中枢对应的中枢角度构成双重独立的判断角度，这两个不同的角度，就构成了一个双确认的理论保证，如同一个联立方程，理论确认的可能结果就只有极少甚至唯一的可能。

对于看不明白本 ID 理论或操作熟练程度有问题的人，本 ID 已经给出了两条路子：小板凳或主动买套并顺势降低成本。目前的大盘的中线判断，本 ID 已经多次说过，从 3700 点上开始的这一段下跌就是 6124 点下来的最后一个下跌（注意，这不是理论 100% 确保的，因为可以有大的第三中枢，但根据基本面与其他判断，基本可以否定这种情况，用最严密的理论语言，这是一种有 99% 把握的判断）。因此，主动买套的操作在这个最后一个下跌的内部结构出现第二个中枢后，已经十分现实，特别对于大资金，是必须的。

现在主动买套，唯一的风险就是两个：6124 点下来的下跌出现第三个中枢、3700 点上下来的这次下跌出现第三个中枢。无论是哪种情况，主动买套的实际风险其实都没有，因为买套是分批的，而且每天的波动都有足够空间去降低成本，更重要的是，无论哪一种第三个中枢，都意味着相应力度的反弹，因此有足够的退出余地。

因此，本 ID 再次用最明确的语言宣告，针对那些对精确应用本 ID 理论有困难的人，现在已经进入必须主动买套的阶段，特别资金量比较大的，一定要开始分批进入，选择那些已经从高位回落 80% 而基本面没有出现重大改变的，例如，本 ID 可以明确告诉各位，在中国铝业跌破 12 元前后，本 ID 就开始回补 60 元上下抛掉的股票，当然，本 ID 的筹码是不断运动降低成本的，但操作的方式是公开性的。类似的，如 600737，来这里的人都知道本 ID 曾满足拥有，30 多元回跌到 15 元下了，本 ID 当然没有不回补的理由。

严重声明，本 ID 之所以回补这些股票，只是本 ID 比较懒，只爱反复操作曾经操作的股票，只要这些股票基本面依然可以操作。而有更多比中国铝业、600737 更好的股票，各位可以自己去发现，没必要一定要和本 ID 扎堆，一扎堆，股票就跑不高，这是必然的。

扫地僧：中国铝业在缠师开始回补后从 12 元附近又跌至 6 元附近，2009 年最高冲到 20 元上方。如果是分批买，其成本在 9 元附近，还不包括短差降成本，这样到 2009 年也有一倍多的收益。

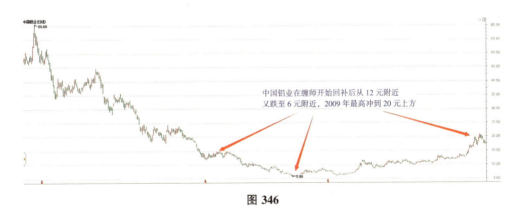

中国铝业在缠师开始回补后从 12 元附近
又跌至 6 元附近，2009 年最高冲到 20 元上方

图 346

中粮糖业（600737）当时在 16 元附近，开始分批回补的话，最低跌至 6.4 元，分批的成本在 11 元附近（不考虑做短差降成本），2009 年的最高价格是 18 元附近，大约有 60% 的收益。

644 点开始，644~649 点是五段类趋势，背驰后 647~650 点构成第一个 1 分钟中枢 652 点是该中枢的三卖，之后继续新低。

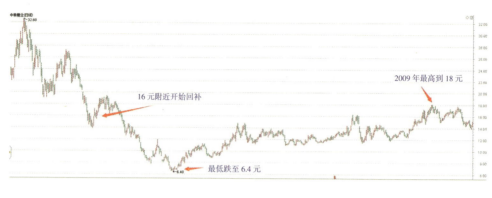

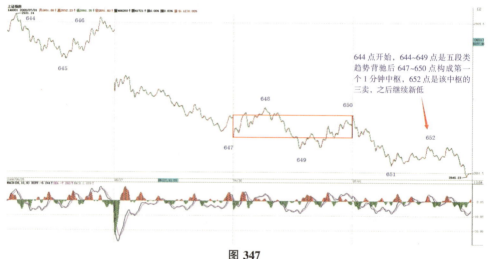

图 347

2008 年 7 月 2 日

缠中说禅　2008-07-02　15：35：56

　　至于今天的大盘，没什么可说的。如果你对技术有点兴趣，本 ID 可以多说一点，就是今天收的是典型的连续下跌后新低倒 T 形 K 线，上次出现这种 K 线是 2007 年 12 月 18 日，其后就是 6124 点下来的第一轮反弹的继续。一般来说，出现这种 K 线，成为最终反弹底部的概率是 70%，这次和上次唯一不同是上次是二次探底中产生的。如果有兴趣的，可以收集一下指数在历史走势中出现这种 K 线后的走势，对这种技术形态的认识就会深刻点了。

　　扫地僧：这是一个重要的实战经验：下跌后出现倒 T 形 K 线，往往是中短线见底的信号。让我们来回溯历史上出现倒 T 形 K 线后的市场表现：

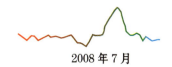

2007 年 12 月 18 日，倒 T 形 K 线在二次探底时产生，后面有一波力度不错的反弹。

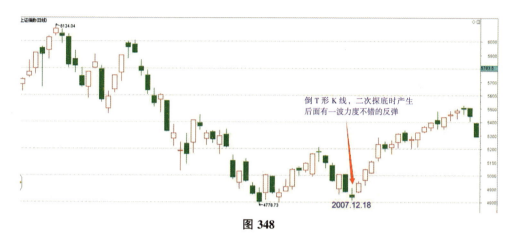

图 348

2007 年 5 月 30 日和 2007 年 6 月 29 日分别出现了两个倒 T 形的 K 线，区别是 5 月 30 日那次之前没有下跌，而 6 月 29 日那次之前已经下跌了近两周，之后就开始了从 3600 点到 6124 点的行情。所以，倒 T 形 K 线只有在下跌后出现才是见底信号。

图 349

2005 年 11 月 25 日，经过一波中级调整之后出现了倒 T 形 K 线，第二天见底，之后迎来一波中级行情。

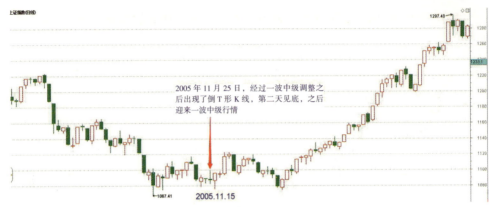

图 350

2005 年 5 月 27 日、30 日出现了两个倒 T 形 K 线，30 日那根更明显，之后就是最后的空头陷阱，然后见到历史大底 998 点。

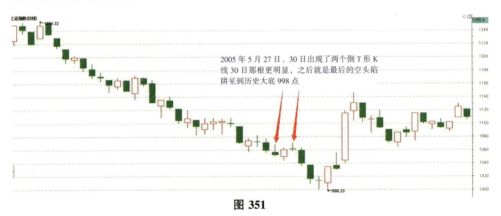

图 351

2005 年 2 月 1 日，也出现了一个标准的倒 T 形 K 线，第二天就开始了暴力反弹。

图 352

2004 年 6 月 11 日，出现了一个倒 T 形 K 线，但这次并没有迎来中级反弹，是个失败案例。

图 353

2004 年 3 月 9 日，出现标准倒 T 形，第二天就开启了一波中级反弹。

图 354

2003 年 7 月 1 日出现倒 T 形，之后有一波中级反弹。

图 355

285

2003 年 5 月 21 日，短线下跌途中出现倒 T 形，第二天开始短线反弹。

图 356

2002 年 10 月 10 日和 30 日，分别出现两个倒 T 形，之后也都有短线反弹。

图 357

　　2002 年 1 月 22 日，倒 T 形 K 线出现，短线反弹后有个二次探底，然后就是一波中级行情。

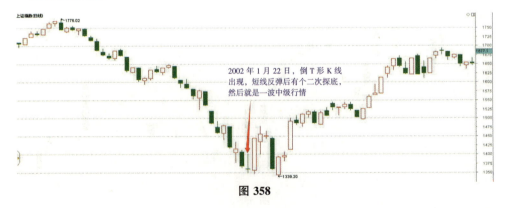

图 358

2000 年 5 月 12 日是个不太标准的倒 T 形，结束了调整，继续走中线行情。

图 359

1999 年 12 月 28 日，倒 T 形出现，迎来一波强劲的短线行情。

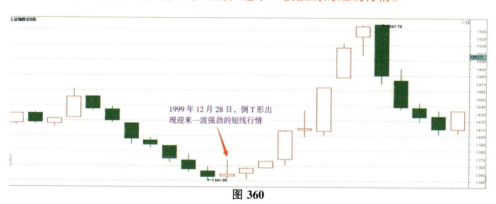

图 360

1999 年 11 月 5 日和 12 月 7 日依次出现了两次倒 T 形 K 线，虽没有立刻见底，但不久后也都有短线反弹。

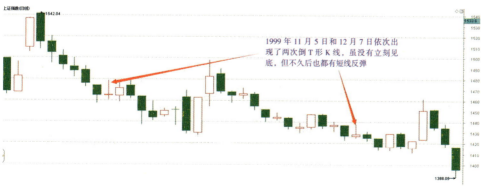

图 361

1999 年 9 月 7 日和 10 月 14 日，出现两个倒 T 形 K 线，之后都是短线反弹。

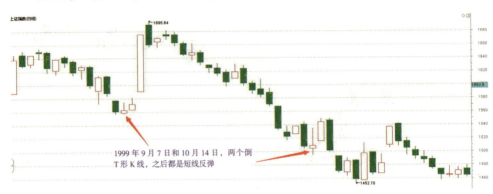

图 362

1999 年 4 月 28 日，标准倒 T 形 K 线，之后立刻出现短线反弹。

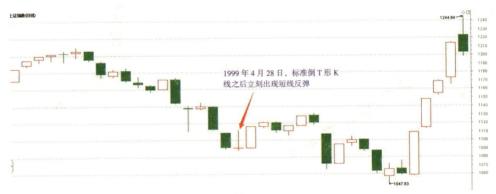

图 363

1998 年 12 月 18 日，两个倒 T 形 K 线，后面是短线反弹。

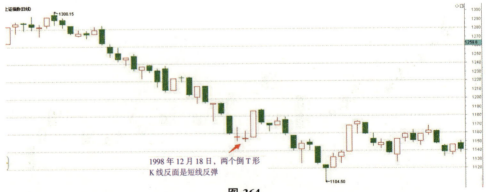

图 364

1997 年 5 月 16 日，一个大大的长倒 T 形，之后短线反弹。而 6 月 6 日也有一个倒 T 形，并未出现反弹，是个失败案例。

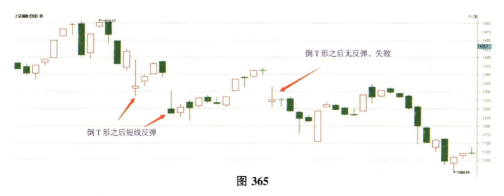

图 365

1996 年 12 月 17 日，标准的倒 T 形，中线见底。

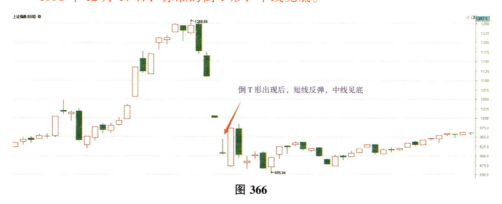

图 366

1996 年 1 月 25 日，倒 T 形 K 线出现，中线见底。

图 367

由此可见，在下跌途中，尤其是长期下跌后如果出现倒 T 形 K 线，中短线见底的概率非常高！这是一个实用性非常强的实战经验！

注意，以上的 K 线方法都是一些经验性的东西，和本 ID 的理论没什么关系，但可以辅助性应用。一般这种应用就如同一个联立方程解出极少的解，再利用这些辅助性工具，决定其中最大概率的解。但在实际操作中，关键还是要根据当下走势去判别，而不能先入为主地蒙蔽了自己的眼睛。

至于主动买套的操作，例如，今天冲高出现小级别盘整背驰就可以用部分筹码做空，然后回来有差价，就把所有的重新买回来，这样，筹码就会不断增加，当然，如果筹码已经足够多，就可以保持数量不变，只回补固定的筹码。这种操作的原则就是，利用震荡把成本降下来，如果要熟练操作，就要好好研究本 ID 课程里关于一天 8 根 30 分钟线如何构成不同走势形态的章节，里面说得十分清楚，就不多说了。

扫地僧：这是一个小级别的盘整背驰，后面这段的力度明显比前面小，而且最后这段内部也是一个趋势背驰，对应的 MACD 一波比一波低。

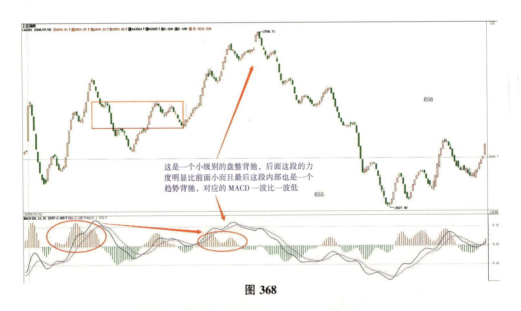

图 368

技术上，从 644 点开始，644~649 点是五段类趋势背驰后 647~650 点构成第一个 1 分钟中枢，652 点是该中枢的三卖，653~656 点构成第二个中枢，但由于 654 点高于 649 点，因此两个中枢的波动有重合，从而扩展出 5 分钟级别的中枢，该 5 分钟中枢区间就是 649~654 点重合的部分。

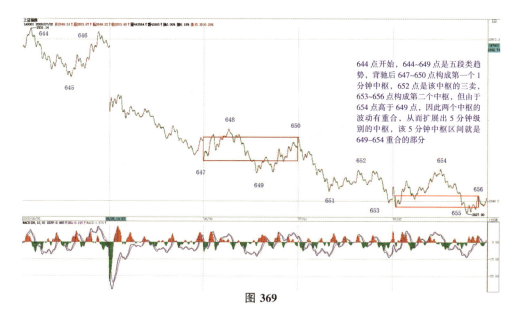

644 点开始，644~649 点是五段类趋势，背驰后 647~650 点构成第一个 1 分钟中枢，652 点是该中枢的三卖，653~656 点构成第二个中枢，但由于 654 点高于 649 点，因此两个中枢的波动有重合，从而扩展出 5 分钟级别的中枢，该 5 分钟中枢区间就是 649~654 重合的部分

图 369

2008 年 7 月 3 日

缠中说禅　2008-07-03　15：42：51

先说股票，今天的低开虽然让昨天的倒 T 形不太标准，但最终的结果是类似的，只是由于今天与昨天构成包含关系，所以使得本来可以标准生成的底分型需要等待明天去构成。目前关键的位置分别是 2753 点、2945 点、3483 点，分别构成短、中、长的关键所在。下周初前，首先要确认的是 2753 点这个位置，一旦这个位置不能有效攻克，短线技术好的就要短差一把，因为再次探底不可避免。主动买套的，也可以利用这降低成本。当然，如果能有效攻克，那一轮较大级别的反弹就此确认，接着就看 2945 点的位置，这个位置后是缺口处，然后才是 3483 点。这一切，都是按部就班进行的，不能超越阶段。

扫地僧：2753 点、2945 点和 3483 点分别是日线、周线和月线的底分型高点的位置。见图 370。

技术上，由于从 644 点开始的下跌已经变成 5 分钟级别，所以当天也只是围绕 5 分钟中枢的波动，虽然事后看这里是中线低位，但并不是标准背驰构成的。见图 371。

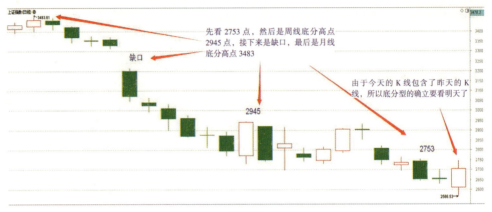

图 370

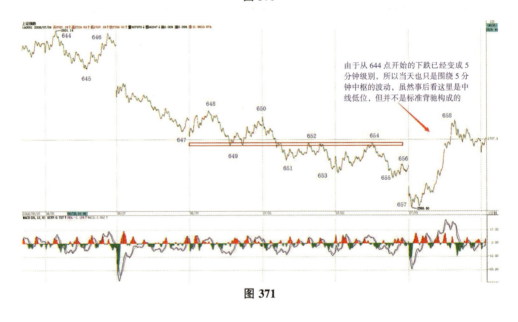

图 371

2008 年 7 月 4 日

缠中说禅 2008-07-04 16：04：21

先说股票，今天最终也勉强构成了底分型，但属于最弱那种，下周初如果 2753 点不能攻克，再次探底不可避免，这种折腾，提供了不少短线机会，特别对于主动买套的，这种震荡下能有最好的降低成本操作。

扫地僧：当天依旧是围绕那 5 分钟中枢的震荡，全天是震荡走了下跌通道，比较弱。

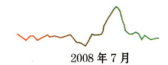

2008 年 7 月

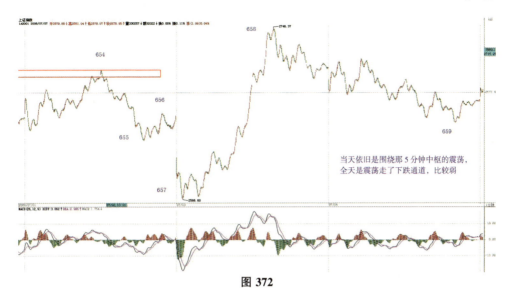

当天依旧是围绕那 5 分钟中枢的震荡，
全天是震荡走了下跌通道，比较弱

图 372

2008 年 7 月 7 日

缠中说禅 2008-07-07 15：48：09

短线股票没什么可说的，该说的前面都说了，突破第一关，就看回试能否站稳，站稳了就继续第二关冲击，如此而已。至于中线更没什么可说，基本的判断已经多次明确给出，就看大盘如何按图演绎了。

扫地僧：当天的走势是对日线底分高点 2753 的突破和回试，先是在 2753 点受阻，小幅调整后突破，然后回踩确认。

在 2753 点受阻，小幅调整后突破，然后回踩确认

图 373

2008 年 7 月 8 日

（无解盘内容）

扫地僧：当天对 2753 点进行二次回抽确认，同时也构筑了从 657 这个低点以来的第一个 1 分钟级别的中枢。

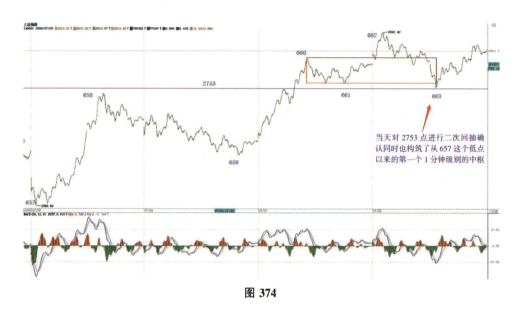

当天对 2753 点进行二次回抽确认同时也构筑了从 657 这个低点以来的第一个 1 分钟级别的中枢

图 374

2008 年 7 月 9 日

缠中说禅　2008-07-09　16：06：27

今天就来个杂谈，先说股票。股票走成这样，应该都在各位的预算之中，今天继续板块轮动，没什么可说的，只是想提一个问题，让各位思考一下，明天专门谈这问题：用最简单的均线方式对现在的股票进行完全分类，从而设计出短线轮动的最佳操作方式。这类问题都是让你终身受益的东西，请好好思考一下，明天继续说。

扫地僧：缠师在第二天发表了《教你炒股票 106：均线、轮动与缠中说禅板块强弱指标》，用均线分类的方式来量化板块的强弱，该篇课文的解读可参考本人的第一本著作《缠论 108 课详解》中相关的章节。

技术上，在 661 点和 663 点两次回抽 2753 点之后，当天继续大幅上涨，没有背驰 665 点是对 660~663 点这个中枢的三买。

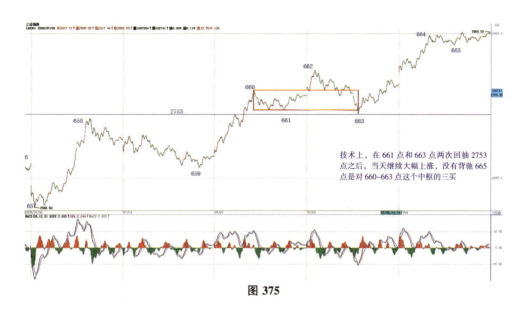

技术上，在 661 点和 663 点两次回抽 2753
点之后，当天继续大幅上涨，没有背驰 665
点是对 660~663 点这个中枢的三买

图 375

2008 年 7 月 10 日

（无解盘内容）

扫地僧：当天出现了一个 1 分钟级别的 ABC 式盘整背驰，663~666 点与中枢前的 657~660 点对比，力度明显减弱，并且 663~666 点内部也是一个盘整背驰。

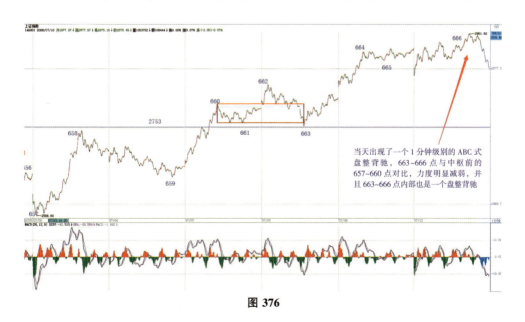

当天出现了一个 1 分钟级别的 ABC 式
盘整背驰，663~666 点与中枢前的
657~660 点对比，力度明显减弱，并
且 663~666 点内部也是一个盘整背驰

图 376

2008 年 7 月 11 日

缠中说禅　2008-07-11　11：46：05

今天，除非下午大幅度起来形成包含关系，否则这顶分型就构成了，因此最关键就是 5 日线，不有效破就不形成笔，就会再冲一次 34 天线，否则将形成笔的调整，那就等笔对应的短线出现底背驰再说了。

昨天下午正确操作，现在就不用左右为难，左右为难的操作都是因为节奏不对。因此，节奏是一个永远的主题，高手还是低手，最终考验的就是节奏，轮动只是节奏的一种方式，而最重要的节奏，还是买卖点，一切的节奏都必须以此为基础，当然轮动也不例外。

扫地僧：由于这解盘内容是在当天中午收盘时发的，当时还没形成顶分型，但下午收盘后日线顶分型完全形成，但收盘还没破 5 日均线。

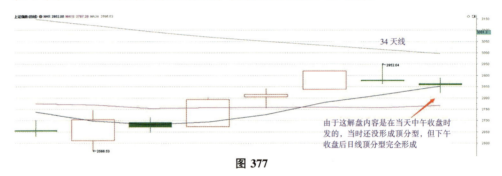

由于这解盘内容是在当天中午收盘时发的，当时还没形成顶分型，但下午收盘后日线顶分型完全形成

图 377

666 点这背驰点出现后，开始走下跌的 1 分钟走势，并形成下跌的第一个中枢。

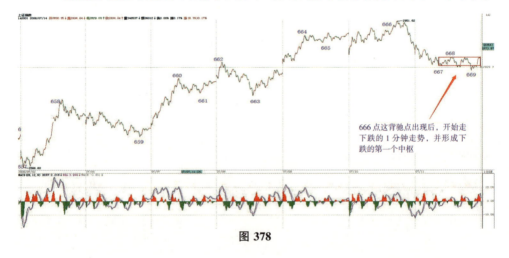

666 点这背驰点出现后，开始走下跌的 1 分钟走势，并形成下跌的第一个中枢

图 378

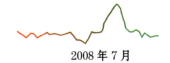

2008 年 7 月 14 日

缠中说禅　2008-07-14　06：40：48

周五，股票在 5 日线标准化折腾，结论依旧，站住再冲一次，站不住就延伸为笔的底背驰后再说了。是否节奏一把，就根据自己能力与情况来了。由于 T+1，这种情况确实限制了理论化小级别中最精确的操作，本 ID 的理论如果用来小级别的短线，最好的就是 T+0 或者期货之类的，所以，没能力的，不一定对自己要求太高。

扫地僧：在 5 日均线处折腾，同时也是围绕下跌的第一个 1 分钟中枢震荡。

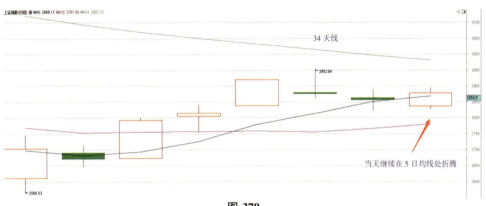

图 379

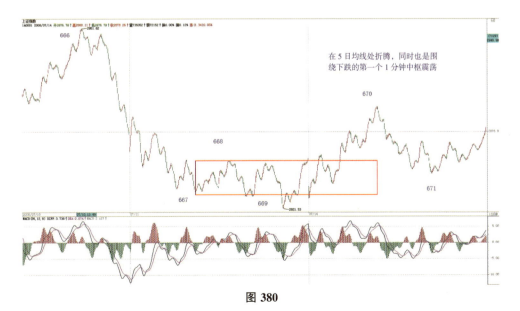

图 380

（扫码获取更多学习资料）

2008 年 7 月 15 日

（无解盘内容）

扫地僧：当天从中枢震荡高点直接跌破中枢，673~674 点的反弹没能回到中枢内，从而形成 1 分钟的三卖，同时也是对日线顶分型低点的回探失败。

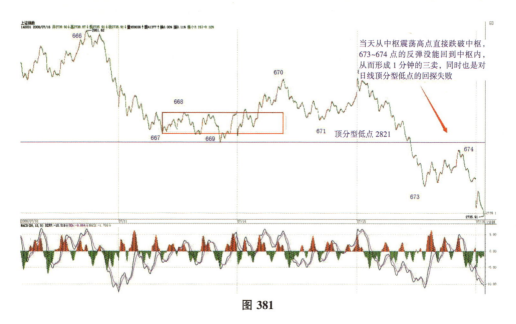

图 381

2008 年 7 月 16 日

缠中说禅　2008-07-16　06：12：17

大盘这几天走势的标准程度，有目共睹，上不了 5 日线，调整必然延伸为笔，所以就等日线图上的笔对应的分时图上下跌走势类型出现底背驰再考虑是否介入了。

扫地僧：从 666 点下来的 1 分钟趋势正处于中枢下移中力度最大的一段，上午和下午各有一段反弹，但没有形成下跌趋势的第二个中枢。

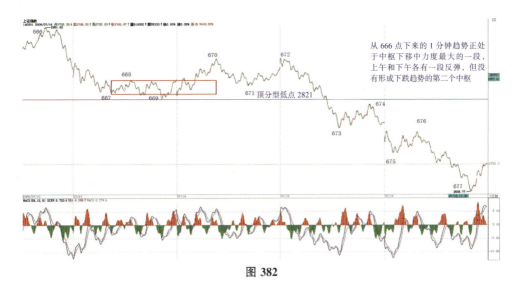

图 382

2008 年 7 月 17 日

缠中说禅　2008-07-17　03：46：53

不说了，股票也没什么可说的，5 日线今天继续阻止大盘，短线这线就是关键了。MACD 的红柱子收缩后是否重新伸长，这决定着能否再来一波。当然，看小级别图形的，这些劳什子玩意儿都只是参考，还是按纯粹的本 ID 理论来最精确了。

扫地僧：当天高开低走，而且高点高于了昨天，从而使得日线上构成底分型，但当天高点依然被 5 日均线压制。

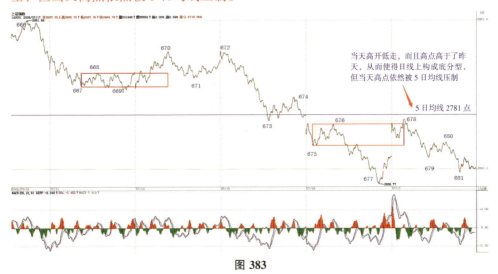

图 383

超短线上，60 分钟底分型也形成，底分型左侧高点是 2727 点。

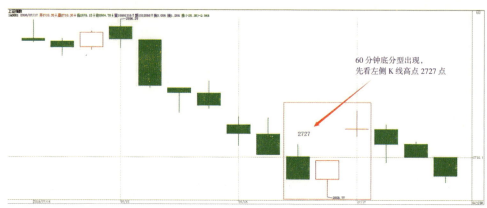

图 384

2008 年 7 月 18 日

缠中说禅　2008-07-18　05：57：14

周五大盘受消息传闻的影响，在技术面的要求下进行比较大的反弹，但 5 日线依然不能说有效站住，下周初一旦再度跌破，反而有展开新一轮下跌的风险。所以，还是那句话，5 日线站住，就至少再冲一次，否则就要小心。下周一消息面无论如何，都要有一个短线的决断。

扫地僧：当天 5 日均线下移到 2765 点，大约就是 675~678 点这中枢附近，虽然尾盘收了上去，但不能确认已经站稳。

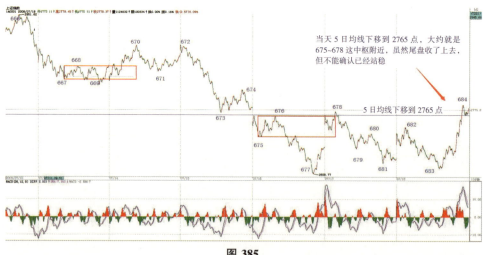

图 385

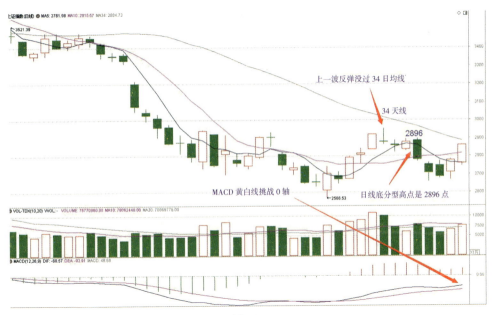

2008 年 7 月 21 日

缠中说禅　2008-07-21　15：37：35

大盘过于教科书，5 日站住来第二波，下面就看 2896 点，均线对应 34 天线，这是上波没过的。只要站住，短线系统就全面好转，MACD 挑战 0 轴，大盘成所谓头肩底，颈线 2952 点这一切都将顺理成章展开。所以，明天开始进入真正攻坚阶段，看好相关点位。

扫地僧：2896 点是日线底分型的高点，站稳这点短线上才算全面好转。

图 386

当天在技术上非常标准，685 点是 680~683 这 1 分钟中枢的三买，三买之后突破 684 点后还有一个小级别回踩不破，确认突破成功。见图 387。

2008 年 7 月 22 日

（无解盘内容）

扫地僧：当天，从 677 点开始的上涨 1 分钟趋势形成第二个中枢，连接两个中枢的是 683~688 点这五段类趋势，背驰后构筑 688~691 点这第二个 1 分钟级别的中枢。

缠论解盘详解之二（2007.11—2008.10）

当天在技术上非常标准，685 点是 680~683 这 1 分钟中枢的三买，三买之后突破 684 点后还有一个小级别回踩不破，确认突破成功

图 387

当天，从 677 点开始的上涨 1 分钟趋势形成第二个中枢，连接两个中枢的是 683~688 五段类趋势，背驰后构筑 688~691 第二个 1 分钟级别的中枢

图 388

2008 年 7 月 23 日

（无解盘内容）

扫地僧：当天就是围绕这第二个 1 分钟中枢的震荡 692 点和 694 点，两次离开中枢都被拉了回来，当天高点是 2887 点，距离日线底分型高点 2896 点只差不到 10 个点。

302

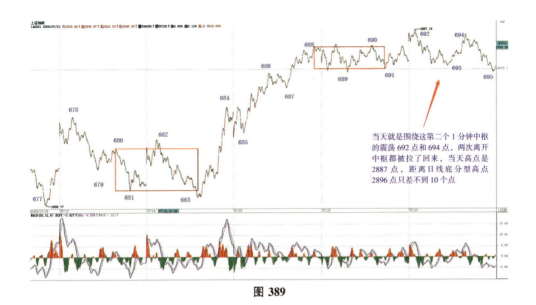

当天就是围绕这第二个1分钟中枢的震荡692点和694点，两次离开中枢都被拉了回来，当天高点是2887点，距离日线底分型高点2896点只差不到10个点

图 389

2008 年 7 月 24 日

（无解盘内容）

扫地僧：当天继续围绕中枢震荡，下午突破了日线底分高点 2896 点，尾盘回抽并站稳。

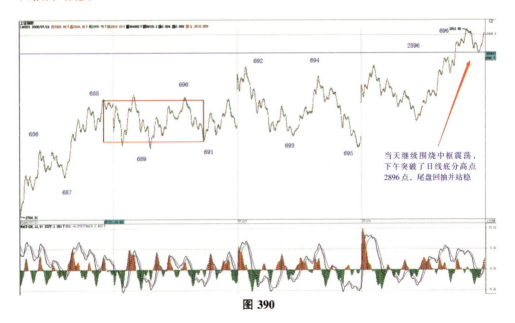

当天继续围绕中枢震荡，下午突破了日线底分高点2896点，尾盘回抽并站稳

图 390

2008 年 7 月 25 日

缠中说禅　2008-07-25　07：46：18

股市没什么可说的，看好前面说那几条线和点位就可以了，马上又要吊针，先下，再见。

扫地僧：当天低开后继续震荡，此时已经扩展出了 5 分钟中枢，全天一直在 2896 点下方。

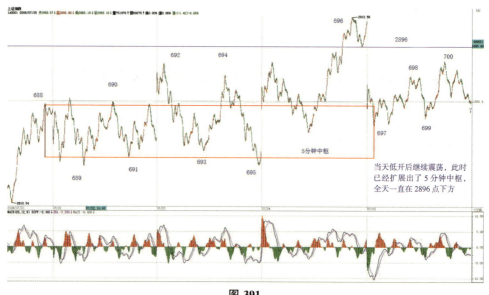

图 391

2008 年 7 月 28 日

（无解盘内容）

扫地僧：继续争夺 2896 点，早盘突破上去，下午跌回来，从 697 点开始，走离开 5 分钟中枢的 1 分钟走势，703 点是 698~701 点这中枢的三买。不过 702~703 点走得太过复杂，一般三买都是简洁干净的，对这种复杂的回抽段构成的三买也别有太大期望。

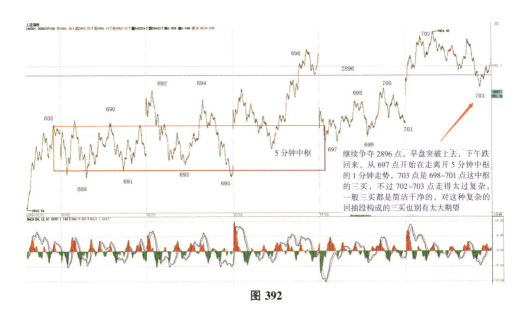

图 392

2008 年 7 月 29 日

缠中说禅　2008-07-29　07：13：02

大盘过急上攻没意义，上次毁掉大盘的 55 天线正加速下来，这时候上去不过碰出一个顶来。现在，不会看太精细的就看 34 天、55 天线，这基本决定短线的一切。

扫地僧：当天是个低开，又没能站稳日线底分型高点 2896 点。

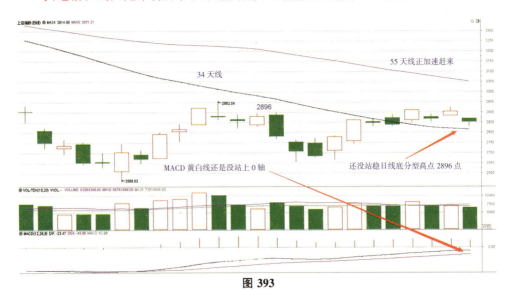

图 393

技术上，又回到了下方 5 分钟中枢内。但同时也出现了 707 点这个五段类趋势背驰的买点，之后出现一段反弹。

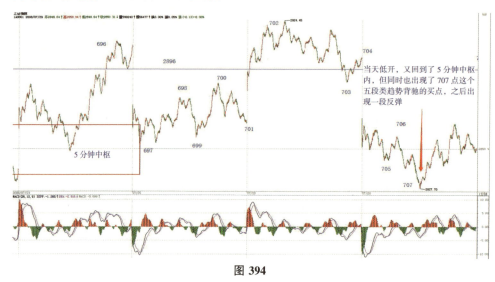

图 394

2008 年 7 月 30 日

（无解盘内容）

扫地僧：早盘再次冲击 2896 点未果，之后一路回落，尾盘有所反弹，形成下跌的 1 分钟中枢。

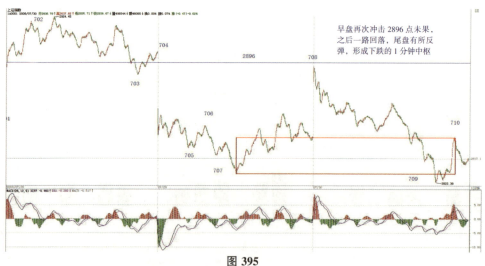

图 395

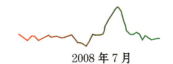

2008 年 7 月 31 日

缠中说禅　2008-07-31　15：04：59

大盘 MACD 在 0 轴受阻，下面无非两种选择：①目前位置坚持住再上 0 轴；②破底背驰后再来。具体，看好均线系统就可以判别。

扫地僧：当天是一根中阴线，MACD 黄白线即将死叉。

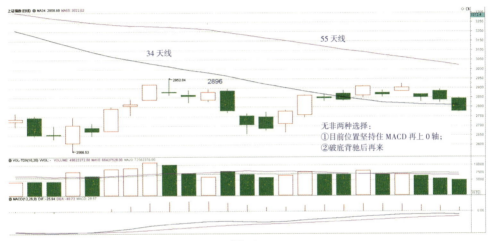

图 396

和 6 月 26 日开始的 1 分钟调整类似，具体请参考当时的解盘，这次也是从 702 点开始下跌五段类趋势背驰，然后形成 1 分钟中枢，之后再走趋势，今天 711~712 点就是 1 分钟级别的三卖。

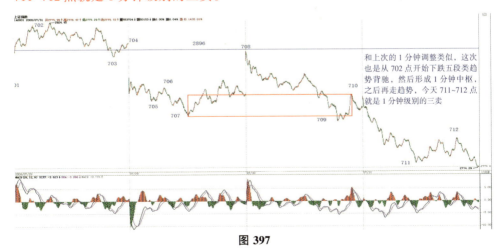

图 397

2008 年 8 月

2008 年 8 月 3 日

缠中说禅　2008-08-03　08：25：09

股市在周末又出现搏消息走势，短线且不管，各位要看清楚大方向，应该看周线、月线。

八月，很重要，就算股票，看看月线就知道 8 月的重要。7 月的十字星是中继还是底分型最下那根 K 线，决定了今后 N 个月的走势。对应于现实，奥运以后巨大的看跌预期如何被消解，无论对股市还是经济，都是迫在眉睫的事情。

扫地僧：因为 7 月是个小十字星，小十字星的高点距离低点不远，说明 8 月构成底分型的难度不大。

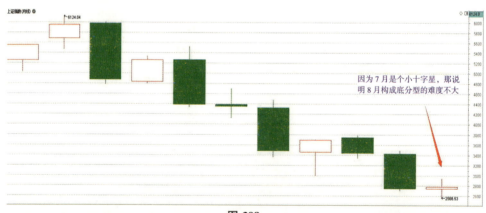

因为 7 月是个小十字星，那说明 8 月构成底分型的难度不大

图 398

技术上，当天是三卖后的下跌，并没背驰出现，但下午有一波力度比较大的反弹，直接回到了 1 分钟中枢内。

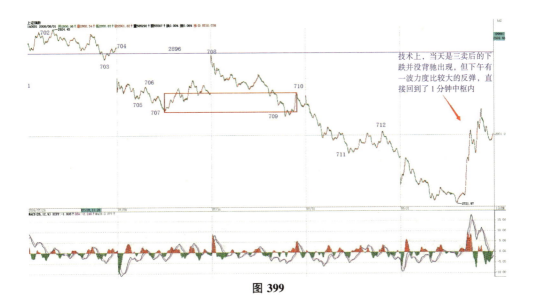

技术上，当天是三卖后的下跌并没背驰出现，但下午有一波力度比较大的反弹，直接回到了 1 分钟中枢内

图 399

2008 年 8 月 4 日

缠中说禅　2008-08-04　15：26：00

本不想说股市，因为确实没什么可讲的，但这时候发帖子不说两句，好像也不好。不过，说了也白说，例如，周末本 ID 把之定义为博消息，结果就很多人不乐意，你说让本 ID 说什么好？

大家如果想听好话，本 ID 这里没有，对不起了。本 ID 唯一知道的事情是，无论什么理由，别说那无聊的什么运，就是"天王老子下凡"，走势如果不体现出底部，就没有底部。每个人都希望来一下所谓的奥运行情，然后胜利大逃亡，都这样想，谁埋单？那些说奥运要到 8000 点的，现在死了多少了？

真正的钢铁战士，只看走势本身，一切都在其中反应，如果连这都遵守不了，就别学什么理论了，买把扫帚去证什么会门口"无间道"去吧。

本 ID 也不想再说本 ID 理论那些高深的道理，就用最简单的均线，5 日线都上不去，能有行情？还有，现在最明确的技术提示就是 MACD 准备 0 轴破还是不破、破了是否假破这类问题，要看清楚行情，只要搞明白这问题就可以，在这没决断之前，你急什么？

本 ID 不想培养懒人，MACD 的用法说过多次，自己去判别，真明白的，现在一看就知道该怎么安排后面的操作，做不到就学习。

扫地僧：走势是动态走出来的，底部也是动态走出来的，不是预测出来的，

一直走不出底部，再预测都没用。

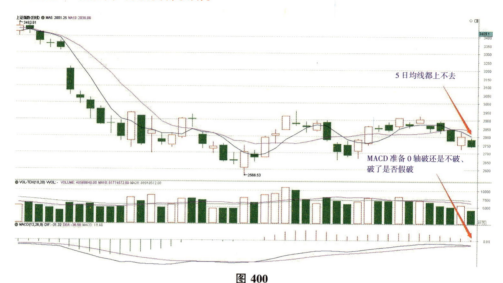

图 400

昨天反弹之后今天进入横盘震荡，此时下跌的 1 分钟已经扩展出 5 分钟中枢，尾盘跌破震荡区间，继续探底。

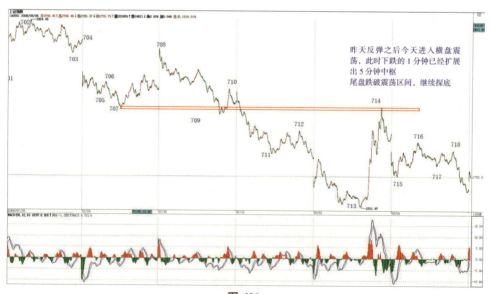

图 401

2008 年 8 月 5 日

（无解盘内容）

扫地僧：技术上，707~716 点构成 5 分钟中枢，716 点开始走离开该中枢的次级别走势，当天 720 点同时也是 715~718 点这 1 分钟中枢的三卖。

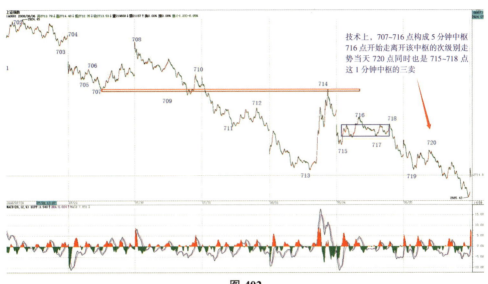

技术上，707~716 点构成 5 分钟中枢
716 点开始走离开该中枢的次级别走势当天 720 点同时也是 715~718 点这 1 分钟中枢的三卖

图 402

2008 年 8 月 6 日

缠中说禅　2008-08-06　15：38：08

短线大盘已经很明确，2924 点下来这段至少其第一段在今早的小背驰段区间套后就完美结束了，现在短线的关键点是 2762 点，只要这点不有效站住，大盘短线依然将面临短线盘整歇息后的第二段下跌；反过来，一旦有效站稳该点，则第一段结束的反弹就至少延伸出日线上的笔，也就是至少是有一定力度与时间度的，至于是否有更大的可能，那是以后图形要告诉你的事情，没必要现在去预测。

大的角度看，目前依然在 7 月 3 日后形成的大中枢中，因此，目前的波动都可以看成是对该中枢的震荡，只要不形成对该中枢的第三类买卖点，该震荡就将一直延续。这一点是本 ID 理论的最基本常识，就不多说了。至于中枢震荡如何操作，课程了反复说了 N 遍，就更不再啰嗦了。

扫地僧：缠师将 2924 点下来的走势依然看作一个趋势，当天出现背驰，但

其实两个中枢是有重合的，但即使按升级为 5 分钟中枢的分解，那么 5 分钟中枢两侧的走势力度也有背驰，这在 15 分钟图上看比较清晰。

图 403

而看作 1 分钟趋势是从 702 点开始，有两个 1 分钟中枢，它们之间有点重合，最后背驰段是从 716 点开始。

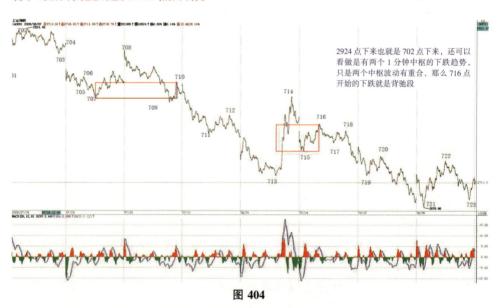

图 404

今早的最后一跌在小级别上也是一个标准的趋势背驰。

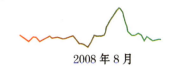

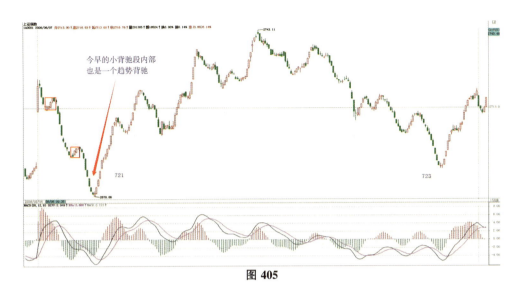

图 405

2762 点是昨天的高点，由于当天走出一个底背驰，所以预期会构成日线底分型，那么昨日高点就是日线底分型的高点，也是短线的关键点位。

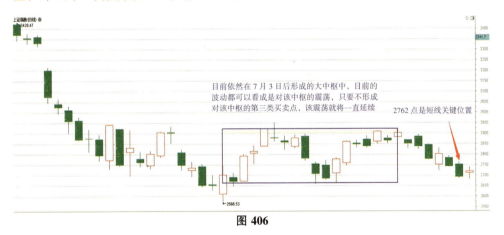

图 406

2008 年 8 月 7 日

2762 点，大盘短线已到临界点 （2008-08-07 08：23：58）

昨天，一个包含性 K 线，构造出短线的第二类买点后回拉到 5 日线附近，大盘短线已到临界点。当然，最干脆的走势就是今天中长阳突破 2762 点确认笔走势，而反过来，若大盘依然在 2762 点下犹疑，那最晚下周初，大盘中继中枢扩展完成后向下延续新一段跌势就理所当然了。所以，今天开始三天内的走势是短

线，必须密切关注。

对中线来说，已经三次探底，一般性地，即使从概率的角度，如果还有第四次的探底，那破底的概率至少是95%。所以，这基本就是多头的最后一次努力了，就看如何收场了。

操作上，见买点就可以介入，冲不上去就把货倒给多头让多头去死，这就是目前唯一正确的操作。而没这短线本事的，或者就把持仓位每天继续折腾差价降低成本，或者就继续小板凳。

扫地僧：两个实战经验：

（1）一买二买之后，如果还不能形成底分型，那么中继中枢扩展完成后还会延续新一段的涨/跌势。

（2）中线三次探底后，如果还有第四次探底，那么破底的概率就非常大。

图 407

昨天721点背驰后，反弹力度并不大，当天甚至还有二次探底，全天的最高点一直在高点之下，这样日线上显然是个包含关系，底分型构筑不出来。

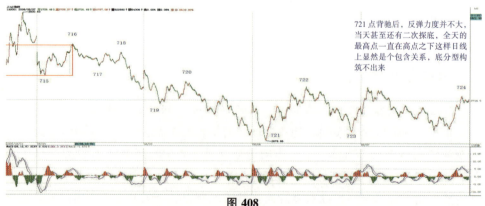

图 408

314

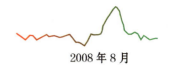

2008 年 8 月 8 日

苦口良药，预演后奥运断崖走势 （2008-08-08 15：20：58）

今早，有人企图用为什么深成指四次探底就破底而上海没破之类的烂问题刁难本 ID，不知道今天的走势算不算一个回答？本 ID 也想问，为什么你就不会完成以下的填空："既然深成指都已破罐破摔，那么还远吗？"

什么叫断崖走势？这几天本 ID 的长篇文章不断提到这个词，大白话就是破罐子破摔，信心一致崩了那还有什么不可以摔的？本 ID 早上说冲不上去就把货倒给多头让多头去死，有人反问为什么要多头死？多头不死，哪里有大底？问题是，你为什么要站在死多头一边呢？世界如此宽广，你为什么要陪多头死呢？

多头是什么货色，请看："你别砸盘，不然对你身体不利！

拜托，先照顾好自己吧，本 ID 的健康就不劳烦了。"(2008-08-08 14：21：32)

苦口良药，什么会都养不起 13 亿中国人，今天不过是一个预演而已。如果真为中国、中国人好，那么就吸取教训吧，股市不算什么，经济断崖才是真正可怕的，过了今晚，面子也有了，干点实质的事吧，中国 13 亿人要吃饭的，一天都少不了，一顿都少不了，像今天中午那些饭还是少吃点吧。

为对抗经济断崖而努力，这是 2008 年 8 月 8 日唯一需要的口号。一个刘某、张某某、赵某某都大肆招摇的玩意儿，爱啥是啥吧。

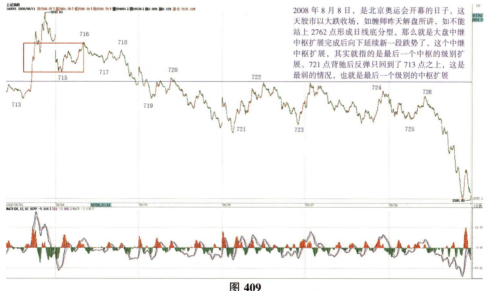

2008 年 8 月 8 日，是北京奥运会开幕的日子，这天股市以大跌收场，如缠师昨天解盘所讲，如不能站上 2762 点形成日线底分型，那么就是大盘中继中枢扩展完成后向下延续新一段跌势了，这个中继中枢扩展，其实就指的是最后一个中枢的级别扩展。721 点背驰后反弹只回到了 713 点之上，这是最弱的情况，也就是最后一个级别的中枢扩展

图 409

扫地僧：2008 年 8 月 8 日，是北京奥运会开幕的日子，这天股市以大跌收场，缠师昨天解盘讲，如不能站上 2762 点形成日线底分型，那么就是大盘中继中枢扩展完成后向下延续新一段跌势了，这个中继中枢扩展，其实就指的是最后一个中枢的级别扩展。721 点背驰后反弹只回到了 713 点之上，这是最弱的情况，也就是最后一个级别的中枢扩展。见图 409。

2008 年 8 月 11 日

密切关注买点出现 （2008-08-11 07：54：18）

2762 点下的三角反弹构成 2924 点下来的第一个中枢，然后是新一段的下跌，那么，后面的演化无非两种：两段力度对比（30 分钟或 60 分钟），后一段强于前一段，则还需要一个中枢后的下跌背驰才有机会完成 2924 点开始的下跌；反之，则 2924 点下来只是盘整走势，只需要一个中枢，其后将快速回到 2679 点之上。

扫地僧：缠师的这个分析是在 30 分钟或 60 分钟图上，并非是从 1 分钟图中递归出来的，在 30 分钟上，这两天的反弹构成一个收敛三角形中枢，使得 MACD 黄白线刚好回拉 0 轴后开始下跌，由于下跌还没完，还看不出有背驰的迹象。

图 410

如果是 1 分钟图上递归走势，那么 707~716 点有 9 段重合，重合区间是 707~714 点，这就扩展出了第一个 5 分钟中枢，716~721 点是次级别离开，721 点开始的反弹到 726 点构成该 5 分钟级别的三卖。

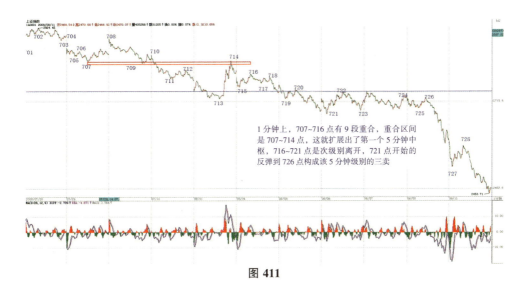

1 分钟上，707~716 点有 9 段重合，重合区间是 707~714 点，这就扩展出了第一个 5 分钟中枢，716~721 点是次级别离开，721 点开始的反弹到 726 点构成该 5 分钟级别的三卖

图 411

虽然两种视角下中枢的位置不同，但相差并不大，都是上方刚构筑第一个大的中枢，下跌下来后还没出现第二个中枢，在操作上影响不大。

大的角度，目前 7 月 3 日开始的中枢震荡暂时还没出现第三类卖点，依然可以看成是该中枢震荡的延续，除非 2924 点开始的向下次级别走势类型完成后，其后的次级别反弹不能重回该中枢，才能确认中枢的彻底破坏。

扫地僧：7 月 3 日开始的这个大中枢还没出三卖，理论上还不能确定该中枢的有效跌破。

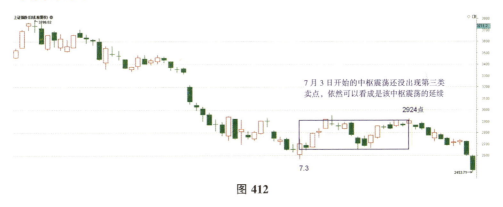

7 月 3 日开始的中枢震荡还没出现第三类卖点，依然可以看成是该中枢震荡的延续

2924 点

7.3

2453.71

图 412

因此，综上所述，目前最大的短线机会，就是 2924 点下来的走势类型结束点构成的买点，其后至少有一个 2924 点下来同一级别的反弹。密切关注短线买点，就是本周最大的任务。

看不明白上面所说的，也有两种途径：①张某某去吧；②虚心把课程真正读明白。

本 ID 可以自豪地宣告，本 ID 的所有财富都是靠自己的智慧从既得利益者手中抢来的，要击毁他们，就是要把他们的血吸光，资本市场是一个最公平的地方，关键你是否有如此的智慧。没有智慧，就等着陪葬，这有什么可说的？当然，自我有清楚认识，危险之下坚持小板凳，也是智慧之一。自知之明，从来都是最大的智慧。没能力，练能力，没人可以替你。

断崖走势继续让短线买点逼近 　　（2008-08-11　15：07：35）

今早已经让各位看 30 分钟或 60 分钟图判断力度，从那 60 分钟不断伸长的绿柱子，只要是人，都知道下跌的动能依然强大，因此，早上说的第一种情况成立的可能性越来越演化为必然性了。

最坏的情况，本周只有 2700 点那中枢破位后的第二个中枢反弹（一般来说，这走势明天、最晚后天盘中就出现），这反弹的力度，甚至不能触及今天的高点，然后再继续暴跌；而第二个中枢后，一旦出现背驰，就意味着更高一级别的买点出现，这买点，最小是 2924 点下来第二中枢级别，至少能构成 30 分钟上的笔走势（最坏的情况下，最迟下周初就一定出现，一般情况下，如果不是最坏，本周出现的概率很大）。

扫地僧：缠师的这段推演非常精彩，从后面一周的走势看，走势完全按照这段推演在进行。

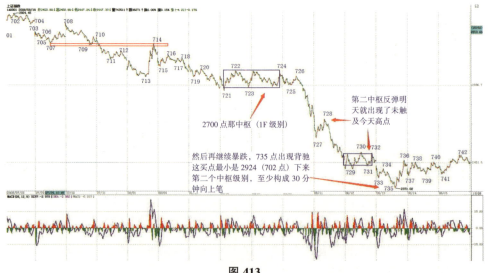

图 413

但这个反弹的出现，如果只是 2924 点下来的第二中枢级别，那么后面还有下跌去构成背驰完成 2924 点以来的下跌走势，其后的更大级别就是所谓 7 月以来大中枢的次级别反弹将是最为重要的，是否构成第三类卖点，就看这次了，一旦构成该卖点，后面还有更断崖的下跌。时间上看，要不出现这种第三类卖点，就看政策是否明白事了，如果还幻想，还开幕式，那就如那无聊变态的烟花一样眼花吧，让"断脚断腿"漫天飞舞，这比烟花好看。

扫地僧：这段是更大级别一点的推演，事后的走势也基本按照这个推演的剧本走。

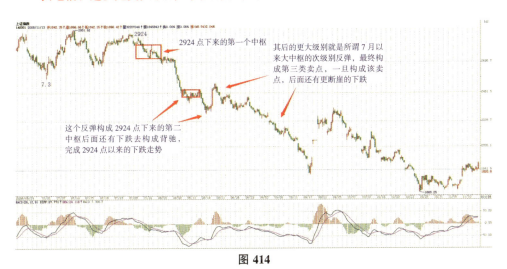

图 414

如果要严格分析，本次上海也是典型的四次破底，只是第二底比 6 月 20 日那第一个要低，这是弱势盘整经常会碰到的。关于盘整形态的问题，以后在课程里再详细说。

扫地僧：一个实战经验：弱势盘整里，第二次探底往往比第一个底低。

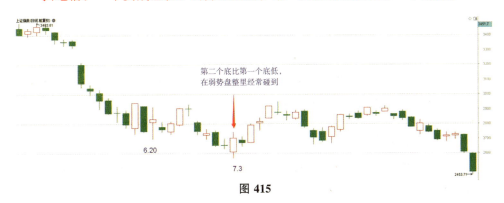

图 415

股市开幕式地预演着断崖，本 ID 前段时间反复说的断崖是否蔓延到经济领域，就看某些人的表演了，有本事就如同开幕式那天发 1000 多支火箭来做假天气，本 ID 很想开开眼，拜托了。

2008 年 8 月 12 日

经济基本面给了调控下台阶的机会　（2008-08-12　15：21：43）

大盘今天走得极为规范，如期出现昨天说的盘中反弹以构成 2700 点那中枢破位后的第二中枢反弹，后面请注意了，这里严格说将有两种演化可能：

（1）最规范的就是破该中枢，然后再分两种可能，形成背驰见更大级别底形成更大级别反弹，不形成背驰就继续下跌去形成第三中枢，一般来说，后一种情况出现的概率不会超过 10%，而且是否形成背驰，可以很直观地判断，根本没有模糊、混淆的可能，除非你根本没搞清楚背驰的判断。

（2）不大规范地的，就是直接从该中枢第三类买点扩展成更大级别的反弹。这等于标准的下跌走势 a+A+b+B+c 中的 c 不出现，读过课程的都知道，只要有 A 和 B，a、c 不出现不改变下跌的性质，趋势与盘整在于中枢数量，这是最基本的常识。

同样地，第二种情况的概率也不超过 10%，按中枢震荡的判别原则，第三类买点与第三类卖点都分辨不清楚，那就根本没看明白课程，补课是唯一选择。

看明白上面的内容，后面的操作就得心应手了。当然，具体个股与指数的节奏可能不同，这也是最基本的常识，那就各自去分析了，本 ID 不可能把个股也分析了，没那时间。

今天 CPI 有比较好的数据，油价、汇率都有了有利的变化，这也为某些人准备了台阶，下不下就是他们的事了，不下，市场是不会给面子的。所以，从基本面上看，短线反弹是有了些条件了，但中线的关键还是要低头、下台阶，否则给脸不要脸，只能撕破脸了。

不说了，看着办吧。

扫地僧：如昨天解盘里所说，当天就出现了第二个 1 分钟级别中枢，那么第一个演化可能就是继续破底出现 1 分钟级别的背驰，第二个演化是这个中枢出现三买并扩展成更大级别的反弹。

这里有两个实战经验：

（1）趋势出现两个中枢后就背驰的概率占 90% 以上，三个及以上中枢的趋势占比很小。

（2）当一个下跌趋势力度比较大，使得大级别上没有背驰，此时从第二个中枢起直接出三买并演化为更大级别反弹的可能性也不大。

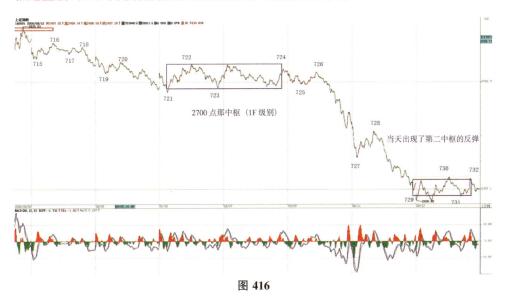

图 416

2008 年 8 月 13 日

缠中说禅　2008-08-13　15：23：14

今天的走势，前面都描述过了，没什么可说的，这极为标准地构成了前面所说那三级别反弹中的第二个，也就是构成 2924 点下来的第二中枢。今早特别强调了底分型的用法，今天的走势教科书一样，各位如果还闹不明白的，就从 15 分钟、30 分钟、60 分钟一直看过来，研究去吧。

最大那个反弹，也就是前面大中枢的次级别反抽，同样有两种可能：更大底背驰或从今天构成的中枢直接上去，分析和昨天说的那小级别的道理一样。

扫地僧：这两天的解盘相当于现场直播，一切都在按照剧本上演。当天出现了 1 分钟级别的标准的趋势背驰买点，之后的反弹将构筑出 2924 点以来第二个 5 分钟级别的中枢。见图 417。

从大盘的实际走势看，显然并不是最恐怖那种，本周已经出现第二级别的反弹，因此就是一般性走势，后面的操作无非是从这第二级别反弹成功逃掉然后再抄更大级别也就是第三级别那个底，如果真有本事，这三级别的反弹你完全可以根据本 ID 的理论按照如此美妙的节奏自如地完成，现在达不到，就继续训练，没有什么是可以随意达到的。

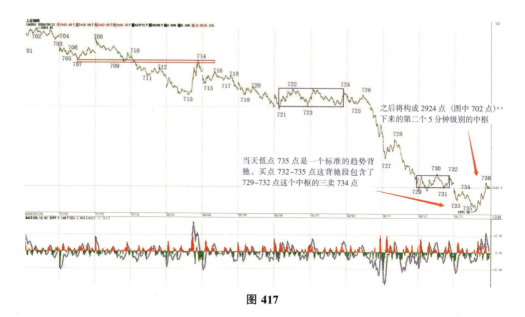

图 417

扫地僧：第一级别反弹就是 729~732 点这第二个 1 分钟中枢的构成，第二级别反弹是构筑 2924 点下来的第二个 5 分钟级别的中枢，第三级别反弹是下跌的 5 分钟级别走势结束，向上走 5 分钟级别的反弹，从而构筑 7 月 3 日开始的那个中枢的三卖。

2008 年 8 月 14 日

缠中说禅　2008-08-14　08：03：14

学东西，必须搞清楚细节。就像现在，依然有 N 多人把分型上边沿站稳作为最好的买入点，却搞不清楚，恰好相反，这只不过是判断是否延伸为笔的一个简单判断法，如果说买点，必须从走势类型去判别，分型上下边沿之类的东西，最多就类似于第三买卖点，因此以这当成买卖的根据，将不时面临买后第二根 K 线就是转折的尴尬。道理很简单，如果抛去包含关系，6 根 K 线就可以构成笔，而确认站稳上下边沿的那至少是第 4 根，而转折在第 5 根，这意味着什么，不是很简单的问题吗？见图 418。

因此，各种方法，必须知道其使用范围，在什么情况下如何用是最有效率的，否则如此囫囵吞枣，不亏钱真是没天理了。课程里也有单纯用分型的不同级别，用类似区间套的方法确定买卖点的方法，这可不是单纯的上下边沿判别，千万别搞糊涂了。

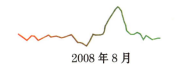

扫地僧：站稳底分型上沿是判断是否延伸为笔的一个简单判断方法，而买点还是要从走势类型去判断，底分型最低点基本是由走势背驰产生的第一类买点。

抛去包含关系，假设从底分型中间 K 线起，一直到顶分型右侧 K 线，最少有 6 根 K 线，假设 2 的高点就是底分型的上沿，那么至少要有 3 这根 K 线先突破 2 的高点，然后 4 才可能出现对 2 的高点的回抽确认，如果 1 之前的 K 线高点高于 2，甚至高于 4，那么对底分型高点的确认回抽自然就会向后延续。因此，缠师说确认站稳底分型高点最少是第 4 根 K 线。如果第五根就转折，那就意味着在第 4 根买入的大概率是被套的。

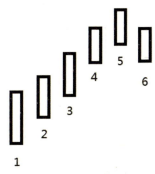

图 418

当天是 1 分钟趋势背驰之后逐步扩展出 5 分钟中枢的过程，全天的震荡有点弱，一直在 729~732 点这个中枢的下沿附近徘徊。

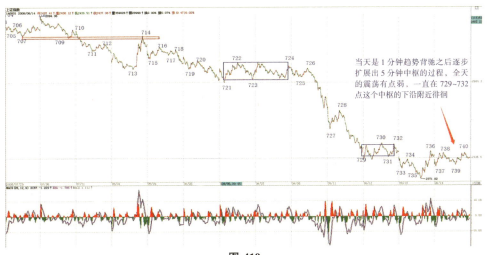

当天是 1 分钟趋势背驰之后逐步扩展出 5 分钟中枢的过程，全天的震荡有点弱，一直在 729~732 点这个中枢的下沿附近徘徊

图 419

323

2008 年 8 月 15 日

缠中说禅   2008-08-15   15：27：47

昨天日包含关系，今天构成日底分型，2484 点成短线关键，道理说过 N 遍，不再说了。下周初如果不能站住该点，大盘不可避免再次探底，最坏的情况，下周一就直接低开探底。因此，5 日线成为短线的最基本支持判别，一旦有效跌破，探底就确认展开。当然，如果下周初能顶住，更大级别反弹就此扩展的机会就极大了，就看市场选择吧。

扫地僧：2484 是日线底分高点，当天收盘收在 5 日均线附近，而 5 日均线低于 2484 点，所以第二天就要主要看 5 日均线是否有效跌破。

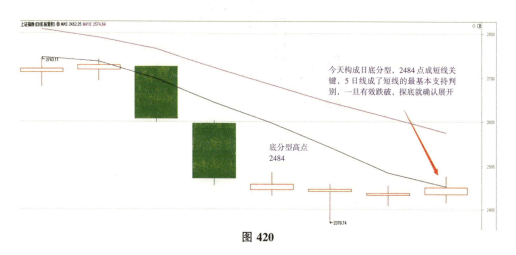

图 420

当天依然是 735 点这个 1 分钟一买之后的中枢震荡，而且 742 点是一个中枢震荡的盘整背驰卖点，其力度比 735~736 点弱，还创了新高，所以是个标准的盘背卖点，这也是为什么要提示明天看 5 日均线是否有效跌破的原因。

2008 年 8 月 18 日

缠中说禅   2008-08-18   15：09：52

今天大盘值得各位好好研究，周五所给的日底分型上边沿不能站住将继续探底，今天的走势已经给出最好的阐释。而这个探底，在最开始的三级别反弹分析中已经仔细分析过，这一般有 90% 可能性走势下面预防的走势，无非是不能形成背驰从而只能先有第三中枢的问题，因此，明后两天走势极为关键，一旦延续跌势力度，那么第三中枢的可能性就很大了。反之，就那次级别的反弹就将展开。

扫地僧：735 点第一类买点之后，反弹连最后一个 1 分钟中枢 729~732 点的高点都不能突破，那就说明比较弱，从而形成 729~732 点这个中枢的扩展，这里就成了 702 点（2924 点）下来的 5 分钟级别的第二个中枢，然后当天大跌，跌破了该中枢，由于当天下跌的力度还比较大，所以缠师说要预防不出背驰从而使得这个下跌的 5 分钟趋势走出三个中枢。

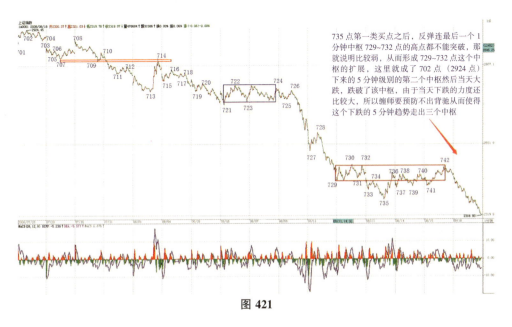

图 421

一定要注意，这次级别反弹可能只构成原来大中枢的第三类卖点，其后将是更猛烈的下跌，第三类卖点后最好也就是构成更大级别中枢，因此，这反弹面对的风险还是需要留意的。

从基本面上看，时间刚好极端配合，这次级别的反弹，最弱的就是平台式的，也就是连 2500 点都碰不到，然后基本对应上那什么会结束，最后的机会给管理层。如果还如此，后面不第三类卖点才怪了，这点必须有清醒认识，而这在原来三级别反弹的分析中已经明确指出过，市场显然与我们的分析完全合拍。

扫地僧：最终 2924 点下来的这 5 分钟趋势并没走三中枢，之后确实走出了 7 月 3 日开始的那个大中枢的三卖，三卖后是更猛烈的下跌。

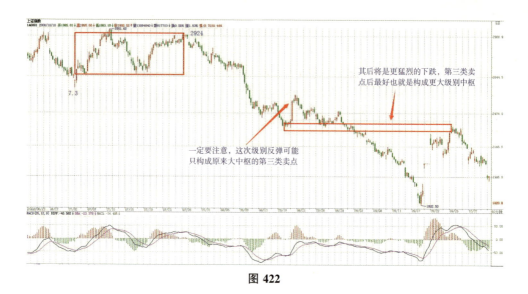

图 422

2008 年 8 月 19 日

（无解盘内容）

扫地僧：当天低开之后开始反弹，全天走了一个收敛三角形，此时没有背驰，不过一旦再次新低，就要密切关注背驰了。

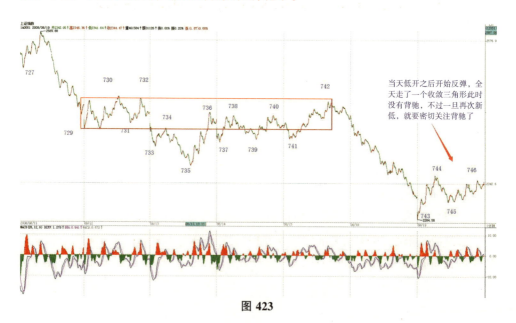

图 423

2008 年 8 月 20 日

2455 点、2656点成短线上下关键位置 （2008-08-20　15：11：18）

今天大盘死皮赖脸地又教科书了一把，本 ID 这两周关于三级别反弹的分析，就此被大盘完美演绎。后面走势，其实前面已经分析过了，就是下面要站住今天构成日底分型上边沿 2455 点，上面要尽快攻破 2656 点以确认第三类卖点不成立。

扫地僧：2455 点是日线底分高点，也是前天的高点，2656 点是 7 月 3 日开始的那个大级别中枢的下沿。

图 424

当然，以上表述是站在希望大盘涨的基础上说的，而实际操作，一定不能有这种想法，而是根据大盘实际走势进行机械化反应。

再强调一次，没分清级别之前就别谈什么背驰。所谓背了又背是天经地义的事情，但对应的是不同级别，否则，难道一个 1 分钟背驰就可以让大盘转向 1000 年，那不乱套了？本 ID 理论的基础之一是级别，不学会并完全机械化地精确把握，那还是别背驰了，因为这种水平，除了背还是背，还驰什么？

扫地僧：当天开盘下探后，立刻突破了昨天那个三角形的上轨，之后一个回踩不破，就开始了大幅拉升，直接回到了前面的 5 分钟级别的中枢内。

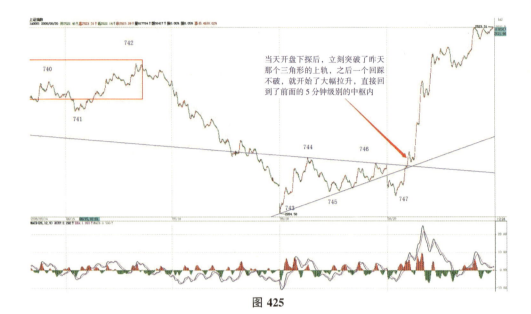

图 425

2008 年 8 月 21 日

缠中说禅　2008-08-21　15：23：00

今天没消息，大盘回跌就是天经地义的，至于这回跌是否最终构成继续的探底，昨天已经给了一个基本点位：2455 点，如果明天还站不住该位置，继续下探就是理所当然了。

当然，实际操作中，根本无须搭理这点位，因为这往往有点晚，本 ID 最近课程专门讲述如何进行短线操作安排。里面给出了最有效率的方法，而这次第一段的顶背驰极端明确。当然，由于是"T+1"，所以实际操作中不一定真能在第一类卖点就卖了，而以前说过开盘大幅度低开后，第一次次级别回拉不破顶或盘整背驰将构成最好的第二类卖点，这类卖点往往是突发事件中最好的逃命点，这里的老人都知道，去年 530 早上开盘前专门强调注意第二类卖点，该点走掉后，虽然不是最高，但后面至少逃过整个跌幅的 95%，这已经是突发事件中最好的结果了。

扫地僧：实战经验：开盘大幅低开后，第一个次级别回拉不破顶或者盘整背驰将构成最好的第二类卖点，这类卖点往往是突发事件中最好的逃命点。

当天早盘低开后的回拉不破顶，构成最好的第二类卖点，之后震荡回落，又回到了日线底分型高点 2455 点下方。

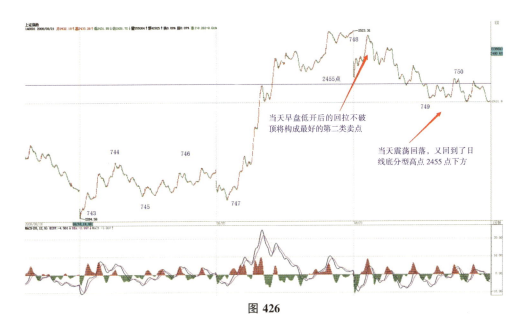

图 426

当然，理论水平不够的，就看均线，前面有专门说均线系统级别的，这次标准地在 13 天线受阻，也就是一个 2 级力度，能否升级到 3 级或更高，就看 13 天线了，至于 5 日线，是超短线的生命线，一旦有效跌破，那该怎么样，张某某都该知道，各位这么英明神武的，就不用废话了。

扫地僧：上次的反弹在 5 日线受阻，而这次的反弹在 13 日线受阻。

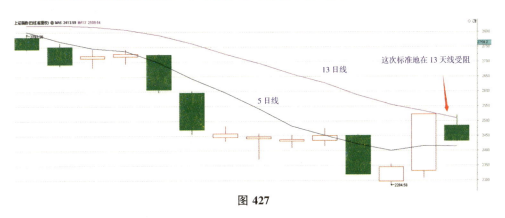

图 427

明天，最后一个搏消息的日子，而下周，是让某些人最后彻底反省的日子，如果一切都落空，你说这市场能不空吗？这第三类卖点还不是天经地义的？

至于那连笔和线段都没分清楚，在线段上竟然敢大谈什么背驰的，就虚心点

去读书。让本 ID 一个早被判四期绝症的病人每天还分什么笔、线段图放上来的，你好意思，本 ID 都不好意思。因为，功夫是你自己的，你自己不磨炼，万一本 ID 有什么闪失的，你又去哪里找陪练？

可以断言，本 ID 万一有什么闪失，关于本 ID 的理论就会被折腾得完全变样，有 2 的张某某次方变种，结果，最终能在市场上真磨炼成钢铁战士的，能有 5 个，本 ID 就含笑九泉了。就像那奇人，他们家里同辈人一起学祖传绝学，9 个人，最终只有他坚持下来并完全应用自如了，大概世间很多事情都命该如此，就不说了。

扫地僧：功夫是自己练出来的，必须要通过实战练出来，纸上谈兵永远成为不了钢铁战士。

2008 年 8 月 22 日

缠中说禅　2008-08-22　15：32：30

由于前几次周末博消息都以失败告终，所以这次似乎热情不高，但依然没有死心，所以就构成今天围绕 5 日线震荡的两难局面，因此，周一开盘就决定短线突破方向，技术上一旦 5 日线走平再张口向下，那么大盘新低就是理所当然了。

当然，高位走掉的，这消息也可以赌一把，只是周一一旦没兑现，就要动作特别迅速，没这水平的就算了。就算真有什么消息，如果特别实质的，完全可以在高开回来出现小次级别第二类买点时介入，这和大跌的操作只不过反过来罢了。

扫地僧：实战经验：赌消息的，一旦第二天没有兑现，就要动作特别迅速，如昨天的实战经验里所讲的，第二天低开后的反弹不创新高或者盘背就要立刻退出。不赌消息的，如果是实质性的利好，可以在高开回来出现小级别第二类买点时介入。

目前，从中线的角度，技术上周与月如何能最终构造出底分型才是问题的关键，否则，就算有消息，也是一日几日行情，比比短跑而已。

扫地僧：当天依旧在日线底分型高点 2455 点下方震荡，751 点是个小的背驰，这背驰并非是按线段划分的走势背驰，而是从形态上，虽然图中第二个方框处不能形成向上一段，但依然可以看作 748 点下来的第二个中枢，之后 751 点形成背驰，下午反弹上去，依然没能上 2455 点。

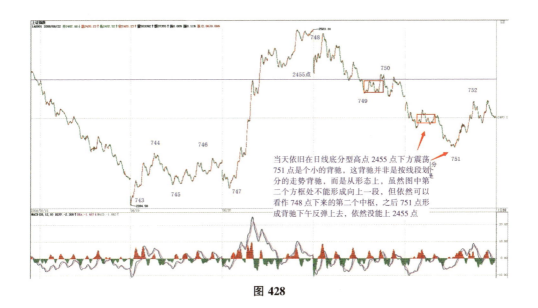

当天依旧在日线底分型高点 2455 点下方震荡，751 点是个小的背驰，这背驰并非是按线段划分的走势背驰，而是从形态上，虽然图中第二个方框处不能形成向上一段，但依然可以看作 748 点下来的第二个中枢，之后 751 点形成背驰下午反弹上去，依然没能上 2455 点

图 428

2008 年 8 月 25 日

缠中说禅   2008-08-25   15：38：43

大盘没什么可说，昨天已给了最关键的评价，市场需要更多真家伙。技术上，今天改变了最近周一就大跌的习惯，但由于目前 5 日线依然在 13 日线下收口，因此明天，最迟后天是短线分水岭，是 5 日上穿 13 日线，还是再次扩大形成新一轮下跌，很快就有答案。

扫地僧：其实也就是要选择均线的"飞吻"还是"湿吻"了。所以，这也是一个实战经验：在单边趋势中，当中短期均线收口靠近时，往往是短线选择方向的时候。

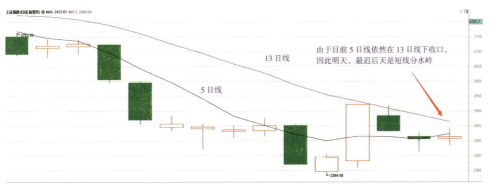

13 日线

5 日线

由于目前 5 日线依然在 13 日线下收口，因此明天，最迟后天是短线分水岭

图 429

　　管理层已经企图想干点什么，但太拖拉了，就怕他们到时候尽做些不到位的东西，反而让市场厌恶。所以，现在，一切都在敏感之中，这段时间，一定要清醒看好，最安全的还是根据技术来。中线的标准很明确，就是首先周底分型，然后是月的，这两个构造出来，大盘才会有大戏，否则也不过是上下折腾一下。

　　本周很关键，决定了本月能否有可能成为月底分型最下一根，如果本周走不好，那么，一切都将至少轮后一个月，如果这样，后面的调整就至少多三个月，也就是至少两年以后再谈什么新高行情了。第一轮调整时间越长，正规的走势中，后续最终结束全部调整的时间也将成 N 倍地延长，这是很关键的。本月是 10 个月，下一周期是 12、13；然后是 17、18。当然，具体要看实际走势，这都是经验的分析。

　　扫地僧：因为本周是 8 月的最后一周，如果本周依旧不能摆脱低点附近，那么下个月就极可能再次破底，那样的话月线底分型至少会轮后一个月。由于从 2007 年 10 月到达 6124 点的高点以来，刚好调整了 10 个月，在周期上，除了费氏数列里的数字以外，数列里每两个数字之间一半的位置也通常有效，比如，费氏数列是 1，2，3，5，8，13，21，34……那么 10 是 8 和 13 一半的位置，如果 10 错过了，那么下个周期基本就是 13，13 和 21 的一半位置在 17，13 之后的重要周期就是 17，以此类推。

　　目前，是"游资乱搞"的时期，所以权证、本地股等小市值品种就会被经常光顾，而真正的大行情，必须中字头股票真正动起来，本 ID 当然不介意本 ID 类似 6 元中铝的理想得以实现，但本 ID 从 11 元多开始都是见步拆步，冲不上去就砸，有差价就回买，有机会就让它破底，以有更好的价格。而中字头的基本都是这样弄的，没有人会现在全身投进去，但现在完全不介入，以后可能就不一定有发言权，这就是另一个问题了。

　　扫地僧：实战经验，真正的大行情，必须中字头股票真正动起来。大资金布

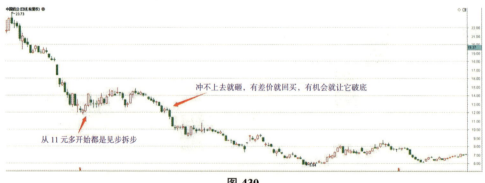

图 430

局大盘股，不可能一下子买在底部，而是从左侧就开始介入底仓，否则一旦大盘股动起来，就没有发言权，被动多了。见图 430。

所以，再次强调，对于小资金来说，继续短跑运动会，这才是应付如此混乱环境的唯一可行办法，或者干脆就继续小板凳，那更不用烦了。

扫地僧：当天还是一个震荡回升的行情，但依然在日线底分高点 2455 点下方，而且 756 点还出了一个盘整背驰的卖点。

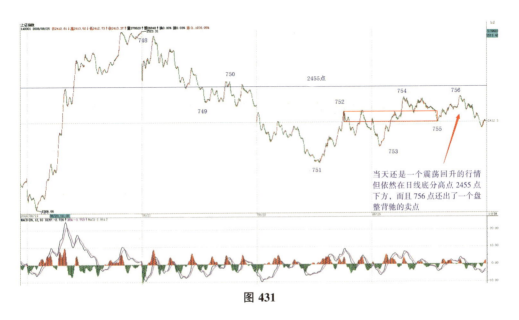

当天还是一个震荡回升的行情
但依然在日线底分高点 2455 点
下方，而且 756 点还出了一个盘
整背驰的卖点

图 431

2008 年 8 月 26 日

缠中说禅   2008-08-26   14：59：52

从最简单的 5\13 日线就知道今天最迟明天是大变盘的日子，结果大盘依然很有方向感地向下，明天回拉只要站不上 5 日线，以后该线就成为最简单短线判别标准。

扫地僧：当天就是昨天出现 1 分钟盘背后的正常反应，低点又回到了上周开始反弹后的第一个 1 分钟中枢（744~747 点）的位置附近。见图 432。

不过，有一点必须注意，目前大盘往下的承接日益加大，大盘还有一种可能的演化就是不断地下探最终都不构成真正的下跌，而是不断扩展出更大级别的中枢，等待上面均线下来，在目前大致位置形成缠绕后再决定最终突破方向。这是一种很有技术意义的走势演化，具体的分析以后课程里都有。

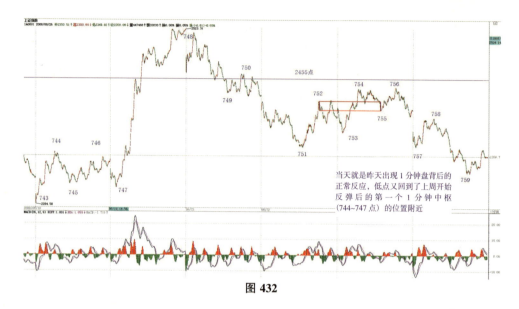

当天就是昨天出现 1 分钟盘背后的
正常反应，低点又回到了上周开始
反弹后的第一个 1 分钟中枢
（744~747 点）的位置附近

图 432

　　扫地僧：从 2018 年 7 月开始的走势基本就符合这个特点，不断地下探都没有最终摆脱中枢，而是不断扩展出更大级别的中枢，等均线下来，均线缠绕后决定最终突破方向。事实上，这也是一个实战经验：在明天的解盘中缠师也提到了，这种形态如果在长期下跌后出现，基本就是筑底的形态；反过来，如果是长期上涨后出现，那就是筑顶的形态了。

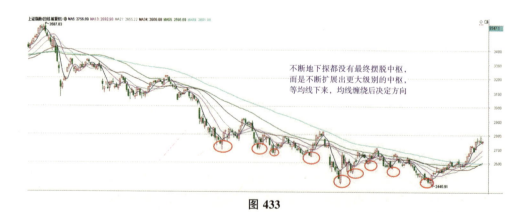

不断地下探都没有最终摆脱中枢，
而是不断扩展出更大级别的中枢，
等均线下来，均线缠绕后决定方向

图 433

　　今天并没最终破坏上周是周底分型最下一根的形态，换言之，只要大盘在本周不破坏这形态，那大盘还有点意思，否则，就继续下探到可安置这周底分型的区域。

　　话就不多说了，一切看图操作，千万不要一根筋。

2008 年 8 月 27 日

缠中说禅　2008-08-27　15：45：46

大盘没什么可说的，一切都在昨天的分析中，有些自以为是之辈，连本 ID 的理论是什么都没闹明白就断言本 ID 的理论被目前的走势所破坏，对这种人，唯一的选择就是少管，让愚蠢继续愚蠢下去就是对愚蠢最好的惩罚。至于对于已经有所把握的，当然看得到目前走势的规范。注意，昨天分析提到的那种情况，在底部构造中超经常出现的，一定要注意研究，这个是无上利器，因为反过来，就是顶的构造，这在历史性大顶的构造中太常见了。

扫地僧：当天依旧是震荡下行，不过盘中出了一个 1 分钟级别的盘整背驰，760~761 点与 756~757 点的力度对比前者比较弱，是个典型的盘背，而且 760~761 点内部也是一个经典的五段类趋势背驰作为区间套。

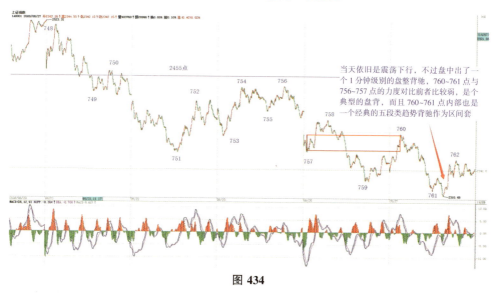

图 434

2008 年 8 月 28 日

缠中说禅　2008-08-28　15：10：21

现在，政策与技术，单纯一面，都不足以构造真正的中期底部，而是必须等待两者产生共振效应。政策面上，效率不高；技术面上，最简单的均线系统都没修正好，因此，硬来没多大意义。

在目前条件下，中线角度，出现各级别中枢不断扩展叠合以完成底部构造的可能性越来越大，也就是说，先横住了，然后再等到那共振时间的出现，产生突破的第一推动力。

明天又进入搏消息日子，上周参与者已经热情不高，本周如何，拭目以待。然后又是一个轮回，有消息，就看其分量决定短线的波动力度，没有，就有了借口往下考验一下，当然，就像本周，最终又一个平衡形态也是一点儿不奇怪的。

现在，唯一需要的是耐心，而对于短跑选手来说，其实机会不少，特别个股中。如果着眼中线，那还是继续不断短差就降低总成本，这不用太费心。至于，一点感觉都没有的，那就小板凳吧，至少等底部形态彻底摆脱了再说了。

扫地僧：当天依旧是围绕 757~760 点这个 1 分钟中枢的窄幅震荡。

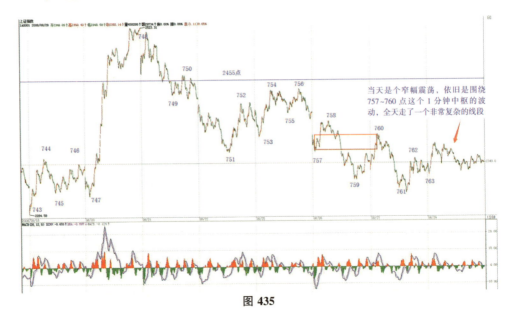

图 435

全天走了一个非常复杂的线段，因为早盘一个大幅的笔上涨，之后的下跌段全部在该上涨笔的范围之内，没有出现向上的线段破坏，所以向上段还不能确认，直到下午又从低点向上走了一个线段，此时才能确认从 763 点开始走向上的线段。

2008 年 8 月 29 日

缠中说禅　2008-08-29　15：11：47

今天，继续周末消息市，由于外围比较好，就有了比较强的盘面。现在，最基本的，超短线就看周一能否站住 2403 点，能就极大机会延伸出日线图上的向

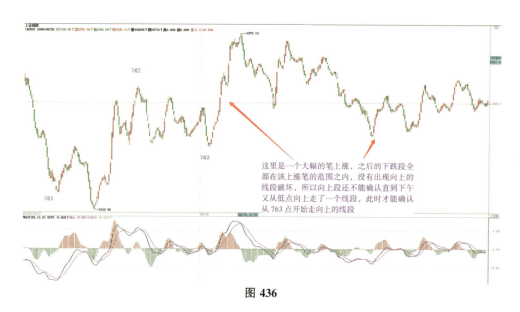

这里是一个大幅的笔上涨，之后的下跌段全部在该上涨笔的范围之内，没有出现向上的线段破坏，所以向上段还不能确认直到下午又从低点向上走了一个线段，此时才能确认从 763 点开始走向上的线段

图 436

上笔，2523 点是下一个重要位置。更长时间的分析，请看今早的文章。

　　扫地僧：当天走出了离开下方 762~765 点这 1 分钟中枢，向日线底分型高点 2403 点冲击，但尾盘又跌破了。

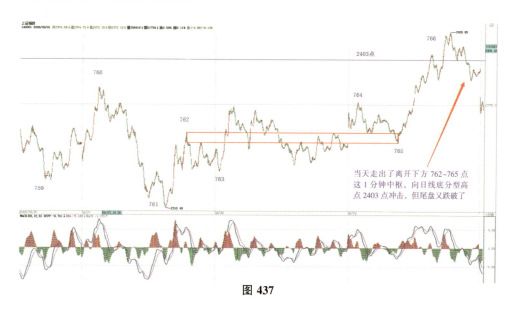

2403点

当天走出了离开下方 762~765 点这 1 分钟中枢，向日线底分型高点 2403 点冲击，但尾盘又跌破了

图 437

　　大盘当然已经暗潮汹涌，你看中信证券，大盘没动，也快上涨 30% 了，没人搞是绝无可能的。其他不少中字头的也如此，但是，这搞是有分寸的，就是万一

管理层真不给面子，翻脸就可以不玩，成为新的下跌动力。现在的大资金，只要比配合理，都是十分自如的，一有机会可以狂飙突进一次，没机会、不给面子就继续砸出机会，谁怕谁呀？

扫地僧：中信证券从 7 月 17 日到 8 月 29 日当天高点 10.13，已经有 40% 的涨幅了，底部有很明显的放量上涨+缩量回调，这也是资金介入的明显迹象。

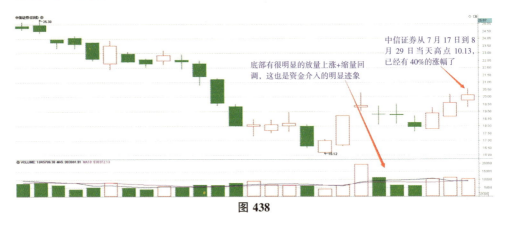

图 438

总之，现在不要一边思维，有能力的要多活动，大盘在大的底部构造中，机会多多，来回几次，比来一次大的都好玩，最后再在大的上面狠咬一口，那又够一年半载消费了。

另外，有一种错误的思维一定要消灭，否则死无全尸。千万别有等下一大级别再如何如何的想法。10000 点跌到 6000 点反弹到 8000 点，然后到 2000 点再反弹到 4000 点，你说相对 6000 点到 8000 点，2000 点到 4000 点是不是大扬？但这有什么用？不会分段操作，一味死扛的根本不该到股票中来，股票就是分段操作的，下一段就算有天大的宝贝，都和当下这一段无关，任何的操作只关心当下的苹果，吃到就是英雄，否则就是垃圾。

人，总爱编造一些故事来给自己一个支持的理由，那都是弱者的表现，在本 ID 这里，只有当下的走势，任何所谓的预测，都是闲谈，活动一下唾液的分泌功能，这已经说过无数次，如果还不明白，那真不能买股票了。

而实际上，对于真正的操作者，本 ID 每天后面写的，等于是一个操作的完全分类，任何操作必须以完全分类为基础。否则，只有死路一条，也说过无数遍了，又有多少人真正机械地做到？

扫地僧：操作要分段来，这样才能穿越牛熊。任何操作必须以完全分类为基础，最大的智慧是机械执行，而不是耍小聪明。

2008 年 9 月

2008 年 9 月 1 日

缠中说禅 2008-09-01 15：56：14

至于股市，周末搏消息的又一次失望，因此就自然有了今天的走势。对消息，不能急，你想××们的工作效率，就算真想干点什么，能快得了吗？退一步海阔天空，没什么不好的。

扫地僧：由于周末搏消息失望，开盘低开低走，又以更大的力度跌回中枢下方，只在尾盘稍有反弹，全天走得比较弱。

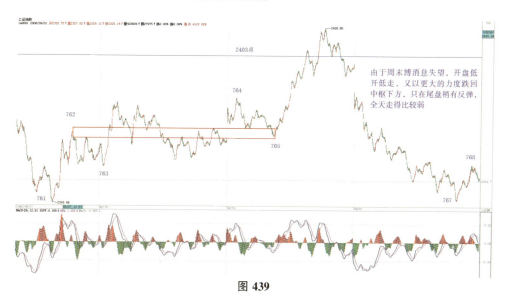

图 439

纯技术的角度，已经明确分析过了，就是要有较大行情，必须月线闹出底分型来。如果本月初破上月底，并不是什么世界末日，反而使得这底分型更有力点，行情早一月晚一月其实并没什么大不了的。试想，如果本月不破底而硬搞一

个分型，那么本月就需要拉一长阳，你凑在图上看看，总让人感觉不舒服不踏实，现在硬上去，弄成包含关系的可能更大。这样，后面反而会使得真正底分型来临时间更遥远。所以，有时候急了并不是什么好事情。

扫地僧：因为上个月是一个中阴线，收盘位置在 K 线低点附近，所以本月如果不破底而出底分型，必然需要拉一根长阳线才能突破上月高点。如果现在硬向上走，那么很大的可能是不能突破上月高点，从而形成一个包含关系了。回顾历史走势，看看月线底分型有包含关系（左侧 K 线包含右侧 K 线）的情况有多少。

1997 年 9 月的月 K 线包含后面的 K 线，一直到第 7 根 K 线才突破了当月高点形成底分型。1998 年 9 月也是类似（虽然月线下跌笔没确认，但当月跌幅巨大，也可以用分型的方式来分析），第 10 根 K 线才突破当月高点。

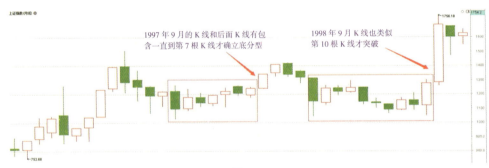

图 440

2002 年 1 月和 2 月是包含关系，第二根 K 线形成底分型，但也预示着这里往往不是真正的底。

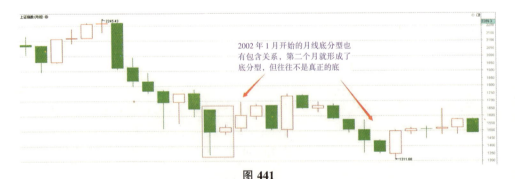

图 441

2005 年 6 月的 998 点那个历史大底也是月线包含关系，但区别是当月并不是阴线，而是一根上下影线比较长的阳线。

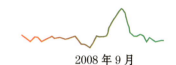

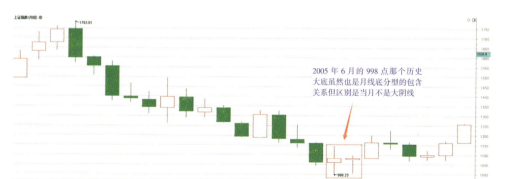

2005 年 6 月的 998 点那个历史
大底虽然也是月线底分型的包含
关系但区别是当月不是大阴线

图 442

2008 年 10 月的 1664 点底部也是大阴线的包含关系，后面第四个月才突破当月高点。

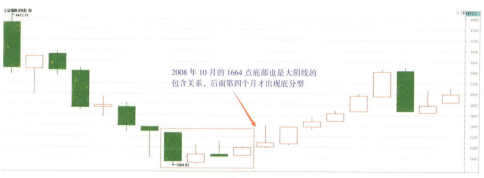

2008 年 10 月的 1664 点底部也是大阴线的
包含关系，后面第四个月才出现底分型

图 443

2013 年 6 月的 1849 点那个底部也是大阴线包含，直到第 14 根 K 线才突破了当月高点。

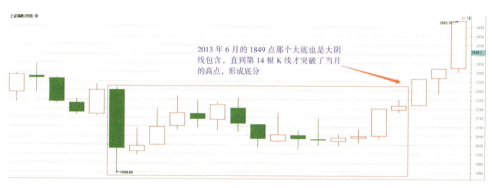

2013 年 6 月的 1849 点那个大底也是大阴
线包含，直到第 14 根 K 线才突破了当月
的高点，形成底分

图 444

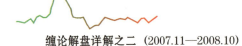

而 2016 年 1 月的 2638 底部，是个巨阴线，包含了后面近两年的走势。

而 2016 年 1 月的 2638 低点，是个巨阴线
包含用了近两年时间才突破了当月的高点

图 445

所以可以得出一个实战经验：月线底分型有大阴线的包含关系（左侧是大阴线，包含右侧 K 线）时，往往需要好几个月的时间才能突破当月高点确认底分型成立，如果很快出现底分型，也往往意味着不是真正的底。

从纯美学的角度，10 月见底是最美的，因为刚好对应一年周期，顶和底一个完美的周期，当然，9 月其实也可以，因为周期是可以正负一两个月的。站在这个角度，在月初砸一次破一次，对长期走势来说是件大好事。当然，这只是从美的角度说，至于市场怎么选择，市场说了算，实际操作中，根本可以不搭理这些事情。

下午有朋友打电话过来，说他到了一中央级最重要之一的经济管理部门的杂志社当领导，那杂志是每个大国企以及大企业的头都会看的，希望本 ID 给他们写点什么。本 ID 有更好的渠道，本对这事没兴趣，想想，这可能也有点用处，专门写就算了，有些旧东西改装一下弄过去就可以。各位有什么好的想法，也可以说说。本 ID 和他明确说了，他也知道本 ID 很少给什么杂志写东西，就算偶尔为了加大吹风力量弄的，也是闹着玩儿的，所以和他的合作不可能固定，本 ID 也不要他的稿费，反正想到有东西给他，他能用就用，不用就算，这样比较自然点。

他专门问了本 ID 对调整的看法，因为他知道本 ID 6100 点做空以后一直不感冒这市场，所以问本 ID 调整还有多长时间。因为是朋友，就直说了。如果真要重新来过，那是 N 年以后的事了，现在唯一可以等待的是 MACD 在月线上回 0 轴后产生的中级回拉，这时间也快到了，狠的，就等 7~8 个月，也就是明年 3、4 月开始；不太狠的就是 10 月前后了，这关系到周期运行的问题。至于是什么时候，关键是看管理层的作为，如果吊儿郎当的，那就狠吧，一切都是因缘和合，可没有任何必需的东西现在就规定行情如何如何。

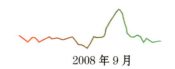

2008 年 9 月

这里说的是大的走势，至于周线以下级别的走势，更没什么可分析，以前都说得很明白了，没必要预测什么，看图，图里什么都有。

扫地僧：9 月时，月线上的 MACD 刚好在 0 轴附近，10 月见底后，有 3~4 个月的时间在底部徘徊，使得 MACD 黄白线最终跌破 0 轴后才开始回拉。

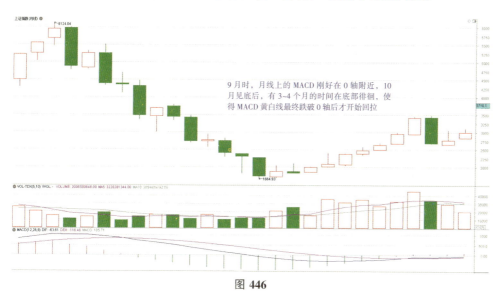

图 446

2008 年 9 月 2 日

缠中说禅　2008-09-02　15：15：15

今天差点没破底，然后扭捏了一天，但深圳破了，只要没有半夜鸡叫之类突发事件，破是迟早的事情，快的话，明天开盘就实现。上海现在的超短线走势就看 5 日线了，5 日线站不住，这轮杀跌就没完。所以，如果懒的，就看 5 日线就足够了。

其实，大盘现在走成怎样都没什么意义，因为没量，就算现在一直阴跌下去，一旦回头，很快就可以回到目前的位置。关键还是月底分型的最终结果，其他都没多大意义。

扫地僧：当天开盘低开低走，确认了昨天尾盘的反弹是一个 1 分钟级别的三卖，下午的反弹也没能回到昨天尾盘的位置，形成了下跌 1 分钟走势的第一个中枢。

343

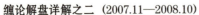

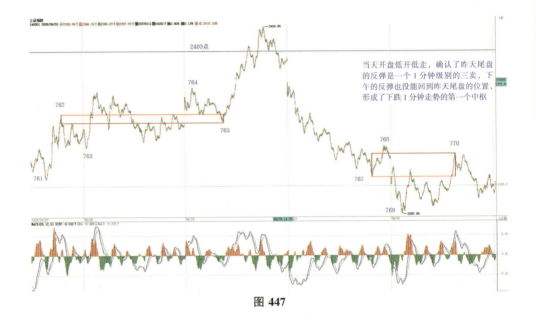

图 447

2008 年 9 月 3 日

缠中说禅 2008-09-03 15：14：03

大盘终于破底，这使得月线底分型最快也要到 10 月才能构成，但站在短线的角度，反弹反而有了技术基础。当然，这类反弹都是纯技术性质的，属于短跑型，能否参与就看各自的技术了。

扫地僧：因为当天大盘跌破了 8 月的最低点 2284 点，这样 9 月的低点就比 8 月低，所以最早也是 9 月构成月线底分型的中间 K 线，10 月才能确定底分型出现。只有破了底，创了新低才会有背驰的可能，所以短线的角度，反弹才有技术基础。

2329 点是短线关键压力，站不上去将继续弱势，从纯心理的角度，如果反弹前能有一段急速下跌，那么其后反弹的力度将更有操作性，但目前，破底后追杀的动力不足，市场完全进行一种麻木状态，这时候，行情没有太大的稳定性，最终还是归于折腾。

扫地僧：2329 点是昨天的高点，如果第二天反弹出日线底分型，那么这点位就是日线底分型的高点位置，所以是短线的关键压力。

还有一个实战经验：急速下跌后的反弹力度也往往比较大，是最值得参与的反弹。

当天开盘后不久就跌破了 767~770 点这 1 分钟只能怪 771~772 点的反弹构成

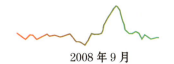

三卖，之后出现盘背，反弹。

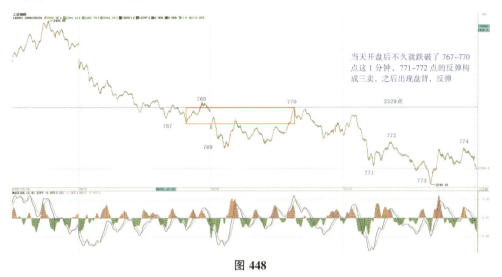

当天开盘后不久就跌破了 767~770 点这个 1 分钟，771~772 点的反弹构成三卖，之后出现盘背，反弹

图 448

2008 年 9 月 4 日

缠中说禅 2008-09-04 15：30：25

股市整天说也没意思，今天一个包含关系日 K 线，基本的分析和昨天是一样的。

扫地僧：当天全天都是在昨天的波动范围内震荡，并且波动区间与 767~770 的 1 分钟中枢的波动区间有重合，从而扩展出了 5 分钟级别的中枢。

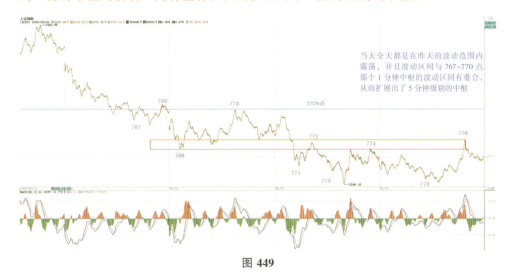

当天全天都是在昨天的波动范围内震荡，并且波动区间与 767~770 点那个 1 分钟中枢的波动区间有重合，从而扩展出了 5 分钟级别的中枢

图 449

2008 年 9 月 5 日

缠中说禅　2008-09-05　15：08：42

不过还是先说股市，外围因素使得前两天强调的加速过程得以实现，因此，下周出现一定力度的反弹极为正常。但这种纯技术反弹的折腾意义更大，就以折腾对折腾，看谁更像牙买加人了。

扫地僧：受到美股大跌的影响，当天开盘大幅低开，直接跌破了上方的 5 分钟中枢，一段反弹也没能回去，下午继续震荡回落。

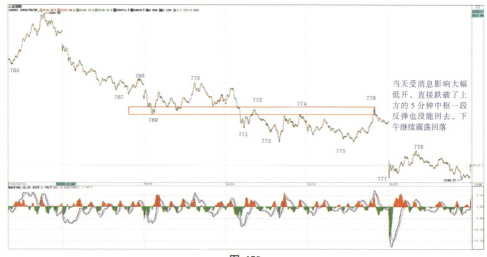

图 450

2008 年 9 月 8 日

缠中说禅　2008-09-08　13：24：59

股市正常运行，正处在所说反弹前的加速阶段，没这阶段，反弹没力。本周就注意短线买点的把握了。

扫地僧：全体就是一个震荡下跌，离开了 777~780 点的 1 分钟中枢，780 内部可以看到也是一个小的趋势，尾盘附近有背驰的迹象了。

2008 年 9 月 9 日

缠中说禅　2008-09-09　14：45：32

股市没什么可说的，还是前面的 5 日线控制短线走势。

扫地僧：当天基本上是横盘震荡，形成了离开 5 分钟中枢的 1 分钟下跌的第二个中枢，782~783 点虽然只有一笔，但把 781~784 点看作一个 1 分钟的中枢是比较合适的。

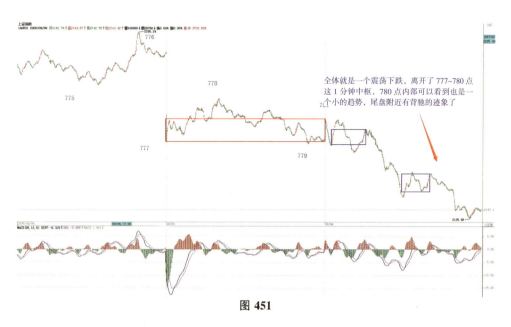

全体就是一个震荡下跌，离开了 777~780 点这 1 分钟中枢，780 点内部可以看到也是一个小的趋势，尾盘附近有背驰的迹象了

图 451

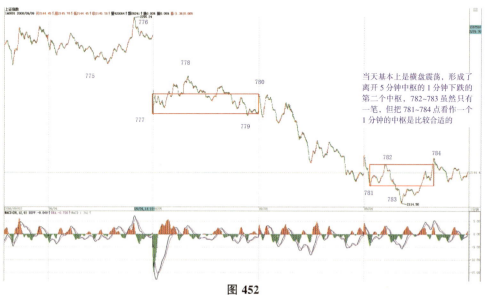

当天基本上是横盘震荡，形成了离开 5 分钟中枢的 1 分钟下跌的第二个中枢，782~783 虽然只有一笔，但把 781~784 点看作一个 1 分钟的中枢是比较合适的

图 452

2008 年 9 月 10 日

2220 点决定最终反弹级别高度 （2008-09-10 11：18：07）

上周已经明确说过，本周值得关注的就是这个反弹了，一个完美的两小中枢构成的下跌后在早上完成最终背驰，恰好配合上 CPI 的跳水利好，大盘盘中有了较大反弹。显然，后面受阻 5 日线，因此，下面的任务是 5 日线的攻关。但最终决定反弹级别与高度的还是 2220 点，站住，级别就大，否则就将再次回探。

扫地僧：一个完美的两小中枢构成的下跌后在早上完成最终背驰，反弹后的回落在 781~784 点这 1 分钟中枢上沿受到支撑。

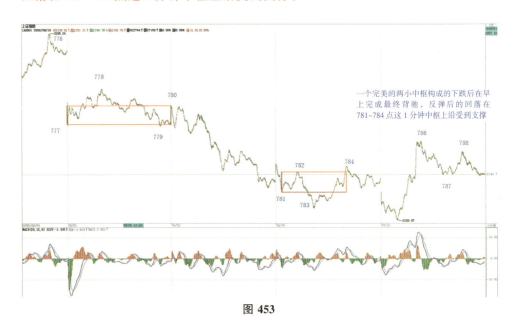

图 453

从最恶劣的情况看，最小级别的升幅已经完成，所以 5 日线能否攻克是这两天的关键。基本面应该有进一步的好转，如果各方面能配合上，最好的 9 月、10 月构成月底分型的过程就能实现，但就不知道某些大爷们是否又出幺蛾子了。

看图作业，多想无益。

扫地僧：但全天的反弹还是被 5 日线所压制，所以短线就看能否攻克 5 日均线。

图 454

2008 年 9 月 11 日

缠中说禅　2008-09-11　16：14：14

股市还是逃不掉 5 日线，这在昨天中午已经特别强调。这次反弹的技术性由此可见，昨天中午强调最恶劣情况下，最基本升幅已经达到，结果大盘无情选择最恶劣的情况，这是理论所允许，感情所必须接受的。

任何理论允许的情况，要时刻面对接受，这点是最基本的准则。下面，由于反弹构成较大中枢后继续下跌，因此下一次买点就要站在这新级别上看，各位自己去数数在这级别上已经有多少中枢，然后该干什么就一目了然了。

扫地僧：三段反弹后当天又继续下跌，注意 785~788 点这三段反弹，第二个反弹的高点没新高，这就说明反弹的力度很弱，后面往往还要继续破底。这样下

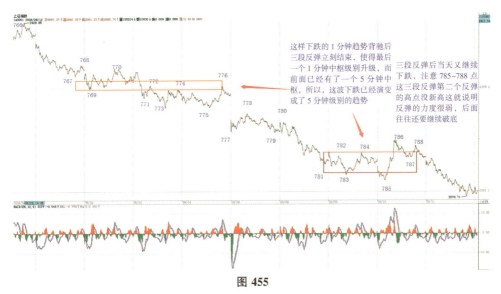

图 455

跌的 1 分钟趋势背驰后三段反弹立刻结束，使得最后一个 1 分钟中枢级别升级，而前面已经有了一个 5 分钟中枢，所以，这波下跌已经演变成了 5 分钟级别的趋势。见图 455。

2008 年 9 月 12 日

缠中说禅　2008-09-12　12：59：29

小反弹后继续下跌，又不是第一个中枢后的下跌，因此，出现更大级别的反弹基本就是必然的，至少 90% 多以上的把握。所以，下周，无论周末消息面如何，就算还有下跌破点 2000 点，一个更大力度与级别的反弹将直面，好好看图把握。

扫地僧：当天出现了一波微弱的反弹，但力度不大，只构成一段。

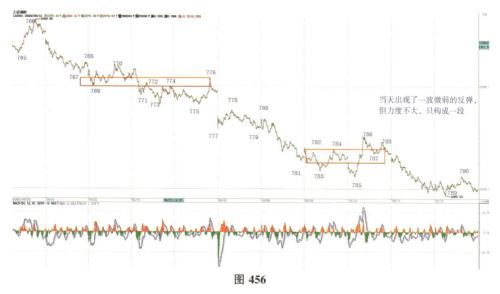

图 456

2008 年 9 月 16 日

（无解盘内容）

扫地僧：早盘又跳空下跌，反弹一段之后继续创新低，但力度有所减弱，从 786 点开始是个 7 段类趋势背驰。见图 457。

2008 年 9 月 17 日

（无解盘内容）

扫地僧：7 段类趋势背驰之后，早盘有一段反弹，构成下跌的第一个 1 分钟

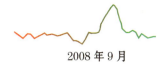

级别的中枢，之后继续下跌。见图 458。

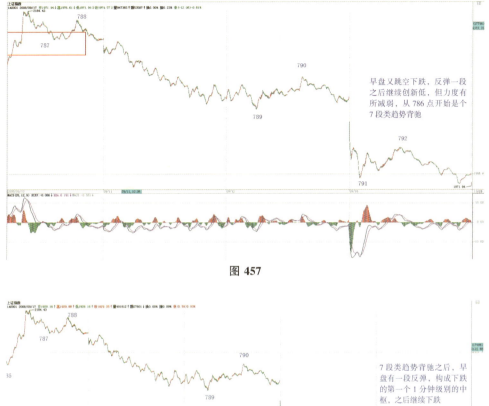

图 457

图 458

2008 年 9 月 18 日

请记住 1987 年的股灾发生在 10 月 19 日 （2008-09-18　10：26：15）

身体没有完全调整过来，但这几天市场风雨飘摇，虽然和本 ID 没什么关系，

正乐见其跌，但还是勉强写两句，让各位心里更明白点。

奥运前，本ID提出断崖论，9月4日又就几位所谓著名经济雪茄的无聊言论给出了《对经济调整的严酷性决不能掉以轻心》（2008-09-04　15：30：25），这些都请重温。而且反复提出，一旦美股跌破10000点将发生什么？这几天看来，那10000点已不是什么钢板。

请记住，1987年的股灾发生在10月19日，今年恰好21年的神奇数字，这也是为什么本ID对经济一直担忧的一个重要理由。短线反弹很快就有，但关键还要看外围，国内从某种程度上已经被美国所左右，这是本ID反复强调一定要避免的，结果还是没办法，天要下雨，随它去吧。

扫地僧：当时正是美国次贷危机爆发的时候，道琼斯指数在2008年10月6日跌破了10000点。美股次贷危机时下跌最狠的就是在10月中上旬。

当然，就算股灾，也没什么大不了的，1987年之后还不是涨了20年？所以，10月见底依然有可能，只是需要更猛烈的暴跌，否则，真要等17个月周期了。

短跑好的，注意很快就有的反弹，抢一口就跑。另外，密切注意世界消息面的变化，看这次美国用尽气力能搞点什么？

扫地僧：缠师发文时是在10：30左右，此时还没见底，下午就出现了一波强劲的反弹，原因在于794~795点的力度与中枢之前786~791对比有盘整背驰，而且794~795点的内部也可以看到是个明显的趋势背驰。

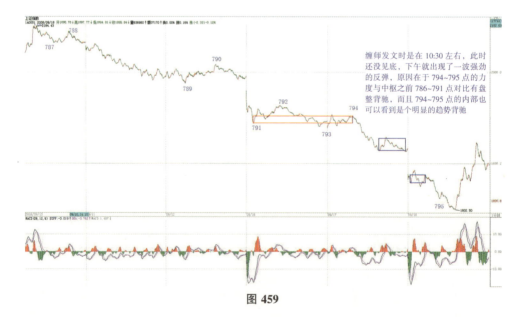

图 459

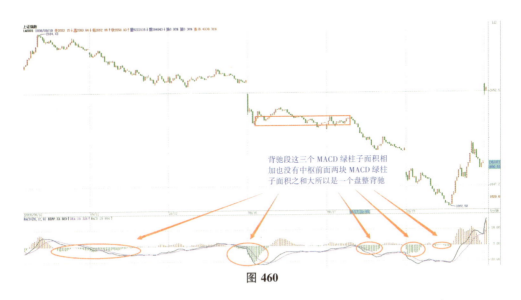

2008 年 9 月

这个盘整背驰在 5 分钟图上看起来更清晰，后面三个 MACD 绿柱子面积相加并没有中枢前面的两块 MACD 绿柱子面积之和大，所以有出现背驰。

背驰段这三个 MACD 绿柱子面积相
加也没有中枢前面两块 MACD 绿柱
子面积之和大所以是一个盘整背驰

图 460

2008 年 9 月 19 日

做人是要讲良心的 （2008-09-19　12：57：06）

本 ID 知道昨天冒着虚弱发帖子时，很多人在骂本 ID，说本 ID 故意躲起来，本周说反弹结果大跌。上周难道没说 2000 点是可能跌破的，难道现在出现的不是更大级别的反弹。昨天，半条命的情况下，在早上告诉反弹很快出现，还故意用了黑字，好像还有人有意见？

算了，你赚不赚钱和本 ID 有什么关系？爱什么是什么。

昨天进去的，咬一口就要跑，当然，跑也要看图的，没卖点你跑什么？因为，美国方面并不稳定，所以一定有反复，短跑就是跑了还可以进，一切看图。

以后都自己学技术，自己看图，这种半条命上来暗示的事情永远不会有了。

扫地僧：2008 年 9 月 19 日当天，三大利好同时出台：从 19 日起证券交易印花税只向出让方征收，国资委支持央企增持或回购上市公司股份，汇金公司将在二级市场自主购入工、中、建三行股票。市场连续下跌这么多，在这三大利好的刺激下，大盘当天涨停了。直接回到了最后一个 1 分钟中枢之上。

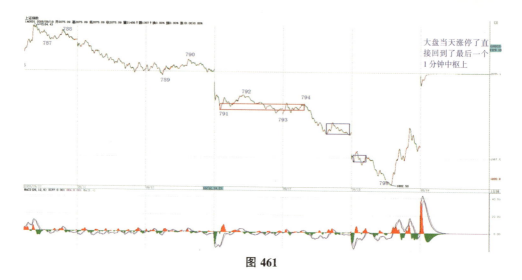

图 461

2008 年 9 月 22 日

行情级别分析 （2008-09-22　15：13：38）

6124 点下来只出现过一次周的笔反弹，因此，最大期望就是这次能制造第二个。具体自己去分析。把握了这个级别，后面的操作就很明确了。本周会有一次较大震荡，这是短线需要注意的。

如果中美联手都搞不出第二次周笔反弹，那就成经典笑话了。但具体看图，不要有成见。

好了，最关键点已经说了，具体自己操作。

扫地僧：事后看，这个反弹只持续了一周多，并没有形成周线向上笔，因为10 月初开始美股受次贷危机的影响开始暴跌，A 股最终也没能支撑住。

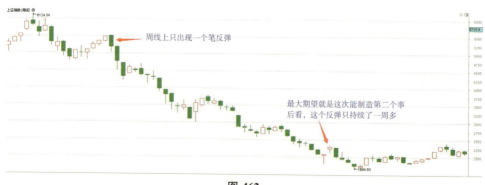

图 462

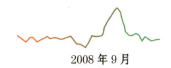

当天高开后回探，然后开始回升，有构筑反弹的第一个 1 分钟中枢的迹象。

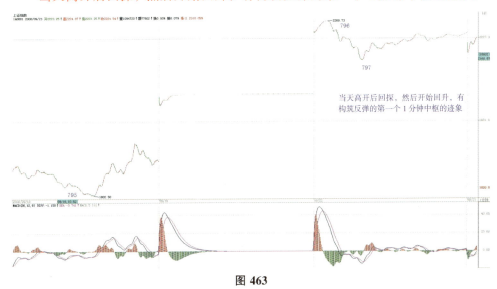

当天高开后回探，然后开始回升，有构筑反弹的第一个 1 分钟中枢的迹象

图 463

2008 年 9 月 23 日

缠中说禅　2008-09-23　15：40：14

真正的震荡在后面，有心理准备。5 日线是短线关键，否则破了要补第二缺口。

扫地僧：当天就是形成反弹的第一个 1 分钟中枢，然后围绕它震荡。

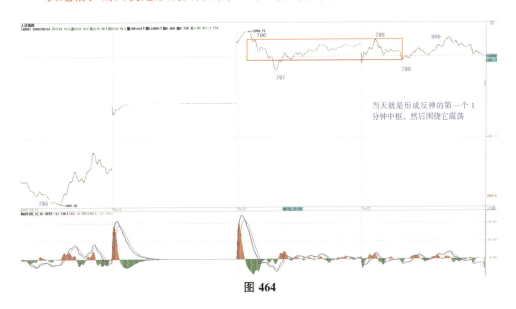

当天就是形成反弹的第一个 1 分钟中枢，然后围绕它震荡

图 464

5 日均线也基本就是第二缺口的位置，这是短线的重要位置。

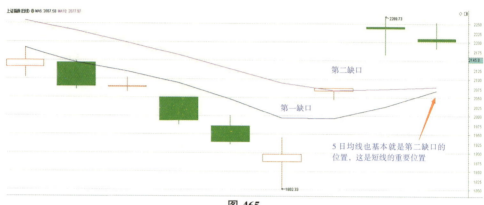

图 465

2008 年 9 月 24 日

（无解盘内容）

扫地僧：当天低开后反弹，802 点构成 1 分钟中枢的三卖，但 803 点没有新低，尾盘又反弹回中枢内。这种走势比较具有欺骗性，如果三卖后不新低，反而突破三卖高点，就要注意再次走强的可能了。

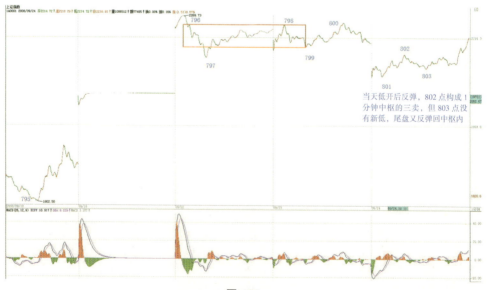

图 466

2008 年 9 月 25 日

缠中说禅 2008-09-25 20：14：17

股市不破 5 日线继续天经地义地上攻。这次主要注意是否背驰。现在，日笔是没有问题了。本 ID 说的周笔看有没有机会吧。关键看美国是否继续"居心不良"了。

扫地僧：当天延续昨天尾盘的上涨，并且下午的回落没有回到 796~799 点这 1 分钟中枢内。但由于 795~796 点的力度非常大，当天又有离开中枢创新高，那么此时就要注意盘整背驰了。注意，因为 803~804 点的力度比较大，805 点也没回落进中枢内，此时还不能认为离开中枢的走势已经完成，所以 804 点并不是一个最佳的卖点。如果再次的一段上涨没有新高或者形成 801 点起来的五段类趋势背驰，那就是一个标准的背驰卖点出现了。

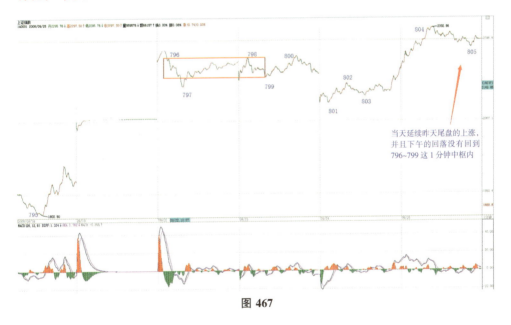

图 467

2008 年 9 月 26 日

（无解盘内容）

扫地僧：805 点三买后，806 点没创新高，807 点的调整还回到了下方 1 分钟中枢的波动区间内。

缠论解盘详解之二（2007.11—2008.10）

（扫码获取更多学习资料）

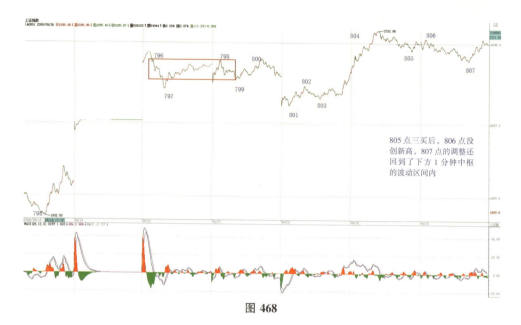

805 点三买后，806 点没创新高，807 点的调整还回到了下方 1 分钟中枢的波动区间内

图 468

358

2008 年 10 月

2008 年 10 月 6 日

美国救市，闹剧一场 （2008-10-06 17：01：24）

中国放假七天，美国参众两院来回折腾，引得旁观者一惊一乍，终于通过了一个饮鸩止渴的救市方案。但世界金融市场并没有太领情，当天多以暴跌报收，且不管本次救市效益如何，现在必须追问的是这就是说 8500 亿美元的救市基金难道是天上掉下来的馅饼？

本次世界经济大调整必须明确的是，最终的任务应该是彻底摧毁几十年来统治世界经济的美元体系，美国经济之所以走到这一步完全是自作自受，以前多次的经济危机都因为美元体系的存在，使美国能够把危机转嫁到全世界去，除了保持绝不正常的超前高消费和高消耗的经济生活模式，而这种模式已超越了地球及世界经济体系的承受力，这种"美国消费、世界埋单"的格局到必须打破的时候了。而这次美国故伎重演不过是企图继续维持原有的模式，而美国原有的模式以及这几十年来以美国为主导的世界经济格局不彻底改变，本次世界经济危机将没完没了，终难有解决之时。

现在 8500 亿美元的救市方案通过了，但这 8500 亿美元绝对不是天山掉下来的馅饼，它归根结底来源于美元泡沫的继续加大，本次世界经济危机的根源归根结底是美元已经彻底泡沫化，最大的风险和危机就是美元本身，而这 8500 亿美元不仅使美元的泡沫化加大，使得包括中国在内的其他国家美元资产外汇储备全面爆发危机。更会使得世界金融市场的流动性以乘数效应急速增大，使得石油、粮食、黄金等商品价格面临进一步的疯狂上涨，最终加速美元泡沫的破裂，从而带动商品泡沫的破裂。使得世界经济处于迅速倒退的危险境地。

面对这种危机的情况，中国应该采取正确态度是不跟风，绝不把自己绑在美国的战车上，而且目前的救市方式是极端错误的。政府不应该直接运用基金方式进入市场本身，而是应该积极培育和领导新的经济热点，使得流动性资金有更多

可参与的领域，进而大量吸引外来正欲脱离美元体系的资金进入。只要控制好该类资金的有足够长的投资周期，提供良好的投资环境，使得资金沉淀于比美国更有前途的中国高速发展的潮流之中。那么大的蓄水池—新兴的、以人民币为基础的大的世界火车头才得以确立。美国的危机应该成为我们加速发展的契机。

现在特别要注意的是，目前政府介入股市的局面已经形成，因此必须好好把握好的推出时机，以免重蹈 20 世纪 90 年代"七七七"救市的覆辙。

只要我们能以我为主，对美国的闹剧只看绝不参与，只防美国闹剧引发的经济危机对中国经济的伤害，那么我们就有足够的理由和信心在这场世界大风暴里保存实力，调整经济发展模式和结构。使得在风暴过后能迅速以新的姿态快速进入新的经济增长周期。

扫地僧：这是缠师停博前最后一篇雄文，美股在国庆节期间出现破位大跌，市场对 8500 亿美元的救助方案不领情，而中国的应对是 9 月 19 日的三大利好：

（1）证券交易印花税只向出让方征收。

（2）国资委支持央企增持或回购上市公司股份。

（3）汇金公司将在二级市场自主购入工、中、建三行股票。

后两条其实就是政府下场直接买股票，这也是缠师不认可的方案。毕竟十几年前，在 1993 年 7 月 27 日的 777 点保卫战时已经用过一次，但最终被证明是无效的。

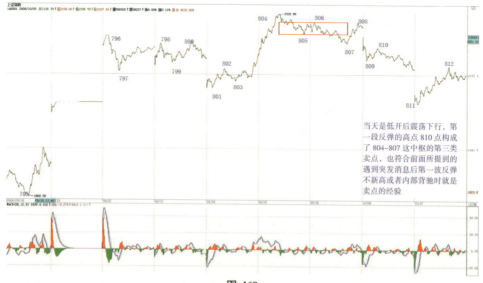

图 469

当天低开后震荡下行，第一段反弹的高点 810 点构成了 804~807 点这个中枢的第三类卖点，也符合前面所提到的遇到突发消息后第一波反弹不新高或者内部背驰时就是卖点的经验。

2008 年 10 月 7 日

（无解盘内容）

扫地僧：昨夜美股破位大跌，所以大幅低开，之后反弹，回补了当日缺口，技术上，从 804 点开始的 1 分钟下跌还没背驰。

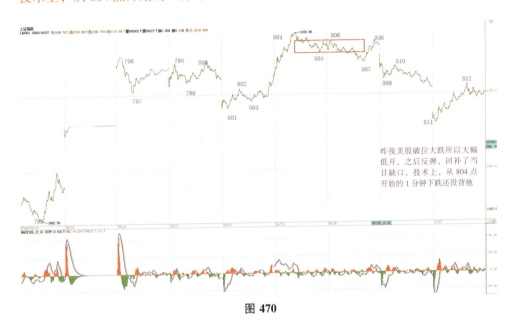

图 470

2008 年 10 月 8 日

（无解盘内容）

扫地僧：外围股市依旧大跌，当天低开后继续震荡下跌，每次反弹都构不成一段，第二个 1 分钟中枢还没形成。

2008 年 10 月 9 日

（无解盘内容）

扫地僧：当天依旧是震荡行情，终于出现了这 1 分钟下跌走势的第二个中枢。

（扫码获取更多学习资料）

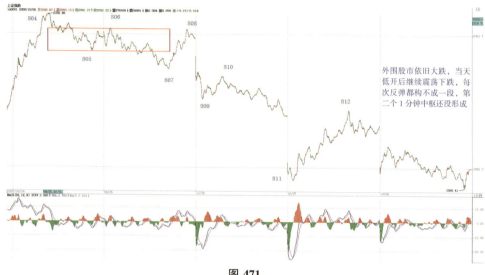

外围股市依旧大跌，当天低开后继续震荡下跌，每次反弹都构不成一段，第二个1分钟中枢还没形成

图 471

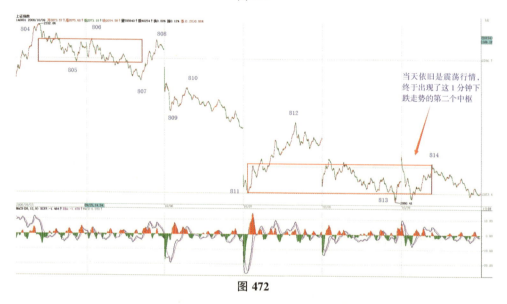

当天依旧是震荡行情，终于出现了这1分钟下跌走势的第二个中枢

图 472

2008 年 10 月 10 日

无话可说 （2008-10-10　09：24：36）

继续看图，短跑，美国破万确实如期壮观，1019 点前后还有什么，等着，顺便问好。

扫地僧：2008 年 10 月 10 日是缠师最后一次发博文，前一天晚上美股大跌

362

7.33%，当天又是大幅低开，但盘中有一段反弹构成最后一个 1 分钟中枢的三卖，第二天出现该 1 分钟下跌趋势的背驰买点。

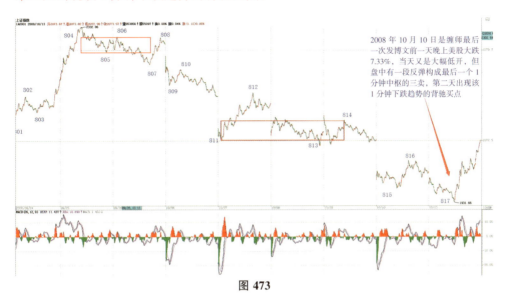

2008 年 10 月 10 日是缠师最后一次发博文前一天晚上美股大跌 7.33%，当天又是大幅低开，但盘中有一段反弹构成最后一个 1 分钟中枢的三卖，第二天出现该 1 分钟下跌趋势的背驰买点

图 473

　　此时距离 10 月 28 日的历史大底 1664 点只有十几天了，这个大底也是从 9 月下旬反弹的高点以来，最终出现 5 分钟级别的盘整背驰而形成的，具体分析如下：

　　从 804 点开始到 817 点，构成了一个标准的 1 分钟级别的趋势下跌，817 点是个

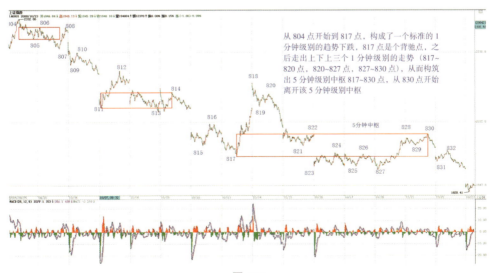

从 804 点开始到 817 点，构成了一个标准的 1 分钟级别的趋势下跌，817 点是个背驰点，之后走出上下上三个 1 分钟级别的走势（817~820 点，820~827 点，827~830 点），从而构筑出 5 分钟级别中枢 817~830 点，从 830 点开始离开该 5 分钟级别中枢

图 474

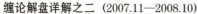

背驰点，之后走出上下上三个 1 分钟级别的走势（817~820 点、820~827 点、827~830 点），从而构筑出 5 分钟级别中枢 817~830 点，从 830 点开始离开该 5 分钟级别中枢。见图 474。

　　830 点下来一直到 1664 点是一个小转大，内部没有背驰，837~842 点五段类趋势反弹，背驰后再次的下跌没有新低则确认了 1664 低点成立，此时 830~837 与中枢前 804~817 点进行力度对比，有背驰。见图 475。

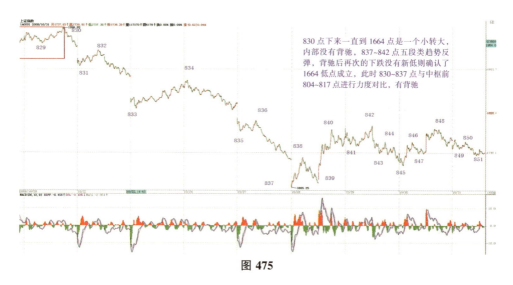

图 475

　　背驰明显，在 30 分钟图中看这个背驰更清晰。

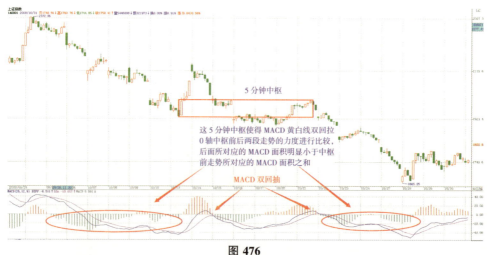

图 476

　　至此，缠师的解盘全部完成，一共持续了一年 11 个月，458 个交易日，期间经历了从 2006 年 11 月 22 日收盘 2041 点牛市启动到 2007 年 10 月 16 日的 6124 点大牛市结束，也经历了 6124 点一直到 2008 年 10 月 10 日收盘 2000 点整整一年的大熊市，这是学习和应用缠论的一笔宝贵财富。

　　关注微信公众号"扫地僧读缠札记"，回复"历史数据"可以获得大盘 1 分钟和 5 分钟的历史 K 线数据。